走向卓越：
“实践取向”小学教师教育课程设置研究

Zouxiang Zhuoyue：
“Shijian Quxiang” Xiaoxue Jiaoshi Jiaoyu Kecheng Shezhi Yanjiu

陈　威　著

高等教育出版社·北京

内容简介

本书是教育部"卓越教师"培养计划改革项目成果。主要任务是探讨"实践取向"小学教师教育课程设置的思路及架构样态。

全书从小学教师教育的本质、小学教师的专业性以及相关的理论阐述出发,在借鉴发达国家和地区小学教师教育课程设置的经验基础上,在审视与反思我国大陆小学教师教育课程设置的现状及对小学校长和名师的调研等的前提下,提出了实践取向小学教师教育课程设置的基本原则和课程体系、实施路径和保障策略,主张立足小学教师的专业特质和内在诉求,秉持"实践"的信念,将"实践"放在小学教师培养的核心价值地位,以"实践"为导向,通过"实践"的途径和方法,融合理论与实践,以此建构具有小学教师教育特性的独立的课程体系,以卓越的教师教育,培养具有卓越发展潜质的小学教师。

本书适合高等教育研究者、小学教师培养和培训者、小学教师管理人员阅读,并可以作为教师教育研究的参考文献。

图书在版编目(CIP)数据

走向卓越:"实践取向"小学教师教育课程设置研究/陈威著. --北京:高等教育出版社,2016.6
ISBN 978-7-04-045242-6

Ⅰ.①走… Ⅱ.①陈… Ⅲ.①小学教师-师资培养-课程设置-研究 Ⅳ.①G625.1②G423.02

中国版本图书馆 CIP 数据核字(2016)第 084552 号

策划编辑 肖冬民　　责任编辑 肖冬民　　封面设计 于文燕　　版式设计 马　云
插图绘制 尹文军　　责任校对 王　雨　　责任印制 尤　静

出版发行 高等教育出版社
社　　址 北京市西城区德外大街 4 号
邮政编码 100120
印　　刷 北京市昌平百善印刷厂
开　　本 787mm×960mm 1/16
印　　张 16.5
字　　数 300 千字
购书热线 010-58581118
咨询电话 400-810-0598
网　　址 http://www.hep.edu.cn
　　　　 http://www.hep.com.cn
网上订购 http://www.hepmall.com.cn
　　　　 http://www.hepmall.com
　　　　 http://www.hepmall.cn
版　　次 2016 年 6 月第 1 版
印　　次 2016 年 6 月第 1 次印刷
定　　价 32.00 元

物 料 号 45242-00

目录

导论　回归实践的小学教师教育

理论所不能解决的那些疑难，实践会给你解决。

——费尔巴哈

理论脱离实践是最大的不幸。

——达·芬奇

随着世界范围内的教师教育理念由重视“理论”转向关注“实践”，小学教师教育也需要与时俱进，卓越发展。而纳入到高等教育体系中的小学教育专业，其建设与发展中有许多亟待解决的理论与实践问题，诸如小学教师的培养目标、素质规格、培养模式等，都需要进一步研究。其中，课程设置是小学教师教育发展的核心问题，是提高小学教师教育质量的关键，“突出实践导向的教师教育课程内容改革”也是《教育部关于实施卓越教师培养计划的意见》（教师〔2014〕5号）的要求。本书试图从“实践”出发，对实践取向的小学教师教育进行学理性探讨，以求厘清具有小学教师教育特性和独特价值的小学教师教育课程设置的思路和结构样态，以实现小学职前教师教育中理念与方法的超越，促进小学教师教育在走向卓越中彰显其特色。

一、研究实践取向小学教师教育课程设置的缘起与意义

小学教师教育课程需要以新的课程价值和课程形态适应并引领基础教育课程改革、顺应教师专业发展的实践转向、回应卓越教师培养的要求，并能够满足小学教师教育发展的内在诉求，使小学教师教育人才培养具有卓越的实践品格。

（一）研究主题基于对如何提高小学教师培养质量的思索

之所以选择这一主题进行研究，主要基于如下考虑：一是纳入我国高等教育体系的小学教育专业，专业特性被疏忽，课程价值取向不明确，课程设置中存在理论与实践疏离、效果不彰显的问题；二是“实践取向”是小学教师教育系统建设与卓越发展的内在需求；三是《教师教育课程标准（试行）》明确提出“实践取向”的理念，而我国小学教师教育课程改革在这一方面的学理性研究不足。

1. 来自现实的呼唤与反思

（1）师范生的困惑——怎样适应小学教育实践的要求？

刘同学：尽管学习了很多教育理论，但在实习中却不知道如何结合学习过的原理来分析教材，分析学生的特点，选择恰当的教学方法来对教学进行设计。

胡同学：老师上课时都是对理论知识的讲授，所以尽管我们对新课程的理念也学习了很多，但是仍然不知道在教学实践中怎么落实、怎么应用。在学校里当所学的教育理论与小学的要求、与小学的具体问题有冲突时，我感到有被分裂的痛苦。实习时用心模仿小学教师的做法，还能学到一些有效的方法。

张同学：学习了“儿童心理学”，也学习了“班级管理”的知识，但是在实习中，面对小学生时，仍然把握不好与小学生相处的艺术。刚刚接触他们时，相处得不错，受到学生的喜爱，但在课堂上学生却过于活跃，乱哄哄的，不听我的话，不听我的指挥，我觉得在学生中失去了尊严。但当我对学生太严厉以后，他们又会很反感，我不知道如何找到平衡点。这在理论课程中学不到。

……

走上实际工作岗位后的教师在面对纷繁复杂的教育实践时的感受与此类似，他们常常感到迷茫、焦躁和无助，有的人感到教好一个学生、当好一名老师是那么困难，当初的理想和热情在现实面前不堪一击；有的人感受到大学里所学的教育理论在面对小学生和小学教育的实际情境时竟然毫无用处。当高深的教育理论无法面对充满复杂矛盾的教育现实时，他们感到在学校中所学的理论失灵和无用，因此痛苦与无奈，他们更需要的是如何解决纷繁复杂的教育问题，如何面对千姿百态的活生生的小学儿童。他们应对教育情境中的问题时，更多地是在现实中从身边的优秀教师身上寻找教育样板，尽快地解决存在的疑问。他们极为一致地期待职前的培养能够给予他们这样的关照：（1）期待结合实践的理论学习；（2）期待自己更为博学和多才多艺；（3）渴望有更多的教育实践与体验机会，并得到有效的帮助与指导。

(2) 小学教育一线的诘问——怎样培养具有良好实践适应能力的教师?

刘校长:新任教师在教育理论知识和专业知识的考试中成绩都不错,可是在实际中却不会教学,应变能力差,他们对很多问题都束手无策。

崔校长:多数新任教师和师范生都不会带班,缺少班级管理的常识和策略,新任教师在班级管理中显得手忙脚乱,师范生在没有在职班主任跟班的情况下,常常就不知所措了。他们不会沟通,不懂得沟通,难以取得家长的信任和得到孩子的喜爱。

尚校长:总觉得实习生和新任教师缺少对工作、对儿童的投入感,主动性很差,很难深入儿童中,不会与儿童交流和沟通,很难看出他们热爱教育工作,热爱儿童。情商不够高,不能用乐观快乐的个性影响和感染儿童。

……

来自小学一线的校长普遍认为新任教师和师范生难以尽快进入教师角色,适应岗位的要求。他们对小学教师教育的人才培养质量非常关注、格外期待,但又有颇多质疑。他们强烈要求改变教师培养模式,对职前培养的理论课程以及单一课堂授受方式提出批评,希望师范生有更多的实践体验和磨砺。尽管教师的专业发展是终身的,职后的实践会为其专业成长提供更大的空间和时间,但是满足小学教育实践对准教师胜任岗位要求、缩短岗位适应期的诉求应当是职前培养的重要课题。小学教师教育承载着期望,也承受着压力,面临着前所未有的挑战和机遇。怎样培养具有良好实践适应能力的教师?小学教师教育迫切需要科学的发展与变革。而小学教师教育变革与发展的核心应是课程改革,是对课程设置理性反思与重构。

面对这种境况,做教师教育的人总有无限的困惑和尴尬,我们的小学职前教师教育培养的"优秀学生",在大学里学习了教育学心理学、学科知识、教学法,接受了技能培训,获得了优异成绩,他们对成为一名合格的教师有无限的憧憬,但在实际的教学中却不能达到预期的成效。当我们的师范生对所接受的教师教育感到怀疑和失望时,他们内心深处的无助和呐喊,深深地触动我们;当小学校长对我们的教师培养质量提出热切的期望与强烈的质疑时,除了感到内疚、焦虑和压力之外,更多的是对小学教师教育的现实反思:职前教师教育的效能低下、教师教育课程的效果微弱,为什么我们不能使师范生在入职时充满自信,成为适应能力更强、更具有潜质的教师?小学职前教师教育的问题到底在哪里?是培养理念和取向出现了偏差,还是教育理论和教育实践相互脱离了?

(3) 反思——小学教师教育应回归实践,引领小学教师专业发展。

师范生的困惑与渴望,小学教育实践的质疑与期待,让人不禁认真反思:小学职前教师教育遇到了怎样的挑战?如何改革以应对挑战?小学职前教师教育的价值取向应当是什么？现行的小学职前教师教育课程设置究竟出了怎样的问题？应当通过选择和建构怎样的课程体系和实施路径实现培养目标？小学职前教师教育如何有效而高质量地培养教师，为教师的专业成长奠定可持续发展的基础？等等。以下着重分析小学职前教师教育及其课程设置存在的问题。

其一，以理论学习为主，抽象空洞，脱离实践

师范生的专业学习以理论学习为主，学习教学的过程就是在课堂上听教师解读所谓的权威抽象的教育理论，这种学习方式使他们成为储存丰富理论知识的“容器”，缺乏对实践的关注，缺乏对教育实践问题解决能力的培养；理论课程老化、陈旧，难以适应基础教育发展和课程改革对新时代教师的要求，开设的教育专业课程沿袭陈旧的内容体系，以理论性和逻辑性为特征，脱离教学实践，缺乏时代感和针对性，难以体现较高的学术水平和鲜明的师范特色。师范生在大学期间所学习的教育理论与小学教育实践疏离，理论不能实践化、生动化，深奥系统的理论知识对于师范生来讲只是符号、规则，完美的教育理念在复杂变化的教学实践面前往往是空中楼阁，可望而不可即。这种“去实践”的做法，导致师范生要么盲目地机械接受，要么拒绝接受学理性知识，不能理解和内化，不利于实践品格的养成，致使师范生由于缺乏心灵关照和实践支持，在入职后的教育教学实践中迷失方向。

其二，教育实践流于形式，师范生难以获得有效的实践经验并进行实践反思

小学职前教师教育的课程学习大多被人为地分为长期的理论学习和短期的教育实践两个相互隔离的阶段。理论学习缺乏前置的实践经验的支撑而陷于空洞、抽象和晦涩；实践体验则作为“应用理论”和“验证理论”的阶段，被安排在学程的结束阶段，成为一个一次性的孤立的练习教学、复制和操作理论程序的过程，师范生对教师角色、对教育教学情境和与儿童交往的经验十分空乏和肤浅。近年来，尽管教育实践日益受到重视，但是，仅仅通过延长实践时间，并不能保证实践的质量，正如有效的理论学习需要实践经验的支撑一样，有效的教育实践仍然需要在理论框架的指导下，将理论融于教育实践，将个人的体验、情感和对教育实践情境的直觉把握进行审视与反思。在这一过程中，师范生需要重新解读理论，累积并提升实践经验，进而建构实践性知识。这需要精心设计教育实践的模式，并对师范生的实践体验给予有效的指导，使教育实践真正成为师范生加强专业体验、关注教育现实问题、培养在教育实践中自我成长的力量、连接与交融理论和实践的有效途径，使教育实践成为师范生在体验中自主体悟、反思学习和主动建构的过程。

诚然，一名教师的成长与成熟是终身的，这个过程中有理性的陪伴，更有在

实践中的体验、磨砺和探索，这个“化蛹成蝶”的变化过程要经过教师的自主体验、反思领悟和主动变革。而我们的教师教育却漠视了师范生的教育生活体验，缺乏对其主体成长的关注，缺乏对其自我成长力量的培养，缺乏理论与实践的有效连接。因此，小学职前教师教育改变师范生的专业生活方式，将其置身于小学教育实践是变革的重点，贴近教育生活的培养、指导是未来的小学教师所需要的。

实践取向是当今教师教育研究中的热点，是教师培养中所倡导的基本理念，它指向理论与实践的沟通，强调将师范生置于真实的教育情境中，培养反思能力，形成实践知识，发展实践智慧。

2. 来自对小学教师教育卓越发展的内在要求

从20世纪80年代开始，世界上许多国家都加强了对基础教育发展战略的研究，更加关注基础教育师资队伍的建设问题，加速培养创造型、全能型的高学历和高素质的小学新师资。目前，许多发达国家小学教师本科化的目标已基本实现，许多发展中国家和地区也较早开始了小学教师本科化的培养工作，培养具有本科学历的小学教师已成为世界师范教育改革和发展的必然趋势。

我国大陆小学教师教育本科化起步较晚，本科小学教师教育作为我国高等教育体系中的新兴的专业教育，与发达国家和地区相比，有较大的距离。建设和发展小学教师教育是我国教师教育的题中之意，而将纳入高等教育体系的小学教育专业的课程设置作为我国教师教育研究领域的一个重要课题，是发展小学教师教育的关键。到目前为止，我国小学教师教育本科化只有十余年的发展历程。应当说，对于本科层次小学教师的培养，我国还没有积累成熟的经验。十余年中，小学教师教育体系建设在实践和理论方面虽然有较大进展，但仍有许多问题亟待澄清和解决，特别是如何科学设置课程的问题，如对核心课程仍无科学客观的认定，许多课程仍然是相关专业同类课程的“移植”，以“学科为本位”，关注学科的体系性和逻辑性，不能反映教育研究的最新成果，缺少对小学教育实践的研究和关照，缺少对课程之间内在融合的组织关系的研究，缺少真正体现培养小学教师教育人才的特色，同时又具有大学本科水平的创新课程，等等，这必将影响小学教师教育的可持续发展。探索独立的具有小学教师教育特性的课程设置方案应是小学教师教育变革与发展的主要目标。

应该说，“实践取向”的小学教师教育是在高等教育体系中实施的小学教师教育形态。“实践取向”亦是小学教师教育专业性和大学“知行合一”培养理念的必然的价值取向选择。因此，探索“实践取向”的小学教师教育的内蕴，研究基于实践的小学职前教师教育课程设置的理论基础和现实依据，结合发达国家和地区的经验与教训，审思我国小学职前教师教育的课程设置问题，科学理性地探索其思路和样态，能够为我国小学职前教师教育机构设置课程方案提供借鉴与指导，进而促进小学教师教育的卓越发展，使其在教师教育改革和发展进程中，在大学的学术和文化沃土中茁壮成长。

3. 是加强践行“实践取向”理念学理研究的需要

我国 2011 年颁布的《教师教育课程标准（试行）》，从“教师是反思性实践者”的专业形象定位，将“实践取向”作为教师教育课程的基本理念之一，指出“教师是反思性实践者，在研究自身经验和改进教育教学行为的过程中实现专业发展。教师教育课程应强化实践意识，关注现实问题，体现教育改革与发展对教师的新要求。教师教育课程应引导未来教师参与和研究基础教育改革，主动建构教育知识，发展实践能力；引导未来教师发现和解决实际问题，创新教育教学模式，形成个人的教学风格和实践智慧”。为体现这一理念，该标准将“教育实践与体验”定为教师教育课程的三大目标领域（包括观摩、参与和研究教育实践的经历与体验三个方面）之一，集中反映了教师教育课程强化实践的具体要求。2014 年，《教育部关于实施卓越教师培养计划的意见》对于教师教育的改革亦明确提出“突出实践导向的教师教育课程内容改革”要求。坚持“实践取向”已被小学教师教育理论和实践界认同，并且将成为未来小学教师教育及课程改革的理念和思路，它带给我们许多新的想法和做法，也使我们对小学教师教育有了很多新的认识。小学教师教育的卓越发展应走实践之路。为此，本书以“实践取向”作为小学教师教育课程设置的价值取向。

那么，究竟该怎样认识“实践取向”？停留在观点陈述和做法上的论述很多。然而，这样的理念和思路是基于哪种被证明为正确的学理研究基础之上的呢？小学职前教师教育课程将如何在深厚通透的学理认知后，不单纯模仿西方的教师教育课程表象，亦不单纯增加实践的时间，不仅仅停留在建设和设置什么课程上，一味以寻求“应然”为目的，而能够从对内在思想的理解上、基于实际状况，高屋建瓴地重建？作为小学教师教育的理论研究者，应将深入学理研究进而有效改造现实作为自己的责任，基于“实践取向”，探讨实践取向的内蕴，探讨小学教师专业发展的内在规律，由此出发，理性研究小学职前教师教育课程设置的思路和样态。只有小学教师教育的理论与实践结合孕育的成果，才能永葆“生命的活力”。

（二）研究主题的选择具有重大的理论和现实意义

本研究主题的选择能够在理论上提供一个深化教师教育课程理论研究的新视角，从而丰富教师教育课程理论，特别是通过对实践取向的学理性分析以及对实践取向的小学教师教育内蕴的探讨，能够匡正认识，为学界深入研究实践取向的教师教育奠定观念基础。

从实践上来看，本书将有助于客观、全面地审视小学职前教师教育及其课程设置的价值取向，为小学职前教师教育提供课程建设的理性反思的新视角。为小学教师教育机构构建基于自身对教育科学的研究，针对本区域本院校师范生的学情和基础、基础教育对小学师资培养的客观要求，构建科学、合理、优化的小学教师教育职前培养课程体系及职后培训方案提供基本的事实依据和基于学理研究的样态借鉴与理论指导。这契合了基础教育及教师专业发展的时代需要，并将适时地回应教师教育变革的实践转向，从小学教师培养的核心手段上真正促进小学教师的专业发展，对满足卓越小学教师的培养要求具有现实意义。

1. 实践取向小学（职前）教师教育课程设置能够适应并引领基础教育课程改革

当前我国基础教育课程改革是一项从课程理念、课程结构、课程内容、课程评价到课程管理体制等方面进行全面改革的系统工程，赋予教师专业发展以新的内容，对教师提出了前所未有的挑战，迫切需要教师具有新的教育理念和优良的教育品质，如综合的专业知识品质、反思性的专业思维品质、研究性的专业学习品质、创新性的教育教学行为品质等，并具有能够提升自身教育生命与生活质量的专业自觉，具有以学生发展为本的新观念，能够将知识转化为智慧、将理论转化为方法，适应研究性教学、综合性教学、反思性教学的要求。这迫切需要实践取向小学职前教师教育为基础教育新课程的实施培养具有全新的人才培养理念、新的教育行为品质和较强的教育实践能力的专业的优质教师，这些教师能够以全新的教与学的方式适应新课程改革，通过自身的不断成长更好地促进基础教育发展和学生健康全面地成长。所以，回应基础教育课程改革对实践的召唤，成为小学职前教师教育课程研究的重要课题，要求我们思考如何设置“适应”并“引领”基础教育课程改革的小学教师教育课程。“适应”就是要变革教师教育思想、改变课程的教与学游离于基础教育课程改革之外的现状，提出适应新课程实施要求的职前教师教育课程方案。“引领”就是要研究如何通过职前教师教育课程的深度变革，培养符合基础教育新课程实施要求的教师，以引领和促进基础教育的课程改革。所以，构建与基础教育新的课程理念和课程体系相协调、与教师的职前培养需要相适应的小学教师教育课程体系，成为小学教师教育的重中之重，是基础教育课程改革的迫切要求和关键环节，对于培养适应基础教育事业发展需要的小学教师，保障基础教育事业改革顺利进行，具有十分重要的意义。

2. 实践取向小学（职前）教师教育课程设置能够顺应教师专业发展的取向

教师专业发展是当今教师职业发展的共同目标，要求教师应当是经过专门训练的达到专业标准的专业人员。教师专业发展意味着要逐步提高学历层次，提高学术水平，提高教育实践智慧，提高研究教育问题的能力，提高职业道德水准。随着对教师专业发展研究的兴起和深入，特别召唤“实践理性”在教师专业发展中的重要地位和作用，将教师的专业形象定位为“反思性实践者”，回应长期以来对教师作为“技术操作人员”的质疑。这促使我们反思教师职前培养的“技术熟练者模式”，这种模式认为教师专业发展逻辑就是“理论的实践化”，简单地认为教师专业发展就是外在理论的应用加技术的成熟，是应用现成的理论规则对教育活动和教育实践中的问题进行技术性的应对与处理，而忽视了教师专业发展中最重要的实践体验和实践感悟。因而“教师的自主性和教学水平，受到标准化教学模式的控制”。“师范生学习的重点不是内容知识或者教学能力，而是一种能够导致学生产生有效行为的技能经验。于是，教师的专业学习转化为了行为训练，而不是教育。”这种把教师当作技术操作人员的职前教育，“要求教师掌握的重要知识纯粹是技术性和工具性的”①。从已有对教师专业发展的研究与实践来看，学术界呈现出教师作为“反思性实践者”的强劲话语，强调教师专业发展逻辑是“实践中的理论”，要遵循“实践逻辑”，在实践理性的视野中，在“与情境的对话”中，形成实践性知识、发展实践智慧。认为形成实践性知识、发展实践智慧是教师专业发展的内涵，而教师教育课程是教师专业发展的重要保障。鉴于此，需要我们从教师职前培养的“学科模式”“理论模式”“训练模式”中跳出来，基于教师专业发展的“实践模式”和“行动模式”来解读小学教师的职前培养，反思如何在这一理念的关照下，审视我国小学职前教师教育课程设置和建设，关注如何给师范生提供更多的教育情境和教育实践机会，让他们在实践中体验和感悟，形成情境性、综合性的实践知识和实践智慧，以更好地获得专业发展。这对于保证不断提高准教师的专业水准具有重要意义。

3. 实践取向小学（职前）教师教育课程设置回应了教师教育变革的实践转向

小学教师教育是促进小学教师发展的专业教育，“只有促进教师可持续发展的教师教育，才是真正的教师教育”②。教师专业发展的实践指向，要求不断地改善教师的专业教育。近年来，对教师的教育已成为教育界关注的核心，国内外教师教育改革的深度和广度都在不断拓展，尤为突出的是教师教育及其课程改革的实践转向成为教师教育改革的重要关注点和议题。教师教育从强调客观

---

① 鞠玉翠．论争与建构：西方教师教育变革关键词及启示[M]．济南：山东教育出版社，2011：182－183.

② 许邦官．论教师教育与教师的可持续发展[J]．中小学教师培训（中学），1999(4)：5－7.

知识、纯粹理性、外部资源、发展现场向强调实践智慧、情感维度、教师生活、工作现场转变。无疑，这一转向是根本的，它体现了教师发展的深层逻辑①，即对教师的培养和发展应遵循“实践逻辑”和“过程逻辑”，实践的力量在教师教育中凸显出来，研究者和实践者更多地开始用“实践”的思维和解释框架来认识与理解教师的培养与发展。这种实践转向，需要将“实践”作为教师培养的新视角，深化为了实践、基于实践，在实践中培养的思路。而顺应教师教育实践性发展的趋势与实践化变革的思路，在很大程度上是通过教师教育课程的设置和质量来回应并实现的。所以，教师教育课程改革尤其应成为教师教育改革重要方面，是教师教育“实践化”变革思想与思路的具体体现和落实的关键。国内外关于教师教育的“实践化”的培养模式，课程设置的目标、模式、特色以及实施方式等，为小学职前教师教育课程设置提供了重要的参照。我国小学职前教师教育课程应从实践视角研究其科学设置问题。

所以，面对基础教育、教师专业发展以及教师教育的深刻变革，对于承载着培养高学历、高素质的专业化小学教师的高等院校的小学教师教育而言，课程设置作为人才培养的载体，其科学性、合理性是提高小学教师教育的关键，是实现人才培养目标的具体显现和必要条件。正是基于上述认识，我们必须科学审视和研究小学职前教师教育课程设置问题。本书将研究的焦点放在小学教师教育课程设置上，在反思我国现行的小学职前教师教育课程设置中存在的问题的同时，从“实践”出发，探讨具有小学教师教育特性的课程设置问题。

二、实践取向小学教师教育及其课程设置的相关研究回顾

近年来，教师教育及其课程设置已成为国内外学者研究和关注的核心问题，有很多著作和论文都提出教师教育及其课程设置要具有并突出“实践性”特征，并在其中涉及了实践取向的问题。但真正明确提出实践取向，并从实践取向的角度论述教师教育及其课程设置的研究却不多见，更没有直接从实践取向的角度针对小学教师教育课程设置的系统的学理性论述。以下选取关于在实践取向的教师教育及其课程设置的相关研究中的有代表性的观点进行简要概述。

---

① 姜勇．从实体思维到实践思维：国外教师专业发展新取向［J］．外国教育研究，2005，32（3）：1－4.

1. 关于实践取向的内涵

关于实践取向的内涵，于佳雪总结了三种观点：一种认为“实践取向是教育教学的一种途径”；一种观点认为“实践取向是一种教育教学的体验”；一种观点认为“实践取向是一种价值取向，应当在教师教育中充分发挥实践性的价值”。① 闫红丽将实践取向的内涵总结为：“有人认为实践取向是一种体验；有人认为实践取向是一种过程取向；有人认为实践取向是一种途径；笔者认为实践取向是一种导向，它是指在教师培养过程中以实践为导向，充分发挥实践在教师专业发展中的作用。”②关文信认为，“实践取向是一种价值取向”，“是指在教师培养中要把实践放在核心价值地位，充分发挥实践在教师专业发展中的根本性作用”。强调“一是坚持实践取向绝不是排斥或轻视知识的作用，实践本身就是知与行的统一。二是坚持反思是实践取向的题中应有之义，因为实践具有批判的品格”。将实践取向的具体内涵概括为三个方面：“为了实践、基于实践、在实践中”。“为了实践”“是实践取向的目的性，具体是指在职前小学教师的培养中，实践具有目的性……小学教师职前培养的一个重要目标就是未来教师的实践能力”；“基于实践”“是实践取向的基础性”，具有三个方面的含义：“一是指职前培养从目标到过程都要建立在实践基础上”，“二是指职前教师培养要充分重视个人经验的价值”，“三是要重视在实践中反思”；“在实践中”“是实践取向的场域性，是指未来教师专业发展的主场域是实践”，即“学校真实的教育情境是未来教师专业发展的现实土壤”。③ 程亮认为实践取向是以实践哲学为基础的取向，它侧重从实践者的个人知识和自主反思层面，重构教育理论及其与教育实践的关系。④

2. 关于实践取向的教师教育及其课程研究的发端

关文信认为：“实践取向是教育的本质要求，因为教育本身是一种培养人的实践性活动。”⑤彭寿清等认为：“实践取向的教师教育课程是必然的选择”，其中最根本的学理基础是学术理性取向的教师教育课程已经走入困境；认为实践取向的职前教师教育的课程目标是要培养“实践智慧”，而“实践智慧正视具有不确定性的实践，不认为教育理论可以简单容易地运用到教育实践；相反，身处于实践情境的教师必须去理解实践，在理解的基础上深思和慎思，在实际的教育情境中实现对教育理论的同化与顺应，并作出符合情境的决定，解决教育情境中真

---

① 于佳雪．实践取向的英国职前教师教育研究[D]．开封：河南大学，2012.

② 闫红丽．实践取向的美国职前教师教育研究[D]．开封：河南大学，2011.

③ 关文信．实践取向小学教师职前培养研究[M]．北京：首都师范大学出版社，2009：43－45.

④ 程亮．教育学的“理论－实践”观[M]．福州：福建教育出版社，2009：90.

⑤ 关文信．实践取向小学教师职前培养研究[M]．北京：首都师范大学出版社，2009：43.

实和复杂的问题”。而学理性课程主要是将理论课程通过讲授的方式传递给师范生，导致培养的师资难以“适应实践的逻辑”①。林一刚认为：“教育理论与实践脱节的问题一直困扰着教育研究者、实践者”，解决这一问题的关键是“教师教育应该直接面向实践”。他主要针对三个问题讨论了实践取向的教师教育课程和教学改革的理论依据：一是“教育理论的再概念化”，认为由于“被实证主义研究范式把持”，长期以来，教师教育秉持获得“公共理论”的传统，单纯的理论传授“使得教师教育变得单调、僵化、刻板，甚至违背了人性，抽离了教育实践本身丰富的内涵，扼杀了教育过程中人的能动性和创造性”。二是“教育实践的再概念化”，引用舍恩的教育实践情境的“低湿之地”的观点，认为专业实践的“低湿之地”“充满复杂性、模糊性、不确定性、独特性和价值冲突”，不能“套用既有科学理论和技术解决问题”，因而“必须充分发挥专业人员的智慧，创造性地去建构问题，明晰目标，寻求解决方法”，“因此教师教育者若以独白式、理论掌握式的方式培养教师，势必难以应对‘低湿之地’的‘教育场’”。三是“教育理论习得过程的再概念化”，认为师范生要建立与教育理论相一致的教育教学信念系统，“最主要的手段与途径就是实践”，“专业知识的获得是一个‘行中知’的过程”。②倪小敏从教师知识观的角度阐述了应当从实践的角度重构教师教育模式。认为实践取向的教师教育模式应基于实践取向的教师知识观，引用陈向明关于教师实践性知识的观点，认为实践性知识是“教师内心真正信奉的、在日常工作中‘实际使用的理论’，支配着教师的思想和行为，体现在教师的教育教学行动中”的知识。③ 倪小敏认为：“教师实践性知识一方面源于教师对教育实践经验的审查与反思，另一方面源于教师基于实践背景重新解读和反思教育理论，最终形成在专业领域能够有效发挥作用的实践性知识。”因而，站在“反实证主义”者的立场上，反对理智取向的“理论先导”的教师知识观，强调教育实践中特有的“实践逻辑”应当受到关注。④ 王少非认为：“教师教育课程之所以要秉持实践取向，既是教师专业的实践本质的要求，也是人们对支撑教师专业实践的教师知识基础的认识加深的必然结果，更是理论取向的教师教育课程遭遇困境之后

---

① 彭寿清，蔡其勇，苏贵民，等．实践取向的职前教师教育课程建构[J]．课程·教材·教法，2012，32(7)：107－111.

② 林一刚．实践取向的教师教育课程与教学改革探索[J]．浙江师范大学学报(社会科学版)，2011，36(4)：115－118.

③ 陈向明．实践性知识：教师专业发展的知识基础[J]．北京大学教育评论，2003，1(1)：104－112.

④ 倪小敏．实践取向：职前教师教育模式的重构[J]．教师教育研究，2010，22(1)：22－27.

的必然选择。”①

3. 关于实践取向的教师教育观及其课程设置的观点

关于实践取向的教师教育观，倪小敏从教师实践性知识的角度，认为实践取向的教师教育观主要有三个方面：“一是重视未来教师的实践性知识的形成和发展，教师教育的任务是创设各种实践情境以帮助未来教师获得实践性知识。二是注重实践中反思，在反思中前进。教师的实践和研究不是两个过程，而是一个过程的两个方面。三是强调‘学习’是‘社会实践的参与’，而不是‘内化’。”因而倡导建立“理论－实践共同体”、实施“认知－学徒制”以及“实践中反思”等获得实践性知识。② 庞学群等在探析以实践为取向的教师教育中，提出四个基本观点：一是“以学校为基地”的培养模式，二是理论－实践紧密结合的课程设置，三是在行动中研究与反思的培养方法，四是严格的教师资格标准和“基于表现”的教师资格认证方法。在“以学校为基地”的培养模式的论述中，认为：“‘以学校为基地’的模式是相对于传统的‘以学院为基地’的教师培养模式而言的”，“其根本出发点在于试图改变基于过分强调理论而实践不足的传统教师教育模式的缺陷，加强理论与实践操作的结合，探讨教育理论与教育实践的相关性，加强教师职前培养中教学实习的地位，鼓励学生通过实践而思考教学过程中的问题。”③

关于实践取向的教师教育课程观，钟启泉曾概括说明教师专业发展观的转型及其带来的教师教育课程的深刻变革：（1）教师专业发展不能仅仅理解为一线性的知识、技能的积累，而是教师个人的整体性发展。因此，教师教育课程标准针对旧课程“老三门”的忽视儿童价值、实践环节薄弱、培养与培训脱节等弊端，凸显“儿童为本”“实践取向”“终身学习”的理念，以教育创新精神和教育实践能力为重点，培养教师的专业素养。（2）教师专业发展不是依赖外在的技术性知识的灌输而“被塑造”的，而是一种“自我理解”的过程，即通过“反思性实践”变革自我、自主发展的过程。因此，教师教育课程标准鼓励教师的实践研究，倡导教师立足真实的教育情境，在问题解决中发展教师自己的实践智慧和教学风格。（3）教师专业发展讲到底是一种“文化背景的变革”（“生态变革”）和“终身学习”的过程。教师专业发展不是把现成的理论知识直接运用于教育实践的过程，而是教师的知识和经验与教育情境交互作用，通过个人独立反思和集

---

① 王少非. 教师教育课程的实践取向：何为与为何[J]. 教师教育研究，2013，25(9)：72－75.

② 倪小敏. 实践取向：职前教师教育模式的重构[J]. 教师教育研究，2010，22(1)：22－27.

③ 庞雪群. 李福灼，朱昆. 以实践为取向的教师教育探析[J]. 经济与社会发展，2006，4(2)：172－174.

体合作、审议，解决真实、复杂的教育实践问题，形成实践智慧的过程。① 彭寿清等认为："实践取向的职前教师教育课程指的是以提升未来教师的实践智慧，帮助他们理解和改善教育实践，以及解决教育实践问题为最终目的，面向教育实践情境而设计的教育经验。"②陈小菊认为基于实践取向的教师教育的课程应当是对理论与实践的整合与重构，"强调教师的理论知识和实践性知识的相互融合"。③ 常丽丽等认为："教师教育的实践取向是指学校在培养未来教师的过程中，面向实践，以实践为导向，通过实践性较强的课程的实施，培养学生的实践能力，增长学生的实践智慧，为其成为合格的教师奠定基础。"④王少非认为实践取向是教师教育课程应有的核心理念，"教师教育课程的实践取向并不认同理论能够直接指导实践，也不认为教学实践本身能够取代所有的教师教育课程，更不认同按照'技术学'的形式来建构教师教育课程"；实践取向要求教师教育课程必须关注教师的专业实践和教育现实问题，必须支持实践问题的解决和实践能力的发展，必须支持对实践的反思和对教育知识的建构。⑤ 刘丽红等从认知科学的具身认知视角对教师教育课程的实践取向价值进行审视，认为实践取向教师教育课程的具身认知价值在于，通过具身经验与心理模拟促进对教育知识的理解，通过具身情境与共鸣的涌现发展教育实践智慧，通过具身感知与情绪体验强化教育情感培育。⑥

关于实践取向的教师教育的课程目标，彭寿清等认为是"帮助未来的教师具备从事实际教育教学所需要的实践智慧、创新能力和终身学习能力，这与学术取向的教师教育课程追求理论知识和学科知识的系统学习有着本质的区别"⑦。陈小菊认为基于实践取向的整合与重构的教师教育课程的核心目标是"培养具有较强反思意识与反思能力，善于发现现实中的教育问题，具有一定的分析、解释能力的新型教师"。⑧

---

① 钟启泉．我国教师教育制度创新的课题[J]．北京大学教育评论，2008，6(3)：46－59

② 彭寿清，蔡其勇，苏贵民，等．实践取向的职前教师教育课程建构[J]．课程·教材·教法，2012，32(7)：107－111.

③ 陈小菊．整合与重构：基于实践取向的教师教育的反思[J]．中国电力教育，2012(7)：32，36.

④ 常丽丽，卢瑞玲，荆雁凌．基于实践取向的教师教育课程改革[J]．教学与管理，2014，(8)：35－37

⑤ 王少非．教师教育课程的实践取向：何为与为何[J]．教师教育研究，2013，25(9)：72－75.

⑥ 刘丽红，卢红，等．实践取向教师教育课程的具身认知价值及其实现[J]．教育科学，2014，30(2)：53－57.

⑦ 彭寿清，蔡其勇，苏贵民，等．实践取向的职前教师教育课程建构[J]．课程·教材·教法，2012，32(7)：107－111.

⑧ 陈小菊．整合与重构：基于实践取向的教师教育的反思[J]．中国电力教育，2012(7)：32，36.

关于实践取向的教师教育课程体系的建构，王坤庆提出了四个方面的指导思想："一是注重课程的选择性。加强综合课程、通识课程的建设，加大选修课的比例，让学生在主动选择中形成有特色的知识结构和能力结构。二是注重教师课堂教学的创新性。大力倡导案例教学，并聘请高水平的中小学一线优秀教师到大学兼任教师，使学生所学的理论知识更好地与教育实践相关联，并使免费师范生在校期间就接触和了解中小学。三是注重研究性教学。强调教师将研究性教学作为提高课堂教学质量的基本方法，既培养学生的创新精神与实践能力，也为培养研究型教师奠定基础。四是注重实践性……"，关注实践性课程对师范生实践能力的培养。① 庞学群等提出建构以实践为取向的、促进教师专业发展的教师教育课程体系要考虑三个方面："首先，增加教育学科课程门类；其次，加强教育教学实践环节，延长教育实习时间；最后，规范师范院校与中小学的合作关系，把某些课程开到中小学去，为师范生提供类似临床医学的教学实践情境。"②伍雪辉、张艳辉认为："在实践中培养师范生的教学智慧是教师教育课程发展的必然要求。在教师教育课程体系中，必须要增加实践取向的教育课程，要让学生到教学第一线去，通过长时间地参与教学实践，通过与经验丰富的教师的沟通交流，将教学知识转化为教学的智慧。"③

关于实践取向的教师教育课程内容的建构与组织，林一刚提出必须解决"教学内容太过于理论化"的问题，"针对不同类型的教师教育课程，需要采取不同的方式来解决这个问题"。认为基础理论性课程内容的建构要回归生活世界；应用理论课程内容的建构要还原实践情境；实践操作课程内容的建构要基于技能标准。④ 陈小菊认为：基于实践取向的整合的教师教育课程内容"应根据主题、问题来组织课程内容，通过特定主题将理论讲授、实践体验、反思讨论、批判质疑有机整合起来，使课程的学习成为一个持续探究的过程。教学的目的是探讨主题本身（而不是逻辑知识的掌握），它强调真实问题及其解决，而不是学科知识的逻辑顺序和学科体系"。⑤

关于实践取向的教师教育课程的实施，彭寿清等认为"实践取向要求课程

---

① 王坤庆，胡中波．实践导向的专业化教师教育课程体系改革与探索［J］．课程·教材·教法，2012，32（12）：83－88．

② 庞雪群，李福灼，朱昆．以实践为取向的教师教育探析［J］．经济与社会发展，2006，4（2）：172－174．

③ 伍雪辉，张艳辉．实践取向的职前教师教育课程设置的探索：以重庆师范大学为例［J］．天中学刊，2010，25（2）：73－75．

④ 林一刚．实践取向的教师教育课程与教学改革探索［J］．浙江师范大学学报（社会科学版），2011，36（4）：115－118．

⑤ 陈小菊．整合与重构：基于实践取向的教师教育的反思［J］．中国电力教育，2012（7）：32，36．

实施的主阵地——课堂教学从讲授为主向做中学、探究学习和服务学习转变"[①]。姜勇认为:"课程实施的实践取向是指课程实施应从教育现场出发,根据教育现场中发生的实际情况,作为课程实施者的教师应与课程设计者展开对话、沟通与交流,在此基础上达成共识,并在课堂教学实践中不断修改与完善课程实施的一种过程。"因而,一是"在课程实施中倡导课程设计者与教师进行现场研究",二是"提倡课程设计者与课程实施者之间的理解、对话与合作"。[②] 索磊认为:实践取向的教学方式应强调实践体验,强调在合格教师的指导下,师范生在中小学现实情境下的持续实践。[③] 常丽丽等认为实践取向的课程核心是"实践","实践取向的教师教育课程不仅重视先进教育理论的滋养,更注重教师在教育教学实践中的参与、体验与反思,并把他们在真实教育情境中的体验与反思作为教师专业学习的重要方式"。认为参与是实践取向课程实施的重要前提与基础,体验是实践取向的教师教育课程重要的实施方式之一,而引导教师进行反思,培养他们的反思能力是实施实践取向课程的又一种重要方式。[④]

4. 关于实践取向小学教师教育的观点

小学教师教育的实践取向无论在学术界还是在基础教育一线,已形成共识,但实际上,人们对小学教师培养的"实践取向"的理解却有很大差异。比较有代表性的观点是王智秋教授提出的,她认为:首先应当把"实践取向"放到原则层面、价值追求上理解,即以"实践"为中心,深刻理解并紧紧把握当代小学教育实践的需求,这种需求根植于我国经济和社会的现实与未来的要求,根植于教育的现状及其改革与发展的要求,特别是根植于我国基础教育课程改革面临的对小学教师专业化要求的新问题的解决,必须面向基础教育一线的实际需求培养小学教师,这是实践取向小学教师教育的最高价值追求。[⑤] 其次,在人才培养规格和目标确立上,要突出对人才的基本技能与"实践能力"的培养。再次,在人才培养方法的选择上,要强化以"实践"为中心的原则,强调师范生不仅要有先进理论的滋养,更要把置身于教育情境的学习和研究作为专业学习和专业生活的方式;必须在教师培养过程中把目光从十几年不变的课程转向生动鲜活的小学教育实践,即从重视知识传授转向对基础教育实践的关注,在鲜活的教学教育情

---

① 彭寿清,蔡其勇,苏贵民,等. 实践取向的职前教师教育课程建构[J]. 课程·教材·教法,2012,32(7):107-111.

② 姜勇. 实践取向的课程实施刍议[J]. 比较教育研究,2002(6):40-43.

③ 索磊. 实践取向的美国教师教育课程[J]. 教育评论,2015(1):52-54.

④ 常丽丽,卢瑞玲,荆雁凌. 基于实践取向的教师教育课程改革[J]. 教学与管理,2014(8):35-37.

⑤ 王智秋. 小学教育专业人才培养模式的研究与探索[J]. 教育研究,2007(5):25-30.

境中培养和锻炼师范生在实践岗位上的适应性,形成实践智慧,以此落实专业建设的人才办学定位。最后,在人才培养路径上,实践取向的专业建设理念一是将课程学习、校园文化熏陶与社会实践三个环节打通;二是由原来大学独立完成的人才培养过程向大学、小学一线学校共同完成转变,建立大学与小学共赢的合作共同体。

5. 对实践取向教师教育的质疑

陈彩燕对教师教育的实践取向提出质疑,认为我国教师教育改革之所以采取实践取向,其原因一是受应用型人才培养模式的影响;二是受国际教师教育课程改革趋势的影响,模仿西方国家的做法;三是受我国对当前教师教育质量下滑的简单归因及受急功近利的社会氛围的影响。从效果上看,其并不必然导致教师专业发展水平的提升,因为其容易弱化理论学习。提出要理智看待"实践育人"的作用及其可能效应,不能混淆教师教育专业与其他专业的应用型人才的培养,不能混淆教师的教学能力与从事一线生产的技术或专业的实践操作能力,教师的职业特点要求教师有更高的理论素养。认为对培养教师而言,理论育人更为根本。①

总之,小学教师教育及其课程设置已成为我国教师教育研究领域的重要课题,逐渐走入学术研究的视野。所以,对小学教师教育课程设置的研究是有意义与有价值的。对该问题的研究,学者们已经有了比较丰富和深刻的见解,这些成果是本研究得以开展以及获得有价值的结论的难得的学术基础和论证依据,具有重大的参考价值。特别是已有研究对实践取向的教师教育及其课程设置的探讨,为本研究基于实践取向探索小学教师教育的内蕴、检视现行的小学教师教育课程的现状与问题,提出实践取向小学教师教育课程设置的思路与样态,提供了重要的论证资源和论证理路。

但是关于这一研究课题,仍有很多问题需要进一步探索、澄清和解决,特别是基于理论的深层次的问题。

(1) 小学教师教育特性研究不足。已有研究都认为小学教师教育大学化后既要坚定保持小学教师培养传统上重视师范性的亮点,又要充分吸收培养模式升级带来的优势,加强综合性和学术性。即小学教师教育的专业特性绝不能被吞并或者淹没。但对其专业特性的内涵分析以及专业特性确立的理论论证还不够深入系统,特别是缺乏从教师专业的内涵和小学教师的专业特质的角度探讨并明确小学教师教育的内在特征。

(2) 缺乏从"小学教师专业素质"结构、形成及培养的角度对小学教师教育

---

① 陈彩燕. 教师教育改革:实践取向还是理论取向[J]. 学术瞭望,2015(8):12-16.

的课程设置进行的分析和研究。已有研究虽然对小学教师的素质结构有了一个基本的勾勒,但仍显粗略,缺乏细致的和操作化的分析,特别是缺乏从小学儿童成长与发展的特殊性、小学教育的使命诉求的角度对小学教师的角色定位的研究和专业特质的凝练。由此看来,已有研究缺乏“关注小学儿童”,体现“小学教师专业性”的富有针对性的小学教师教育课程设置的分析和研究。

(3) 缺乏对发达国家(地区)小学教师职前培养的思路以及课程方案确定的依据及背景的分析,以及由此对我国大陆本科小学教师教育的有效借鉴。已有研究多集中在对发达国家(地区)本科学历小学教师培养的课程结构、比例的比较研究上,缺乏对其人才培养及课程设置的背景及思路的研究。

(4) 对小学教师教育课程设置的系统研究、分析不够。小学教师教育本科化在我国的教师教育领域中还属于新生事物,正处在发展和探索的过程中,对该专业课程设置的研究处于“广而浅”的状态。主要表现在:

其一,各种研究不仅缺乏深刻的阐述和清晰的思路,而且研究之间没有形成有效的系统,处于分散状态,相互之间的理论支持不够充分;

其二,对小学教师的专业素质及小学教师教育课程设置的内在制约性缺乏应有的系统的实证研究和实际考察;

其三,对公认的“综合培养、分科(向)发展”的培养模式中综合与分科究竟如何协调,是否同一位等问题悬而未决,并未有深刻而明确的论证分析。

总之,已有研究多基于各自高校的办学实际和相关的课题研究,都认为小学教师教育课程设置应体现其专业特性,但如何在课程设置中体现专业特性的学理性论证还不充分。特别是对于小学教师教育课程设置的价值取向、逻辑起点、依据、理论基础还缺乏深入而系统细致的论证分析。小学教师教育课程设置的价值取向、逻辑起点以及核心课程模糊不清。

(5) 缺少系统的从实践取向的角度探讨小学教师教育课程设置的研究,更没有系统的设置思路与架构样态的研究。近年来,关于教师教育及其课程设置应当突出体现“实践性”的观点和论述不少,也出现了一些直接指向实践取向的相关研究,但都不够系统,限于实践取向的课程设置的某一个方面,如课程体系的建构、课程内容的组织、课程实施的改革等,停留在观点和做法上的论述较多,缺乏对实践取向的课程设置思路的系统论证,亦没有课程设置的架构样态,更缺少直接指向小学教师教育的关于实践取向的课程设置的学理研究。并且,对“实践取向”的理解和认识,学界亦存在误区和歧义。

课程在职前教师教育中居于核心位置,直接影响着师资培养的质量。课程科学理性的设置问题,也关系到小学教师专业化的建设与发展。解决好这一问题,必然会对中国高等教育体系和教师教育领域中小学教师教育的卓越发展产生积极的影响。

要探讨小学教师教育的课程设置问题,首先要明确实践取向的学理基础,应该厘清:小学教师的特质是什么?小学教师教育的独特性在哪里?怎样的小学教师教育能够帮助小学教师实现专业发展、促进小学教师专业成长?作为能够直接体现小学职前教师教育培养目标的课程设置,其逻辑起点是什么?只有厘清了这些问题,才能为小学教师教育课程设置找到理论和现实的依据。教育在本质上是培养人的实践活动,"实践"是小学教师专业成长"内在的、生成的、本质的"特征,在小学教师的培养中凸显"教育专业"与"专业教育",体现实践的核心价值,以实践取向为课程设置的价值取向,实现理论与实践的融合,应是小学职前教师教育人才培养的应有之义。已有的研究奠定了本研究力求突破、超越的基础,而已有研究并未深入、系统而完善解决的问题,也为本研究提供了空间,使得本研究具有一定的价值。

三、实践取向小学教师教育课程设置的研究设计与主要观点

本研究以实践取向小学教师教育课程设置为主题,通过理论阐释和实践分析两个维度的探析,着力解决小学教师教育课程设置的基础理论问题,明确课程设置的价值取向、寻找课程设置的逻辑起点,并有针对性地对课程设置的现实问题进行反思,提出具有小学教师教育特质的课程重构样态。旨在为我国的小学职前教师教育人才培养的课程设置提供具有指导意义的重构思路和样态。

(一)研究的思路与方法

本研究的方法论是基于"实践取向",着眼于小学教师教育以及课程设置的基本问题,将理论建构与现实问题分析统一起来,主要运用归纳分析的方法,沿着"内线"与"外线"两条逻辑路线展开,并力图达成两者的交汇和融合,进而呈现课程的重构思路和样态。

(1)内线:理论的构建。即根据实践取向的内蕴探讨、卓越小学教师专业素质的研究、小学教师教育的特性和小学教师专业发展的内在诉求,特别是基于卓越小学教师的专业特质、课程设置的理论基础和依据构建课程体系。

(2)外线:相关的借鉴和现实的需求。主要是通过对现行的课程设置的问题的讨论,借鉴发达国家和地区小学教师教育改革的经验和课程设置的思想,考虑"采他之长",因地制宜,"为我所用",并根据师范生的发展特征和需求、

小学一线教师和校长的体会与建议，思考课程的设置，以满足小学教师实践的需要。

具体到技术方法而言，主要运用以下方法。

1. 文献法

通过查阅、整理、分析和提炼国内外关于课程以及教师教育、小学教师教育、教师专业化、实践取向等的研究成果，主要为相关的国内外专著、期刊文献和学位论文，为本书提供研究思路和理论基础，帮助本书对概念深刻辨析、对原理逐层探问，为实践取向的小学教师教育课程设置建立规范的论证体系寻求理论支撑；还通过查阅国家教育行政部门颁布的各级各类关于小学教师培养的课程指导纲要、专业标准、课程标准等为本书的论证和撰写提供政策支持，在此基础上提出新的观点，形成新的认识。

2. 文本分析法

通过对国内现行的有代表性和典型性的高等院校的本科小学教师教育的培养目标、培养方案的文本比较、描述和分析，梳理并归纳我国一些师范院校的小学教师教育课程设置的现状，对存在的问题进行深入分析，以期把握现实问题，为本研究提供事实依据和基础。

3. 比较研究方法

通过研究主要发达国家和地区关于小学职前教师教育课程设置的基本情况、实践的内容与模式，总结和梳理课程设置的基本思想，吸取其中的经验，为本研究提供开阔的视野，寻找有益的借鉴和启示。

4. 调查法

（1）问卷调查。通过问卷调查法，调查分析小学教师的专业素质现状、小学校长和小学教师对小学职前教师教育课程设置的需求状况。问卷调查的对象为 H 市的有代表性的学校在职小学教师、小学校长，调查其专业发展状况和对教师培养课程设置的需求情况，为本研究聚焦于小学教师的专业素质的现实需求，建构合理的小学教师专业素质结构，凝练卓越小学教师的专业特质，明确职前培养课程的现实需求等提供现实依据。

调查问卷及访谈提纲，请扫二维码

（2）访谈调查。在开展问卷调查的同时，为了能够更深入地了解现状和分析原因，选取有代表性的小学校长、教学名师，以及对课程、对职前学习有思考、有体会的师范生，通过个别的深度访谈、校长论坛、学生座谈会等方式，就小学教师的职前培养问题，特别是课程设置的若干问题进行深入研讨，以掌握他们的看法和意见，获得教师职前培养的课程重构的现实关照和实证信息。同时走访课程理论和小学教师教育方面的专家，广泛听取他们的观点和看法，为本研究进一步明晰观念和思路提供有价值的参照。

5. 个案研究法

选取某院校本科小学教师教育(国家级特色专业)的课程方案作为个案研究对象,通过问卷对其适切性进行个案分析,为反思小学教师教育课程设置的问题,以及课程的重构提供具体的佐证和参照。

(二)基本概念解释

1. 实践取向

取向是对事物进行权衡、比较、选择时所采取的态度和行为倾向。教师教育在发展与变革中,不断地追求和向往着一定的价值理念及其目标。本研究认为"实践取向"是一种价值倾向,是在教师培养,特别是在课程设置中所表现出来的一种价值倾向。基于实践取向的小学教师的培养,应秉持"实践"的信念,将"实践"放在核心价值地位,以"实践"为导向,通过"实践"的途径和方法,培养未来的小学教师具有以"教育实践能力"为核心的教育实践品格。即"充分发挥实践在教师专业发展中的根本性作用",把"实践"作为未来教师专业发展的生长点。充分体现"为了实践、基于实践、在实践中"的目的性、基础性和场域性。[①]

实践是人改造客观世界以满足自身需要的自由自觉的活动,它也包括对人自身的改造。实践首先是有目的的,是自觉的;其次,实践要符合客观规律。所以,实践是主体对象化的活动,是思维转化为存在的活动。实践是理论指导下的实践,是目的与规律的统一。从这个意义上说,并不能将实践取向理解为技术活动和简单的实际操作,它是在理念指导下的自觉活动,所以,实践取向是理论与实践的统一,这也是本研究立论的基础。

教育作为培养人的社会实践活动,始终以人的培养为核心。小学教育不是在教儿童以知识,而是用知识来教人。知识只是教育的手段而非目的,促进儿童的发展才是目的。本研究倡导小学教师教育课程设置基于"实践取向",第一要义是以"育人为本",即以"儿童的发展"为本,儿童的发展及对小学教师教育的诉求是小学教师教育课程设置的逻辑起点;第二要义是基于小学教育的启蒙性与综合特征,实现由"学科本位"向"教育本位"的转向,确立小学教师教育课程的"教育性";第三要义是"实践取向"要立足教师的实践性知识的建构、实践智慧的形成,以培养"反思性实践者"为目标,应建构理论与实践互动交融的课程模式。简言之,实践取向小学教师教育课程设置要立足儿童,融合理论与实践,以培养"儿童发展的促进者"和"反思性实践者"为价值旨归。

---

① 关文信. 实践取向小学教师职前培养研究[M]. 北京:首都师范大学出版社,2009:43－45.

2. 教师教育

“教师教育”是一种培养师资的专业性教育，它包括教师职前教育、入职教育和职后教育三个一脉相承的不可或缺的阶段，是由三者有机统和而成的一个整体。它致力于教师培养的职前教育和教师提高的职后教育的一体化。

我国过去在很长一段时间内，习惯把教师的培养工作称作“师范教育”，所谓“学高为师、身正为范”，“师范教育”概念的形成与特定的历史背景和教师培养性质与水平相联系，从概念形成的原本意义上说，它指的是教师在任职之前所接受的正规学校教育，是一次性完成的职前教育，在办学程度上通常由初等师范、中等师范到高等师范形成师范教育体系，在办学模式上是独立封闭的。

20 世纪 70 年代以来，国际上终身教育的理念被广泛传播。90 年代后期，随着高等教育结构的调整，我国的教师培养模式发生了许多变化，独立设置的师范院校专门从事教师培养的体系被打破，综合性大学和其他高校也参与到教师的培养和培训活动中来，我国教师教育的主要矛盾已经突出地表现为提高质量的要求与提高质量的能力的矛盾。[①] “师范教育”已经不能满足教师教育的发展需要。因此，必须实现由“师范教育”到“教师教育”的观念更新。2001 年，我国在《国务院关于基础教育改革与发展的决定》中首次使用“教师教育”的概念，该决定指出：“完善以现有师范院校为主体、其他高等学校共同参与、培养培训相衔接的开放的教师教育体系。”从此，“教师教育”的概念逐渐替代了“师范教育”的概念，成为我国教育学术界的强势用语，“教师教育”的政策和制度也逐渐取代了原来的“师范教育”，这体现了对教师发展以及教师教育发展观念和发展方式的转变，这是国际教师教育发展的共同轨迹，也是关注教师专业发展的一致诉求。

钟启泉认为，“教师教育”隐含了三个发展脉络：“第一，教师培养的渠道由单一闭锁走向多元开放，需要整体规划（不仅限于师范院校，还有综合性大学）；第二，教师培养过程由职前培养走向终身发展，需要全程（一体化）设计、多元设计（多层的设计）；第三，教师形象由教学技术人员走向‘反思性教学’专家，讲究专业素质。”[②]这样，有别于“师范教育”的“教师教育”，更强调教师培养的开放性和创造性，更强调由“一次教育”向“终身教育”的转化，更注重职前培养与职后教育的统和与并进，更注重培养“未完成式教师”，即强调教师在教育实践中，要有在与情境对话、与学生互动、与同伴合作中不断反思自身的实践，不断觉悟与提高的学习与发展的态度。“教师教育”体现着教师专业发展观和教师培养

---

① 袁振国．从“师范教育”向“教师教育”的转变［J］．中国高等教育，2004（5）：29－31.

② 钟启泉．我国教师教育制度创新的课题［J］．北京大学教育评论，2008，6（3）：46－59.

观的变化。

3. 小学教师教育

“小学教师教育”是一种培养小学师资的专业性教育。它亦致力于小学教师培养的职前教育和教师提高的职后教育的一体化。本书关于小学教师教育及其课程设置的论述,主要针对职前教育这一阶段。

小学职前教师教育在我国高等教育体系的专业设置中称为小学教育专业,是培养小学教师的专业,该专业对准备从事小学教师职业的人进行专业化的培养教育,是由一定的教育培养机构承担的有目的、有计划、有组织的正规的学校教育。职前教育作为小学教师培养的一个重要环节,与小学教师的入职教育、职后教育共生互动,一起构成了小学教师教育这一统和概念,其教育质量和水平关系到新任教师的素质和教师职后的专业成长,是小学教师质量和教师专业发展的基础。

随着教师专业化的发展和基础教育课程改革的实施,相应的对小学教师的培养质量和小学教师的素质也有了新的要求,要求小学教师不但在学科专业方面具有较为深厚的基础,而且更应深谙教育专业,扩大文化视野和生活视野,深化对生活、对教育、对儿童的理解,具有教育智慧以及面向未来的适应能力和创造性。因此,迫切需要提高小学教师的学历层次,延长培养年限,从而使小学教师教育的层次逐步上移和多样化,进而进入了本科教育和硕士教育的新的发展阶段。因而本科小学教育专业应运而生,成为我国高等教育体系中的新兴专业。

本科小学教育专业与传统高等教育中其他的师范专业相比,是一个比较特殊的专业,它改变了传统高等教育以学科划分为标准的专业设计,跳出了高师单一学科专业培养的传统框架,不以学科为基础,也不专门培养某一学科的小学教师,而是将专业指向某一职业——小学教师,指向小学教师这一职业的综合性要求,即,将小学教育作为一个专业,是培养小学教师的专业。因此,小学教育专业的定位与以往师范院校教师教育的各专业的定位存在很大不同。它是以社会的职业需求为依据来划分的专业,具有明显的职业导向性和综合性。目前比较认同的是将小学教育专业的定位用三句话来概括:定性在教育,定向在小学,定格在本科。即小学教育专业应当是以教育为本位的“专业教育”,面向小学培养专业化的具有小学教育专业性的小学教师,它是高等教育体系中具有本科学术水平和大学文化的本科教育。

本研究认为,小学教师具有区别于中学和大学教师的特质,小学教师教育亦具有不同于高等教育中的其他教师教育专业的特质。这是本论文的研究前提。

4. 课程

课程(curriculum)一词最早出现在英国教育家斯宾塞(H. Spencer)的《什么知识最有价值?》(1859)一文中,是从拉丁语"Currere"派生出来的,原意为"跑道""进程""人生的历程",引进教育领域的是其比喻的意义,可以理解为"学习的进程"(course of stuty),简称"学程"。

随着人们对课程问题的关注和实践领域的不断扩大,学者们根据自己的学术背景、哲学假设和价值取向,从不同的角度对课程做了众说纷纭的分析,课程定义纷繁复杂。据美国学者 L. A. C. 鲁尔在其博士论文《课程含义的哲学探讨》(1973)中的统计,当时有 119 种定义①。总之,课程具有丰富的面貌,课程的定义相当富有弹性。就近年来学界研究的共同趋势来看,倡导扩展和延伸课程的内涵、外延和功能。"课程"的概念是一个不断建构和发展的过程。

我国学者施良方将课程研究过程中几种典型的课程定义归纳为:(1) 课程即教学科目;(2) 课程即有计划的教学活动;(3) 课程即预期的学习结果;(4) 课程即学习经验;(5) 课程即社会文化的再生产;(6) 课程即社会改造。他认为:"各种课程定义,从不同角度或多或少都涉及课程的某些性质,但也都存在明显的缺陷。"②所以,对课程的本质内涵的多元的限定,对课程定义的多维界定,每一种都是在特定的历史时期、特定的社会条件下,研究者在不同的认识立场与假设下予以描述的,每一种界定都隐含着教育的某种信念。综合看来,主要从学科维度、经验维度、目标维度和计划维度予以定义,仁者见仁,在研究中采用单一的可接受的课程定义是不现实的。本研究采用我国学者潘懋元教授、王伟廉教授关于"课程"这一概念所采用的定义:"课程是指学校按照一定的教育目的所建构的各学科和各种教育、教学活动的系统。"③这一系统应是在理论研究和实践探索的基础上,"选择与建构包括目标(或计划、蓝图)、内容(正规或非正规的内容)、实施(教学过程)、评价(或考核、评估)等彼此关联要素而形成的有机、动态系统。"④这一对课程的定义,既重视学校中的教学科目和活动,也重视学生在学校中获得的经验,认为课程是教育过程的计划和安排,是一切有程序的教育教学活动。

课程的定义还分为广义和狭义两类:"狭义的课程是指被列入教学计划的各门学科,及其在教学计划中的地位和开设顺序的总和。广义的课程则是指学

① 比彻姆. 课程理论:中译本[M]//靳玉乐:现代课程论. 重庆:西南师范大学出版社,1995:55.

② 施良方. 课程理论:课程的基础、原理与问题[M]. 北京:教育科学出版社,2003:3-7.

③ 潘懋元,王伟廉. 高等教育学[M]. 福州:福建教育出版,1995:127.

④ 周海涛. 大学课程研究[M]. 北京:中国社会科学出版社,2008:7.

校有计划地为引导学生获得预期的学习结果而付出的综合性的一切努力。”[①]所以,课程既包括明确规划的显性课程(“显著课程”),也包括不明显、不被察觉,潜在地使学生习得学习经验的隐性课程(“潜在课程”)。

小学教师教育课程是教师专业发展的保证,是培养小学教师的载体,是影响小学教师素质提高的最为关键的、直接的和稳定的因素。本书认为,课程是课业及其进程的总称,它既是知识、经验和活动的有机结合,也是知识、经验和活动的组织和超越。小学职前教师教育课程是指小学教师入职前的学校学习阶段的课程,广义是指对小学教师职前培养的所有教学科目的总和,或指师范生在教师指导下的各种活动的总和;狭义的是指小学教师职前所接受、学习的一门学科。它是一个旨在适应与促进基础教育发展、培养专业化的小学教师的,包括课程目标、课程内容、课程实施、课程评价在内的有机的、动态的系统。是为小学教师在从业前学习各门学科,获得各种学习体验,使其达到预期培养目标的一切有程序的教育教学活动。本研究主要探究达成小学职前教师教育目标要求的实践取向的课程设置。

5. 课程设置

课程设置是人才培养目标的具体体现,“是学校教育的灵魂,是任何教育研究都无法回避的核心问题”[②]。课程设置是指按照既定的培养目标,由一定的教育价值观和课程价值观决定,根据学生、社会和学科的需要,为分解和落实培养目标而有计划地进行课程开发和课程选择、组织和编排的系统化过程。是划分教学科目,针对课程本身进行的计划和安排。属于对教育项目进行总体性的设计的“课程设计”的一个部分。

就整体的课程设置而言,最重要的就是关涉开设的课程的目标,即要把学生培养成为怎样的人才的课程的价值导向的问题。课程的安排以及各门课程内容的选择和组织,要以一定的理论和实践为依据,为实现教育目标而形成相互之间的有机配合和衔接。根据对教师教育价值观和课程价值观的不同的理解和认识,小学教师教育课程的设置,主要体现为两大价值取向,即学术取向和实践取向。本研究关于小学教师教育课程的设置是基于实践取向的。实践取向小学教师教育课程设置能够集中体现小学教师教育的培养目标和人才规格,体现小学教师教育的专业特性以及小学教育事业发展对小学教师的素质要求,能够集中反映小学教师的专业诉求。

---

① 谢安邦. 高等教育学[M]. 修订版. 北京:高等教育出版社,1999:235.

② 曲铁华,马艳芬. 论教师专业化与职前教师教育课程改革[J]. 教育科学,2004,20(4):44-47.

（三）本书的内容框架

本书以小学教师教育及其课程设置为研究对象，以实践取向作为小学教师教育及其课程设置的基本价值导向，主张立足小学教师的专业特质，秉持“实践”的信念，将“实践”放在小学教师培养的核心价值地位，以“实践”为导向，通过“实践”的途径和方法，融合理论与实践，培养具有实践品格的“反思型”的未来小学教师，以此建构独立的具有小学教师教育特性的课程体系。

本书包括以下几部分内容。

导论主要介绍问题的缘起与意义，对国内已有的关于实践取向的教师教育及其课程设置等的研究成果进行了回顾与梳理，并透视已有研究存在的不足，概述研究的设计思路与方法，介绍本书的框架及主要观点。明确提出研究主题的选择是基于对如何提高小学教师培养质量的思索，回应了教师教育的实践转向。

第一章阐释“实践取向”小学教师教育的意蕴。对实践、实践取向、小学教师教育的实践取向做了基本的释义，从理解教育本质的实践性、认识教师的专业性到领悟情境学习的基本理论对实践取向的小学教师教育进行了学理性的分析，明确“实践取向”小学教师教育的特性，澄明“实践取向”小学教师教育的实质，强调“实践取向”小学教师教育的人才培养目标指向未来小学教师以“教育实践能力”为核心的教育实践品质。这一章为全文研究奠定基础，是全文研究的立足点。

第二章探讨在召唤“卓越”教师教育的视域下，小学教师的专业素质对小学教师教育及其课程设置的内在制约性。一方面阐述卓越教师专业素质结构的研究观点，通过访谈调查、归纳小学教师专业素质的现实诉求，并着重基于小学儿童的特征与教育、小学教育与小学教师对于儿童成长的独特价值、小学教师的角色定位构建卓越小学教师的基本素质结构，凝练基于“儿童发展”的卓越小学教师专业特质，提出儿童发展及对小学教师教育的诉求是课程设置的逻辑起点；另一方面通过问卷调查，分析小学教师专业素质发展的状况，探明小学教师专业素质发展的特征和影响因素。这一章提供了观照卓越小学教师专业素质和谐发展的小学教师教育及其课程设置的基本信念和思路。

第三章阐述实践取向的小学教师教育课程设置的相关理论。主要着眼于现代课程理论、教师专业发展的理论、教师（学习）知识的理论，从中挖掘课程设置中应有的实践元素，并获得体现课程设置中的实践要义的启示。这一章使研究获得了理论与思想的根基与导引。

第四章论述实践取向的小学教师教育课程设置的经验借鉴与规范依据。认为课程设置应有国际视野，借鉴发达国家和地区小学教师职前培养的经验；我国颁布的《教师教育课程标准（试行）》是本研究进行课程设置的规范依据；而面向小学教育实践，满足小学教育实践层面的现实需要，是本研究的内在要求和题中应有之义。这一章是建构实践取向小学教师教育课程体系的现实依据。

第五章主要对我国现行的小学教师教育课程设置的状况进行审视与反思，分析我国小学职前教师教育课程设置的现状及存在的问题。在对 12 所院校的小学教育专业课程方案分析的基础上，检视我国小学教师教育课程设置存在的问题，并结合对某高校小学教育专业课程方案适切性调查的个案分析，深入探讨现行小学教师教育课程设置存在的问题及其原因。

第六章重构了实践取向小学教师教育课程体系。提出了实践取向小学教师教育课程设置的基本原则，设计了课程目标，描绘了建构的基本思路、结构样态和结构模式特征，论述了课程实施的路向。强调建构具有小学教师教育特性的课程体系，突出实践性特色和综合性特征，体现以儿童为本的价值导向，力求实现课程设置的理论与实践互动融合。

实践取向小学教师教育及其课程设置问题是当前小学教师教育发展的核心问题。只有正确认识“实践取向”以及“实践取向的课程设置”，才能真正在小学职前教师教育中实现理念与方法的超越，培养符合小学教育事业发展需要的、具有小学教师专业性的“反思性实践者”，使小学教师教育在卓越发展中彰显生机与特色。

第一章 实践取向：理论视界及其教育内蕴

用理论来推动实践，用实践来修正或补充理论。

——廖沫莎

作为专业教育的小学教师教育是一种理论与实践融合的教育。

——本书作者

教育是培养人的社会实践活动，教育在本质上是“实践的”。教育是促使个体社会化的实践过程，它使受教育者由“生物的人”成长为“社会的人”，这种使儿童发生的有目的有计划的变化，就是教育实践价值的体现。离开了实践的教育是没有生命的教育，教育需要注重联系具体的教育实践情境，在教育主体间的交往与交流中，在个体的实践中理解、内化和升华教育。现代教育观认为，教师教育在本质上具有实践性和反思性，坚持小学教师教育的“实践取向”，既是儿童发展以及小学教育发展对小学教师教育的内在规定，也是教师教育自身发展的要求。“实践取向”是小学教师教育课程设置的核心价值取向。

本章主要探讨“实践取向”小学教师教育的基本理论问题：小学教师教育何以应是“实践取向”的？如何理解小学教师教育的“实践取向”？小学教师教育实践取向所解决的核心问题是什么？基于实践取向的小学教师教育应当具有怎样的特性？对这些问题的讨论，是研究小学教师教育课程设置的前提。

一、小学教师教育的实践取向释义

对小学教师教育实践取向的理解，应当建立在对实践、实践取向的正确释义的基础之上。正确理解小学教师教育的实践取向内涵，是探讨实践取向小学教师教育的特性和实质的基础。

(一) 实践

"实践"是本研究的基本出发点。布迪尔(Bourdieu)在谈到"实践逻辑"时所讲的第一句话就是"谈论实践是件不容易的事"，可以把它看成是对试图谈论实践者的忠告。郑金洲教授也认为："教育实践是一个极其复杂的行为，在它的内部构成的错综复杂的各种各样的关系，在它的外部所形成的方方面面彼此羁绊的联系，是用简单的眼光所无法打量和把握的。"①石中英教授在《论教育实践的逻辑》中说："一般情况下，实践工作者身处实践系统之中。拥有丰富的'实践感'，但很少把'实践'作为一种谈论的主题，他们要谈论的只是实践的诸多细节、困难和策略问题。而理论工作者身处于实践之外，与实践本身保持着必要的时间、空间乃至情感上的距离，要恰如其分地谈论实践，实属不易。尤其是当理论工作者张口谈论实践的时候，实践本身立即被符号化、客观化、对象化。'话语中的实践'已非'实践着的实践'。"②尽管如此，鉴于对教育、教师教育回归实践的呼吁和重视，本章力求立足实践，从哲学家和思想家的经典研究中对实践的观点做一个简单的梳理和认识，在此基础上来阐释实践取向。

"实践"，从严格意义上讲，是一个来自西方的哲学概念。从词源上分析，"在古希腊'实践'(praxis)一词指的是一种独特的生活方式(the bios praktikos)，它致力于对人类之善的追求"。③这种对善的追求只能在"做"的行动中被实现。

对实践的理解和认识要回溯到实践哲学的奠基人亚里士多德。亚里士多德将人类的活动分为三种形式，并对人的知识和学科门类也做了相应的区分，即理论的、实践的与创制的三种。他把实践和创制看成跟理论虽有联系但又有重大区别的其他类型的活动。认为理论是一种沉思活动，人通过这种沉思达到对世

① 石中英．论教育实践的逻辑[J]．教育研究，2006(1):3-9.

② 石中英．论教育实践的逻辑[J]．教育研究，2006(1):3-9.

③ 唐莹．元教育学[M]．北京：人民教育出版社，2002:331.

界的不变的原因和原理的认识，理论所产生的知识称为理论知识，它是依赖推理证明而能被人学习的演绎性知识，它所把握的原因和原理是自然中的普遍性，是从表象世界中抽象概括出来的一般性知识，如果足够真实的话可以适用于相关领域的一切对象。而没有任何一条理论原则可以普适于人的一切行为，因为人的行为具有选择性。实践指的是人类理性的行为，它所产生的知识称为实践知识或实践智慧。在亚里士多德哲学中，“实践智慧是一种关于某种对象是可改变事物的人类践行……并以在具体事物中的践行为自身的目的，它不是通过单纯学习和传授而获得的，它要求我们身体力行，去实现人类最大的善”。[①] “一般地讲，实践与理论的区别在于：理论的本性是求知，实践的本性是求好（good，即善）；理论的特点是沉思，实践的特点是行动；理论性的求知只能通过对普遍问题的沉思来获得，实践的求好只能通过对特殊现象的操作来达到；理论科学的意义在于提供知识，实践科学虽也提供知识，但根本意义不在于知识，而在于使人们实际地变好。”[②]所以，亚里士多德的实践哲学强调与具体生活境遇中的践行相联系，并在具体的实践活动中实现自身。显然，“亚里士多德的实践是一个非常抽象的概念，它不是我们现在日常所理解的科学理论知识的应用，也不是基于技术知识的生产性活动，而是人类生存现实的全部事实，是人类活动的全部形式的总称，是人们在生活中自由选择的一切可能行动，具有强烈的价值取向。其价值体现在人的自身的活动之中，而不具有外在的工具性。在他看来，人的实践是多种多样的，目的也是多种多样的，但最终的、最圆满的目的只能是‘丰富的善’”。[③]

亚里士多德对实践与理论的区分，为后来两者之间的隔阂和对立埋下了伏笔。康德则认为实践是本体的、自由的、超验的自由意志，还有一层含义就是原理的应用、实施，在这个意义上的实践分为技术实践和道德实践。

康德之后，费希特认为，实践理性是“行动理性”，即：不仅要认识，而且要按照认识而行动。他看到了主体自我在行动中的主动性和决定性。

黑格尔在客观唯心主义基础上批判地继承和发展了康德、费希特等的思想，对实践问题做了深刻的论述。黑格尔认为：“实践的理念比认识的理念更高，因为它不仅具有普遍的资格，而且具有绝对现实的资格。”[④]他将实践同认识过程结合起来，把实践看作认识过程的一个环节，是通向真理的环节。

---

① 洪汉鼎．诠释学：它的历史和当代发展［M］．北京：人民出版社，2001：315.

② 徐长福．走向实践智慧：探寻实践哲学的新进路［M］．北京：社会科学文献出版社，2008：93.

③ 朱桂琴．教师的实践性格［D］．武汉：华中师范大学，2009.

④ 黑格尔．逻辑学：下卷［M］．杨一之，译．北京：商务印书馆，1976：523.

费尔巴哈则是从唯物主义立场上去阐释实践的本质，提出“理论所不能解决的那些疑难，实践会给你解决”①。

马克思主义将实践作为其理论的核心范畴和基本概念。马克思认为，社会生活在本质上是实践的。凡是把理论导致神秘主义的神秘东西，都能在人的实践中以及读这个实践的理解中得到合理的解决。实践是人类积极改造外部客观世界以满足自身发展需要的活动，是主观见之于客观的能动活动，是人的生存方式和生活方式的完整体现。虽然实践是以改造客观世界为目的的，但同时也提高和发展主体的认识，具有生成性和建构性，是使主体的认识螺旋前进的活动，主体在实践中会不断突破经验和简单直线的认识而不断优化和创造新的自我，所以，实践具有创造客体价值和优化主体的功能。马克思主义坚持从实践出发去反思、透视和理解现存世界。认为一切真知都来源于实践，实践是认识的基础，实践是检验真理和发展真理的标准。

可以看到，哲学家们植根于特定的历史背景和文化传统，植根于当时社会发展的状况和现实生活的需要，对实践的理解各不相同，也不尽善尽美。由于人类的实践是不断发展的，实践的本质与核心，也必将随着社会的发展而不断变化，所以，要给实践一个澄明的阐释也是困难的。这里对实践取向的理解和探讨，是在马克思主义哲学视野下理解的实践，所以更倾向于把实践和行动(活动)联系在一起，将实践定义为人类有目的地进行的能动地改造或探索现实世界的一切客观的活动。实践具有以下特点：

(1) 实践是人有意识地改造自然的活动。在这一活动中，人创造了人化的自然，即社会，所以，实践本质上是社会的，社会本质上也是实践的。社会、人、实践这三个范畴可以相互印证，因此，实践是人的生命存在的最高本质，是人的本质力量所在，是人类区别于其他动物的根本性特征。正是人类的实践活动不断地创造着自身生存和发展的根本条件。

(2) 实践是人有意识的能动活动。人的主动性、能动性和创造性是在实践中体现并获得张扬的。实践是不断反省的、否定的、重建的理性追求，是人的智慧、情感、道德的体验。人类实践的目的就是要不断地生成、超越和改造。

(3) 实践是人不断地改造和完善自身的活动。人自身的改造是重要的实践活动，也是实践活动的目的，这既是人改造客观世界的需要，也是人之为人的主观世界的内在诉求。所以人在创造、更新客观世界的同时，也创造、更新着主体

---

① 费尔巴哈．费尔巴哈哲学著作选集：上卷[M]．北京：商务印书馆，1984：248.

自身,实践使人"由自在存在转变为自为存在"[①],不断地充实和丰富自己,使自身得到改造和完善,也因此有了更为有效的针对外部客观世界的实践。因而,实践的过程是以人为目的的自我生成的活动过程。

(4) 实践与理论不是二元对立的。理论不是独立于实践之外的思辨的认识,也不是游离于具体现象之上的抽象反映。理论的意义在于其根植于具体的实践需要之中,是在实践中生成和创造的,它不仅仅是关于一个普遍认识的结论,还在于其表现在具体的实践之中,是一个不断实现的过程,需要回到具体的实践中获得理解和解释。所以,理论与实践是统一的,共生、共在、共融。

(5) 实践具有过程性和反思性。实践不是一次性发生的,而是一个持续展开、不断提升的过程,也是人们一步一步地由低级向高级走向圆满的客观认识的过程。在这个过程中,实践的主体不断地主动进行体验、感悟与思考,在省思与总结中提升实践的水平和认识的水平,实现主体的被超越、被改造和被完善,这也就是哲学和方法论所倡导的反思性实践。反思性实践依靠在行动中的反思可以使实践者在实践中成为研究者。

(二) 小学教师教育的实践取向

实践取向是一种价值取向,是在教师培养中所表现出来的一种价值倾向性,指将"实践"放在教师培养的核心价值地位,以"实践"为导向,通过"实践"的途径和方法,培养人才的以"教育实践能力"为核心的实践品格,充分发挥实践在教师专业发展中的作用,把实践作为未来教师专业发展的生长点,是相对于学术(理论)取向而言的。小学教师教育的实践取向,应当做如下的理解。

1. 将实践作为小学教师培养的最高价值追求

实践取向首要的就是将"实践"置于原则层面、价值追求上去理解,即以实践为导向,以实践为中心,以实践为手段,以实践为目的。具体表现在以下几个方面。

一是依据实践的诉求培养未来的小学教师。小学教师的职前培养要关注与密切联系基础教育的现实,从培养目标的定位到培养模式的选择,都要深刻理解并紧紧把握当代小学教育实践和教师的专业实践需求,特别是我国小学教育课程改革对小学教师专业素质的新要求,面向基础教育实践一线的现实问题和规定来培养未来的小学教师。

二是通过实践的途径和方法培养未来的小学教师。"实践中包含了人的内在需求与条件、外部影响与条件,也包含着发展主体的能动认识与选择,实践是

---

① 鲁洁. 教育:人之自我建构的实践活动[J]. 教育研究, 1998(9):13 - 18.

内、外因作用于个体发展的聚焦点,也是推动人发展的直接与现实力量。”[①]小学教师的职前培养要通过实践的途径和方法来实现。

三是实现培养具有反思性实践品质的未来小学教师的目标。将未来的小学教师能够形成实践感和实践意识,主动建构教育实践性知识,发展教育实践能力,形成教育实践智慧,成为真正的能够解决专业情境中的种种教育教学实践问题的反思性实践者作为根本培养目标。

2. 将真实情境(境域)中的实践与体验作为未来小学教师专业学习的方式

实践取向是以人的自我生成性实践诉求和教育的自我实践认识来规范的,因而,基于实践,在真实情境中的实践与体验应成为实践取向的小学教师职前培养的专业学习方式,将真实的教育情境作为未来小学教师专业学习的现实土壤和主场域。

首先,实践哲学表明,由于只有在实践中人才能不断地被超越、改造和完善,从学习者作为学习中的主体人的基本素养出发,满足人的生成性、发展性、主动性和创造性等实践诉求,需要通过教育实践来实现,只有在具有能够满足学习者自我实践的生成性的学习场景中,才能调动其自我实践的积极性和创造性;只有置于实践中的教育,才能引发教育和教育中的人的生命活力。所以,只有教育实践才能满足学习者存在与发展的需要,而真实的实践情境是未来的小学教师实现自身专业发展的现实土壤。

其次,教育心理学的研究揭示,“学习是由于经验所引起的行为或思维的比较持久的变化”。[②] 学习是一个广义的概念,既包括知识、技能、策略等的学习,也包括态度、行为准则等的学习,而学习的发生是由经验引起的,经验指的是“经历”,个体只有通过实践活动才能获得经验,所以学习是个体与外界信息相互作用的过程,是有机体与其情境在实践中双向互动的过程。皮亚杰和维果斯基都强调,动作通过连续不断的同化与顺应最终内化为思维活动。当代认知科学的具身研究也进一步强调,知识学习的时间、空间、感知经验、动作印痕、情绪等都应作为支撑认知过程的具身成分而受到高度重视。[③]因为,在身体参与式体验的基础上,借助动作信息存储,个体在离开活动情境时,依然能借助镜像神经系统以再入情境的心理模拟方式启动活动经验,并借此来完成对相关活动信息

---

① 叶澜. 教育概论[M]. 北京:人民教育出版社,1991:197.

② 陈琦,刘儒德. 当代教育心理学[M]. 北京:北京师范大学出版社,2007:110.

③ 官群. 具身认知观对语言理解的新诠释:心理模拟——语言理解的一种手段[J]. 心理科学,2007,30(5):1252-1256.

的理解与外化操作。①同时,对于较抽象的概念、信息的理解,也能通过对活动经验信息的反身抽象促进认知水平的提升;依托大量的活动经验,在表象联想的基础上,可以形成对它们的各种可能性组合,实现新的建构和创造。② 因而,真正的学习是发生在实践中、情境中的,通过具身感受、情境体验与经验转化来实现。

最后,场域理论的研究说明,"人的每一个行动均被行动感受与经验发生的场域所影响"。③ 布迪尔认为场域是位置间客观关系的一个网络或一个形构,但它不等同于一定边界物包围的简单空间,而是一个内部富含力量,充满生气和文化的社会关系的网络架构或存在。置身于某一特定的场域,就会浸润这一场域的文化和生机。教育场域是社会场域中的子场域,教育场域中特定的文化和力量融汇在真实的教育情境中,只有在真实的充满情感和智慧的教育情境中,才能够形成和发展教师应有的专业信念、专业情意和专业知能。由此,实践取向的小学教师教育是基于教育实践的教师教育,教育情境是教育实践的场域,将教育实践情境作为未来小学教师专业学习的主场域,在真实的教育情境中实践、体验与反思是小学教师职前培养的专业学习方式。

3. 融教育实践与关切实践的教育理论为一体

实践取向绝不是轻视或者排斥理论的作用。实践本身就是知与行的有机统一。教育理论与教育实践具有一种本然统一的联系。教育理论不是"空中楼阁",它来源于具体的教育实践,是对教育实践的完整表达,并"在参与教育实践,参与人与人之间的教育活动中成就并实现着自身"。④ 教育理论本身就具有实践的品格。真正的教育实践问题的解决和研究,不能仅止于一种体验式的感悟,还需要深厚的教育理论的滋养。以实践取向为价值选择的小学教师教育,并不排斥理论对于教师培养的重要作用,而是将理论作为未来小学教师专业发展的必备给养,更加看重教育理论给予教育实践者的更为理性的教育认知和更为清晰的教育意识,以及由此而形成的教育判断力和反思的教育自觉意识。然而,这样的理论有别于认识论传统下的认识取向的理论,更不是作为"技术学的一种形式"的操作规则的结合,而是一种关切实践的教育理论。即它"不是由抽象概念所堆积的理论之知,也不是有固定程序所操作的技术之知,而是活生生的实

① 官群. 具身认知观对语言理解的新诠释:心理模拟——语言理解的一种手段[J]. 心理科学,2007,30(5):1252-1256.

② 刘丽红,卢红,等. 实践取向教师教育课程的具身认知价值及其实现[J]. 教育科学,2014,30(2):53-57.

③ 关文信. 实践取向的小学教师职前培养研究[M]. 北京:首都师范大学出版社,2009:45.

④ 刘新成,等. 教师专业发展:大学的责任——创设合作共同体、构建实践取向的教师教育模式[M]. 北京:首都师范大学出版社,2008:72-73.

践之'知'。这里的'知',其形式是理论的,但其目的却指向"无限生动、丰富的实践",是"以实践为取向的理论"。这种理论"不再被概念所固定,也不再被程序所控制"[1],而是"出自实践本身,并且用一切具有典型意义的概括唤起清晰的意识,然后,再回到实践中去"。[2] 这样,以理论为指导的实践,就有了理解教育实践的理性框架,能够帮助师范生提升境域中的感悟,升华专业自觉,形成一套合适的专业价值观,更深刻地理解教育实践的背景。与此同时,在教育实践中被丰富联系、建构和实现的教育理论也会更加生动、充盈和鲜活。所以,实践取向的小学教师教育是融合教育实践与关切实践的教育理论为一体的,努力实现二者的本然统一。

二、实践取向小学教师教育的理论视界

没有理论指导的实践是盲目的实践。"实践取向"作为小学教师教育及其课程设置的基本价值取向,有其扎实深厚的理论前提。教育的实践性本质、教师作为"反思性实践者"的专业形象定位,以及在实践中建构经验的学习实质的理论观点,对"实践取向"作为小学教师教育的合理的和必然的价值选择给予了有力的学理性支持。

(一)教育在本质上具有实践性

教育是人类生活实践的方式之一,它是培养人的社会实践活动。教育在本质上具有实践性。

杜威(John Dewey)在其《我的教育信条》和《民主主义与教育》等著作中反复论述了关于教育的基本观点,即"教育即生长","教育即生活","教育即改造",认为教育就是经验的生长和经验的改造,创造充分的条件让学习者去积累"经验"是教育的关键。他把经验当作主体和对象、有机体和环境之间的相互作用,即学习主体与被认识的客体间互动的过程,由此生成了杜威的经验性理论,强调教育是在生活的基础之上,通过经验,由于经验和为着经验的改造与改组而实现生长的一种发展历程。学生从经验中产生问题,而问题又会进一步激发学

---

① 刘新成,等. 教师专业发展:大学的责任——创设合作共同体、构建实践取向的教师教育模式[M]. 北京:首都师范大学出版社,2008:73.

② 张能为. 理解的实践[M]. 北京:人民出版社,2002:151.

生去探索新的知识，产生新的观念。杜威所强调的"经验"超越了在传统的认识论意义上对"经验是主观的感性"的认识，它的积极意义在于建构一种新的实践方式。将理论与实践统一起来，其"做中学"的思想和活动课程理论，从实用主义哲学角度诠释了教育的"实践性"。

由胡塞尔开启的现象学，以"回到事情本身"的话语，为教育的实践性提供了一个新的理论视角。"回到事情本身"是一种接近问题的态度和方式。现象学在本质上是一种生活哲学，亦即实践哲学。"回到事情本身"的教育内涵就是"回到教育实践本身"。胡塞尔认为，事情本身是针对概念的规定而言的，事情本身是丰富的、清晰的、本质的。事情本身被作为概念在抽象概括的过程中被定义。"回到事情本身，正是要挣脱那个概念的规定性，回到那个尚未被概念所规定，保有着它全部的生动和丰富的本来面目。"[①]所以，"回到事情本身"就是回到事实本身，直接面对事实，回到未被概念定义的事情的本来面目，进而找到现象展现出的内涵无限丰富的"充盈"的意义。认为"具有在最本真意义上给予充盈的成分之特征的是直观的成分，而不是符号的成分"。"符号意向自身是'空乏的'并且是'需要充盈的'……直观表象才将符号意向带向充盈并且通过认同而带入充盈。符号意向只是指向对象，直观意向则将对象在确切的意义上表象出来，它带来对象本身之充盈方面的东西。"认为意识的指向"在直观化的行为中得到充实"[②]，强调通过"回到事情本身"来倾听事物的现象，获得事物的本质。教育只有回到教育事情的本身，才能获得对教育本身的理解。因为教育本身"不是被某个词汇、术语、概念或法则所定义的、规定的"[③]，这需要回到教育实践现场，对教育实践情境进行直观体验。"生活世界"是现象学的核心概念。现象学教育学家们认为生活世界是一切知识的前提，教育是生活世界的一部分，是人与人之间的一种生活方式。现象学意义上的实践就是这样的一个生活世界，教育随时都在教育的生活世界中处于发生、践行和实现的状态中，因而需要走进教育的生活世界，在生活体验中获得教育的意义。如果缺乏对教育情境的关注、对教育实践的体验，就不会有真正的教育。只有在丰富的现实的教育实践中才能获得对教育的真正理解，教育是在情境化的实践环境中展开的，教育与教育的实践情境不可分，教育在丰富的实践情境中实现现实的意义。

教育植根于人的"生活世界"，时刻发生在教育的实践现场，是通过一定的

---

① 宁虹．教育的实践哲学：现象学教育学理论建构的一个探索[J]．教育研究，2007，330(7)：8－15.

② 胡塞尔．逻辑研究：第2卷[M]．倪梁康，译．上海：上海译文出版社，1998：64.

③ 宁虹．教师成为研究者的现象学意识[J]．教育研究，2003，286(11)：64－68.

教育情境,由教师与学生主体间的精神互动来实现的。由于教育情境"几乎没有一个恒定的表现方式,在此时此地适用的行为,在彼时彼地就不见得适用,事先精心策划的行为,在实际的课堂教学中并不见得能够'畅通无阻'"。[①] 所以,面对这样的富有情境化的实践活动,需要置身于具体的实践情境中。

从现象学的"回到事情本身"来审视教育,"重要的是在于形成一种接近问题的态度和方式,以直接的、交互的、生活的态度和方式走进教育问题"[②],进而形成对教师教育的理解和思考。教师教育理应直面教育本身,直面教育本身的实践性质,在实践领域中寻求发展的意义,回应变革的诉求。教育面对鲜活的具有生命意义的个体,"是人对人的主体间灵肉的交流活动,是人的灵魂的教育,不是理智知识和认识的堆积"[③]。这一实践活动是以教育情境的创设为基础,通过活动体验启迪生命灵性、生成生命智慧,从而促进人的全面发展的。

(二)教师在实践中实现教育的意义

1. 教师专业具有实践性

教师的专业发展不能仅仅理解为线性的知识、技能的积累,不是依赖外在的技术性知识的灌输而被塑造的[④],也不是把被灌输的客观的理论知识直接运用于教育实践的过程,而是教师将知识与经验融合在教育情境中,在解决复杂的真实的教育实践问题中,通过自我理解、自我反思和自我变革发展自己的教育实践智慧,进而自主发展的过程。

首先,教师的教育行为是实践的。教师是存在于教育实践之中,存在于真实的教育情境之中的,教师的教育行为总是在具体复杂的教育实践中展开的,教师从事的是解决复杂教育实践中的问题的实践活动,它不仅需要教师具有一定的专业知识和专业技能,而且还需要教师具有爱心、信念、情感以及人际互动的人文素养,并在实践活动中不断地理解、追求和实现教育的意义。

其次,教师的成长路线是实践的,实践是教师专业发展的生长点。教师是在实践中成长和发展的,教师只有在自身的实践中经过不断的反思和建构,才能发展其教学能力和教学智慧。美国的学者波斯纳(G. J. Posner)提出教师发展的著名公式:"经验 + 反思 = 教师的成长",对此是有力的例证。

最后,教师的教育行为促进教育实践的变化。教师存在的意义和价值在

---

① 郑金洲. 中国教育理论研究的世纪走向[J]. 华东师范大学学报(社会科学版),2003,21(2):2 - 10.

② 宁虹,钟亚妮. 现象学教育学探析[J]. 教育研究,2002,271(8):32 - 37.

③ 雅斯贝尔斯. 什么是教育[M]. 邹进,译. 北京:三联书店,1991. 3 - 4.

④ 钟启泉. 我国教师教育制度创新的课题[J]. 北京大学教育评论,2008,6(3):46 - 60.

于他所承载的教育使命，而教师在教育实践中完成使命。教师是教育实践和教育发展的主体，实践是教师发展的基本途径和手段，教师自身的实践活动是教师发展的根本动力，教师的事业心、责任感、教育能力和教育智慧以及变革教育和自我的能动力量是促进教育改革和教育发展的最直接、最基本的因素。而教育实践的变化、教育质量的提高以及学生的成长则是教师专业发展的目标。

2. 教师是反思性实践者

教师是反思性实践者，在研究自身经验和改进教育教学行为的过程中实现专业发展。“反思性实践者”是唐纳德·舍恩（D. Schon）在《反思性实践家——专家如何思考实践过程》（1983）一书中提出的概念。他认为，教师不是单纯地应用科学，由外在的技术与原理武装的“忠实执行者”，而是在实践中并通过对实践情境的不断反思、建构和升华自身经验的“反思性实践者”。舍恩关于反思实践者的思想主要表现为以下几点。

首先，“反思性实践者”是实践情境中的有效的问题解决者。

舍恩从专业人员实践的视角，把专业实践分成两大层次：一是属于“高硬之地”的层次，这里，情境和目标都是清晰的，实践者能够有效地运用科学理论和技术去解决问题；另一个是“低湿之地”，充满着“复杂性、模糊性、不确定性、独特性和价值冲突”①，这是实践的“不确定地带”。专业人员面对的多是处于这一不确定地带的问题，外在的抽象化、概括化和单纯化的书本知识所提供的原理与规则以及简单的技术手段是无力解决的。教师的专业场景就具有这种不确定性，不存在对所有教师都普遍适用的有效的技术、程序与原理，作为专业实践者的教师只有依靠“行动中的认识”和“行动中反思”，才能使实践问题得到有效的解决。

其次，“反思性实践者”的典型特征是借助“行动中的知识”在“行动中反思”。

舍恩认为“反思性实践”既要“反思”又要“行动”，“反思性实践者”的典型特征是能够借助“行动中的知识”在“行动中反思”。所谓“行动中的知识”，是指实践者在专业实践活动中对活动进行反思而形成的知识。而“反思”就是实践者与问题情境的对话，是实践者在实践情境中面对多样复杂和令人困惑的实践中的不确定、不熟悉和特殊的与以往经验不符合的问题情境时，借助某种思想架构，调动已有的经验，形成新的看待情境的视角并建构可能的解决问题的策略。这样，由于在不断的行动中进行反思，教师的体会和经验会更为丰富，进而

① 洪明．教师教育的理论与实践[M]．福州：福建教育出版社，2007：243.

形成更为丰富、内隐、自然和自动化的解决问题的方案系统，凝结和升华为丰富的“实践性知识”，并最终形成个人的教育实践理论。舍恩认为，这种“行动中的知识”不是建立在“技术理性”基础上的，而是由“反思实践”活动来澄清、验证和发展的，常常隐含在实践者面临不确定、不稳定、独特而又充满价值冲突的情境时所表现出来的那种艺术和直觉过程中，它借助艺术性，即在行动中生成的直觉而有效解决问题的能力来实现。[①] 它主导着教师的教育教学行为。教师正是借助这种行动中的知识，即在真实的教育情境中日积月累而形成的“实践性知识”，“对潜藏在判断下的隐含规范和评价进行反思，或对隐于行为模式中的策略与理论进行反思；他可能对情境所引发的一些感觉（正是这些感觉使他选择了行动的特定形式）进行反思；也可能对他形成亟待解决问题的过程进行反思，或者对他在一个较大体制脉络中建构出的自我角色进行反思”[②]，所以，行动中的反思就是对流动的、独特的、具有价值冲突的实践情境的深入理解和解释，具有直觉性、艺术性，也富有智慧性，反思的结果就是形成实践性知识。

由此看来，专业实践者的“实践”不是对理论的简单应用和单纯的技术操作，而是借助“行动中的知识”在“行动中反思”，是“以一种不确定性和艺术的方式努力探究的过程”。[③] 在这一过程中，“行动中的反思”会促进形成“行动中的知识”并使之系统化、丰富化和内隐化，“行动”与“反思”是不断互动、共生的，体现了专业实践者的主体性。

最后，培养“反思性实践者”的专业教育要通过“反思性训练”。

教师是“反思性实践者”，意味着反思是教师完善和改进教育实践并不断促进自身专业成长的内在力量，意味着教师是积极主动的实践的探究者。舍恩认为，培养专业的“反思性实践者”要通过“反思性训练”。舍恩反对技术理性观念，认为在“技术理性”视野中，专业教育主要表现为先学习理论与规则，再将之运用于实践。[④] 舍恩将这种专业理论知识称为“学校知识”，认为这类知识的特征之一就是知识化的、定论化的、抽象化和范畴化的，将这种知识作为专业教育

① 洪明．教师教育的理论与实践［M］．福州：福建教育出版社，2007：243．

② 唐纳德·A．舍恩．反映的实践者：专业工作者如何在行动中思考［M］．夏林清，译．北京：教育科学出版社，2007：50－51．

③ 唐纳德·A．舍恩．反映的实践者：专业工作者如何在行动中思考［M］．夏林清，译．北京：教育科学出版社，2007：39．

④ 关于“技术”活动，亚里士多德做了精辟的论述。认为技术的活动是对可能改变的事物进行制作的活动，其目的在于最后生成或创制的产品，强调技能和操作。当技术性活动的思维方式所具有的工具性、有效性和控制性渗透到人类的教育实践活动中来，成为控制教育实践的方式时，人类便以技术的思维方式来理解教育实践生活，认为理论可以控制实践，控制教育实践生活、控制教育实践者，忽视了人在实践中的智慧和判断，这就是“技术理性”的实质。

的主要知识形式是错误的，因为它割裂了学校与生活，分裂了“教学”与“做”，“研究”与“实践”，严重地忽略和轻视了专业实践的“不确定地带”。舍恩认为，专业实践并非按事先确定的规则或原则行事，专业实践所需要的专业知识不能被看成是科学知识在实践中的应用，所以舍恩倡导教师教育必须改变以“学校知识”为基础的制度体系和文化氛围，拓展专业实践的空间，给应用科学和技术解决不了的问题留下空间，拓展和强化“行动中的反思”，使学习者在实践的“不确定地带”具有更强的能力，这需要通过真正关注实践中的特定问题进行“反思性教学训练”来培养“反思性实践者”，即培养复杂情境中的有效的问题解决者。

由此，“反思性实践”成为教育研究者和实践者关注并促进教师专业发展的共识，认为教师的专业发展应是“知行合一”的。体现为实践性知识的不断丰富，这依靠教师在实践过程中，不断地获得反思能力，获得敏锐的问题意识和思考、解决问题的成熟度，并据此为教师教育的改革提供非常有益的思路。尽管后来以舒尔曼(Shulman)为代表的研究者质疑舍恩夸大和过分强调实践性知识在教师实践和教师培养中的重要作用，批判其将“实践性知识”与“学校知识”的二分对立的观点所引发的误导。但是，舍恩反对“技术理性”和“学校知识”，倡导培养教师成为“反思性实践者”的观点，为我们研究教师教育，给未来教师提供更多具体的、情境化的学习机会，为不断整合理论与实践、行动与思考，努力提升教师的实践品质奠定了理论研究和实践探索的基础。

3. 教师专业发展的关键是获得教育实践能力

教师职业是一种丰富的实践活动。教师在教育实践中“不可能遵循理论家所设想的那种逻辑，也常常不能按照行动者的事先规划去行事，因为千变万化的制约因素总是迫使行动者不是按照理论可能性，而是根据现实可能性对行为路径或行为模式做出选择”①。教师的专业特性就是在这样的教育实践情境中，在没有现成的规则程序和技术方案时，能够凭借自己对教育教学的理解和领悟，在复杂的教育情境中通过创造性地做出自主判断和选择时所表现出来的教育实践能力而体现的。所以，真正主导教师实践的不是象牙塔中的学问，概括的概念化的理论并不能直接为实践提供工具，而是教师在实践中不断累积的实践性知识，在教师专业发展过程中逐渐获得的能够解决“劣构领域”问题的教育实践能力。

教师专业发展的关键就是在累积实践性知识的基础上获得教育实践能力。教育实践能力包括对情境的正确判断力和对情境问题处理的执行力，而这是基

---

① 王少非. 教师教育课程的实践取向：何为与为何[J]. 教师教育研究，2013，25(9)：72－75.

于实践,基于教师参与真实的教育实践,在实践中面对复杂烦琐的真实情境,省察自身的信念、课堂教学经验,在对经验不断反思的基础上,重新概括、积极验证,不断生成、建构和丰富实践性知识,在不断涌现的教育情境中通过累积的"判断"与"执行"而获得的。

总之,教师是一种需要一生都不断反思、更新、成长的职业,而教师的反思、更新和成长离不开教育实践,正是由于有了在教育实践中对教育情境的体验和感悟,对真实的教育情境中的问题的不断追问,对教育信念、教育行动和伴随的疑虑的不断思考,对所从事的教育事业和教师身份的价值和意义的不断追寻,才有了教师的成长。对于教师专业实践性的认识,特别是对于教师是"反思性实践者"的专业形象定位不仅仅已成为弘扬教师主体价值、描述新的教师专业形象的术语,而且也蕴含着对建立新的教师发展及其培养模式的召唤,成为教师培养的一种价值追求。

(三)学习是在实践中建构经验

学习是生活着的有机体普遍存在的现象,是有机体与环境保持平衡的必要条件,是动物和人类赖以生存、发展的重要手段。长期以来,心理学中对"学习"有种种界定。由于学习心理学中的认知革命,本研究倾向于这样的定义:"学习是由于经验引起的行为或思维的比较持久的变化。"①这一界定强调的是学习的发生是由于经验所引起的,而这里的"经验"不是指总结出来的经验,而是指"经历",是个体通过某种活动来获得经验的过程,是个体与外界信息相互作用的过程。强调这种经验过程不是有机体简单地接受外界的刺激或信息,而是有机体与其情境之间双向作用的过程。

20世纪80年代后期以来,建构主义学习理论引起了研究者的关注,成为教育学和心理学中盛行的理论,有人把它称为"教育心理学中的一场革命"。建构主义学习理论对学习和教学做了新的解释,成为课程改革、教师教育、教学设计以及教育研究中的重要理论基础,特别是为思考和改进教师教育提供了一个全新的视角。

尽管建构主义的不同流派对具体的学习观点有很多分歧和不同,但在基本的认识上仍然具有高度的一致性。建构主义是与客观主义相对立的,它的核心主旨是:知识是在主客体相互作用的活动之中建构起来的。认为认识是一个主动解释并建构个体知识表征的过程,反对客观主义关于认识和学习是表征和反映客观实在的过程。由此建构主义关于学习的基本理念是:学习是学习者的意

---

① 陈琦,刘儒德. 当代教育心理学[M]. 北京:北京师范大学出版社,2007:110.

义建构过程。学习者在原有知识经验的基础上，通过新旧经验的相互作用，不断形成、丰富和建构自己的经验结构。这一过程是在社会互动与协商中实现的。“情境”“协作”“会话”和“意义建构”是学习环境中的四大要素。所以建构主义所关心的是如何以原有的经验、心理结构和信念为基础来构建知识，他们强调学习的主动性、建构性、社会互动性和情境性。建构主义的学习观主要体现在以下几个方面。

1. 学习是学习者自我主动建构的过程

建构主义认为，学习具有主动性和自我建构性。学习不只是由外到内的简单的传递与转移，也不是对事实、概念和原理的记忆保持和简单应用，而是基于学习者自身与外界环境的相互作用，学习者以自己原有的知识经验和认知结构为基础，以自己的方式主动地建构知识经验的过程。在这一过程中，无论是学习者将新的信息纳入到自身已有的认知图式之中，使原有的认知图式不断丰富而发生“同化”，还是当学习者无法将新的信息同化于原有的认识图式中时，学习者改变原有的图式，形成新的图式来组织这些信息时而发生“顺应”，即无论是认知结构中知识经验的量变还是质变，都强调学习者依赖已有的相关经验和认知结构对新的事物或经验加以理解、解释、反思和推论，进而赋予外界事物（新信息）以不同的意义，即强调学习是以学习者自己的方式、通过新旧经验的相互作用主动建构的过程，认为学习要以原有的经验为生长点，学习者在学习活动中需要进行积极自主的思维、调节与反思，进而不断对已有的经验进行改造和重组。

基于对认知主义和建构主义的调和与修正，当代认知科学从具身认知的视角进一步强调身体在认知过程中发挥着关键作用，认为认知是通过身体结构、活动方式及其与环境的互动体验而形成的，提出了具身参与性与实践性活动促进认知发展的卓越洞见，认为实践参与、实践体验与反思基础上的智慧涌现，是身体、大脑、情境作为认知的动态统一体，偶合生成、动态相互作用的机制，进而体现出具身认知的“具身性”“情境性”和“生成性”三个显著的特征。[①]

2. 学习是在社会互动中实现的意义建构

传统的观点认为学习就是个体在头脑中进行的独立活动，忽视了在学习的过程中人际互动和对话协作对于知识建构的重要意义。建构主义认为，世界的意义依赖个体的意义建构，意义建构是学习过程的终极目标。而由于经验背景、成长经历、学习环境和认知结构的差异，对于问题的理解以及对外部客观世界的

① 刘丽红，卢红，等．实践取向教师教育课程的具身认知价值及其实现［J］．教育科学，2014，30（2）：53－57.

解释就是各异的，但是，在一个学习共同体中，学习者在相互沟通与协作的背景下，不仅表达自己的观点，也分享同伴的经验感受，学习和接受同伴的观点，进而会多角度地理解问题，形成更为丰富、多元的见解和多视角的理解，促进认知的整合和思想的改进。所以，学习者经验的差异本身就是一种宝贵的学习资源，学习不是学习者个人完成的简单的认知活动，学习者的意义建构也不仅仅取决于与外部世界的相互作用，也取决于社会互动，是社会建构的过程。

维果斯基认为，人类心理功能的发展是以特定的社会本质和社会过程为先决条件的，在每一个社会文化情境中，主体参与正式和非正式的教学交流，产生了与那些情境相适宜的心理功能。主体正是通过社会互动的双向过程，逐渐建立了系统的认知表征作为解释框架，并且信奉自己社会文化情境中所倡导的普遍价值体系和行为准则。在维果斯基的理论中，社会互动成为认知观念产生和发展的源泉，个体身上所表现出来的特定结构与过程，可追溯到与他人的互动上，学习和认知发展就是通过参与社会互动来吸取适当的文化实践经验。

凯尔克特曼（Kelchtemans）认为，虽然教师专业发展是一个高度个体化的学习过程，但它不是在真空中发生的，而是个体教师与情境交互作用的结果，这是一个充满阐释与意义的相互交往的过程，通过意义建构的过程进行调控。①

3. 情境化的实践是经验建构的条件

传统的学习观念对学习基本持“去情境”的观点，认为知识的学习可以外在于具体的情境，而所习得的知识可以自然地迁移到各种具体的真实的情境中去。建构主义强调学习、知识和智慧的情境性，提出情境性认知的观点，认为学习就是情境性的认知。学习的实质是个体参与真实情境，通过实践以及与他人和环境的相互作用，获得对情境的认知，是形成实践活动能力、提高社会化水平的过程。认为学习就是对不断变化的情境的理解与参与，是发生在社会环境中的一种活动。布朗（Brown）等人认为，“知识与活动是不可分离的，活动不是学习与认知的辅助手段，它是学习整体中的一个有机组成部分”。② 所以，学习隐喻的是参与学习，因为“知识不是一套独立于情境的知识符号，它只有通过实际应用活动才能真正被人所理解”③，单纯的对概念和原理的学习难以适应具体的、千变万化的真实情境，难以有效地参与社会实践活动。所以强调“学生学习的关

---

① 卢乃桂，钟亚妮．国际视野中的教师专业发展［J］．比较教育研究，2006，189（2）：71－76.

② 戴维·H．乔纳森．学习环境的理论基础［M］．郑太年，任友群，译．上海：华东师范大学出版社，2002：53．转引自：吴国荣，张丽华，等．学习理论的进展［M］．天津：天津科学技术出版社，2008：139.

③ 陈琦，刘儒德．当代教育心理学［M］．北京：北京师范大学出版社，2007：144.

键是发生在有意义的情境脉络之中"[①],如果脱离了知识运用的情境,只能是记忆一些没有意义的不能运用的消极的惰性的知识,学习的结果也只能停留在复述和再现的水平,不可能产生迁移和实践运用的效果。所以,学习不是为了获得某种认知符号,个体必须参与到真实情境中去,基于情境的认知,通过积极的、社会性和真实性的活动体会来实现。这一过程是获得灵活的能够有效迁移和建构知识的过程。由此,个体在情境中,与环境的相互作用是学习发生的根本机制,是形成能力以及社会化的根本途径。所以,学习不可能脱离活动情境而抽象地存在,学习应当与情境化的社会实践活动相结合,情境是学习者实现经验建构的必要前提,只有在真实情境中的实践活动才能使知识与情境关联,学习者对知识才有深层的、灵活的理解,也才能实现真正意义的学习。后来,在建构主义关于学习的社会建构过程的观念中,进一步提出了活动理论,认为活动是指主体与客观对象进行相互作用的过程,是一种感性实践活动,而人的活动就是社会性实践,社会性实践发生在具体的情境中,学习是通过参与情境活动实现的,因而,情境化的实践是经验建构的条件。

另外,在心理学的研究中,按照问题的组织程度把问题分为结构良好问题和结构不良问题。通过大量的练习和反馈而熟练地掌握知识和技能,就能够解决结构良好问题。而结构不良问题的答案是开放的,解决思路也不是唯一的,所以单一的语言解释和机械的训练就显得苍白无力。教师面对的问题是要有效解决教育情境中的各种复杂真实的问题,是结构不良的问题,所以期待通过概念、规则等的识记和纯理论的接收就能够在情境中应用,在接受理解与应用之间建立联系是难以实现的。准教师应置于真实的教育情境中,在生动、鲜活的情境中实现有效学习,从中获得积极的灵活的、能够有效建构与迁移的教育知识,形成教育实践能力,并不断实现社会化。

总之,建构主义强调的是"学习的主动建构性""学习的社会互动性"和"学习的情境性",为教师建构自己的教育信念、建构学科专业知识和个人的实践知识提供了基本的途径和方法。美国学者理查德森(Richardson)在研究中发现,那些能够达到改变教师教学概念和信念目标的课程大都有着建构主义取向教学的特色。国内外的其他学者在建构主义教师教育的研究中,以建构主义学习理论为指导,认为教师的学习是基于原有经验的反思性学习,这种学习是在实践中不断积累和建构新经验,不断通过知—行—思的交融内化新理念的过程。主要以建构主义的情境认知理论为背景,认为就教师的职前培养而言,从未来教师职业的需求出发,学习者需要获取对教师专业化角色的认知,需要建构适应真实教

① 朱旭东. 教师专业发展理论研究[M]. 北京:北京师范大学出版社,2011:149.

育情境需要的“个人化”的认知经验和结构,因此需要进入真实的教育情境,通过实践体验、感悟与反思,获取对教育教学的自我意义建构。

重新领悟“学习是在实践情境中建构经验的过程”,从学习的实质、过程和目标的视角,让我们进一步思考教师职前培养的有效性的问题,明确了教师教育的时代精神和培养理路:真实情境中的学习才是未来教师专业学习的有效方式,实践中的反思与建构是未来教师专业发展的关键,是专业学习的理想路径。为未来的教师在专业学习中创设情境,提供实践的机会,培养反思的意识和能力,形成实践智慧,是小学教师教育的出发点和落脚点。

三、实践取向小学教师教育的本质

“实践取向”的核心理论问题,是解决教师教育领域中理论与实践的关系问题。这就需要避免两个错误的偏向:一是将实践理论化,以教育理论的学习替代实践,理论与实践相脱离,二者各行其是;二是将实践技术化,忽视理论,将理论与实践对立起来,认为实践取向就是单纯的“技术操作”,将教育教学视为一个技术工种。如上文所述,对“实践取向”的正确理解应是在正确的理论指导下的自由自觉的行动过程,它以实践为旨归,以理论为前提。“实践取向”的实质,是理论与实践的辩证统一。

(一)“实践取向”的小学教师教育需要理论的滋养

“实践取向”不是理论知识学习的对立面。实践取向的教师教育以具有生命力和教育根本意义的“实践”作为起点和本质的价值追求,这里的“实践”指的是具有马克思主义哲学意蕴和现象学意义的“实践”,并不是要把实践变成缺乏理论和学术素养的简单操作。实践取向的小学教师教育是将小学教师的有效培养纳入教育实践的特有视角和维度中去审视和践行。

1. 实践是“反思性实践”

具有广博的理论素养是对教师作为“反思性实践者”的要求,是教育实践能力和实践智慧形成的基础。实践取向的小学教师教育的“实践”不是理论的简单应用和技术的简单操作,不是没有生命活力的仅仅是联系主观与客观的中介和桥梁。这里的实践指的是“反思性实践”,是伴随着思维和判断的过程,是一种具有反思性、包容性、体验性和生成性的活动。由于教育实践情境的复杂性、无序性和不确定性,教育理论的概念、规则和原理无论怎样丰富也不可能穷尽教育实践中的情境，专业理论知识的有效运用需要面对纷繁复杂的情境，教师在实践中自我体验、感悟、反思、生成和建构。

“实践取向”的小学教师教育的价值在于通过实践，有机融合教育理论与教育实践，形成对教育理论和教育实践的反省性的态度，在教育实践中能够自觉地对教育理论进行感知、选择、检验和修正，再把经过反省和升华的教育经验纳入自己的认知体系中去，进而建构实践性知识和形成实践性智慧。也就是说，实践取向的小学教师教育营造师范生新的专业学习和生活方式，培养具有一定反思性实践潜质的小学教师，而具有反思性实践品质的教师一定是一个具有内在丰富的教育思想的人，他能够在接纳外在规约的前提下，根据对教育、对教学、对儿童的理解，分析情境、设定目标、合理规划，并有效创设行动方案、评价结果，即能够对教育教学情境进行专业的思考和决策，在实践中反思、为实践而反思，这些都不能离开教育理论对师范生思想和行为的指导与滋养。

2. 教育理论具有重要的价值

英国教育哲学家卡尔（Wifred Carr）曾论述到：“教育实践并不是能够按一种完全无思维的或机械的方式完成的机器人式的行为。相反，教育实践是一种有意识地作出的有目的的活动，在某种程度上，这种活动常常只能根据缄默的、最多只在一定程度上得到阐述的思维图式，实践者用这种思维图式来认识他们的经验……从事教育实践必须先有一种理论图式，这种理论图式同时又是构成这种实践的要素和理解其他人的教育实践的手段。”[①]教育理论是理性认识的成果，它是对教育现象和教育规律的解释和判断的知识系统或观念系统，是为教育实践制订的多方面、多层次的理性的原则和策略。它强调的是科学性、普遍性、逻辑性。教育理论能够在理论形态和思维深处为教育实践澄清一些认识的基本问题，为“教育实践提供了有力的精神动力和智力支持”。[②] 教育理论与教育实践是对立统一的。“实践取向”的小学教师教育强调回归实践，但不等同于离开教育科学知识在教育情境中进行盲目实践。“实践取向”的小学教师教育追求的实践价值，正是在理论的引领和关照下，使师范生能够高起点、多视角地看待教育实践中的问题，并不断地对实践中的认识发挥着理论指引、建设、检视的“参照”作用，是用教育理论在教育实践中获得更深刻、更丰富的理解和认识，进而能够促进转识成智，即将作为概括化的系统的教育理论转化为教育实践的智慧。理论在实践取向的小学教师教育中、在促进未来教师的专业发展中的重要

① 卡尔．教育理论与教育实践的原理［M］//瞿葆奎，沈剑平．教育学文集·教育与教育学卷［M］．郭元祥，译．北京：人民教育出版社，1993：559.

② 曲振国．当代教育学［M］．北京：清华大学出版社，2006：254.

作用表现如下。

首先，增强师范生的教育理性。赫斯特(Paul H. Hirst)在研究教师教育中理论与实践关系时指出，“所有的人类活动都是理论负载的，促使事件变成活动的过程就是行为者在某种程度上理解并做出判断的结果。活动依赖当事人是如何理解的。这样的理解，就是对‘理论’总体综合的判断，因为其涵盖了概念、信条和总的规则和原理。从这个基本的要素简单分析，教师所从事的专业活动就是依靠‘理论’的指导，依靠他们所使用的概念、信条和原理来开展的”，“接受理论的概念，我们才能为行动奠定理性根基，才能有效地评价教学，在理论和哲学的基础上反思我们的行动，才会为我们和我们的准教师进一步的学习提供根本性、动态性的路径”。[①] 师范生在理论学习的过程中，在教育理论的指导和滋养下，会产生理论思维和运用教育理论的心向，确立与社会发展和教育发展相适应的教育观念，更深刻地理解教育实践的背景，激发行动的热情，特别是能够提升未来教师作为教育者的教育信念和教育责任感，使师范生对教育、对儿童、对自身的存在与发展有更理性、更深刻的理解，保证教育实践具有“合规律性”“合目的性”和“合情理性”。

其次，使师范生从理论的解读中反省并矫正自己以及自己的教育行为。学校经验产生实践性知识，师范生面对复杂多样的教育情境而生发的困惑和思考，以及由反思而生成的经验或新的行为的一套图式，不可能在实践中产生，必须经过理论学习产生。所以，如果没有理论，没有理论指导下的分析和探讨，经验就会显得表面化与感性化，难以形成以正确的理论框架指导下的实践性知识。所以，“理论学习的目的并非是从教育类学科提供的资料中做出选择，而是借助理论所提供的论据做出审慎的价值判断，这才是理论的核心所在”[②]，完善系统的理论能够提供给师范生审视自己在实践中的直觉判断和缄默知识的工具与标准，促使师范生形成实践的多种可能的思路，并在更广阔的理性视野中审视和矫正自己以及自己的教育观念和行为，纠正失误与盲动，形成明智的判断和新的教育价值观，使教育实践以及对实践的反思有依据，并建立在科学的架构和视角之上，为有效和有深度的反思，以及累积实践性知识、实践性智慧发展奠定基础。

最后，改变师范生对教师专业角色的认知。对教育理论的学习和探究，在提

---

① Paul H. Hirst. The theory - practice relationship in teacher training [M]//Booth M B, Furlong V J, Wilkin M. Partnership in initial teacher training. London: Cassell, 1990: 74 - 86.

② 苗学杰. 融合的教师教育：教师职前教育中理论与实践关系研究[D]. 长春：东北师范大学，2012.

升未来教师的理论思维能力、革新意识和创造精神的同时,更为重要的是改变未来教师在教育实践中重塑自身的专业形象的意识,改变教师仅仅作为执行者、被革命的对象的角色形象,他们能够在实践中不断地进行教育理论知识的再生产并提出创新的思想,进而成为"反思性实践者"和教育研究者,而这都需要准教师有深厚的理论素养和知识基础。

3. 期待关照实践的教育理论

尽管理论直接指导实践和在实践中直接应用存在一定的困难,但是离开理论导引、省察和矫正的实践是盲目的。所以理想的状态是遵循实践逻辑,从教育现实问题出发,通过实践使理论知识与实践知识融合。传统的教育理论将教育实践中的种种问题概念化、抽象化,导致出现教育理论与教育实践隔离的焦虑和无奈。实践取向的小学教师教育就是要将教育理论的研究与学习置于鲜活的教育实践情境中。而什么样的理论能够促使二者有效融合,并对未来小学教师的专业成长具有引领发展的价值呢? 是关切实践的教育理论。这种理论,是"直面实践的理论",是"实践之中的理论",表现出以下特征。

第一,面向并分析实践问题。"回到事情本身"的哲学精神启示我们,教育理论应孕育在活生生的教育实践中,是亲近与关照实践的,是在分析教育实践中存在的复杂多样、灵活生动的问题与经验的过程中,运用概念、范畴等理性思考形成的具有一定概括程度的"活化的理论"样式,包括有意义的案例、有范型的活动和操作样式,以此揭示教育的机制和意涵,具有在不断缩短与实践的距离的过程中增强更新的活力,是去除"理论的灰色"和晦涩的理论,这样的理论不再是抽象的枯燥的原理,而是活生生的教育生活世界的理性展现。

第二,建构新的话语形式。这种理论是走出了书斋的纯学理推演范式的理论,要解构学理研究式的理论化的话语模式,建构一种具有能够与实践工作者交流与对话的深刻生动明晰的、具有色彩和感染力量的话语体系,是去"玄思"的,在具有逻辑解释力量的同时,更要具有情感和精神的征服与感召力量,能够唤醒和触动学习者的心灵以及对教育人生的追求。

第三,具有不断的生成性。这种理论由于对教育实践有深刻的体验和认识,是对教育现实问题的研究与回应,"不是外在于实践之外的,从外部审视实践,而是始终处于实践之中,在实践活动中内隐地发挥作用,实践主体不再只是被动地为理论所控制,而是参与着'理论'的构建"。[①] 它具有不断生成的机制。

尽管任何理论都不可能预见实践活动中遇到的所有可能的实践情形,要想建立或寻找到永远适用的理论也是不可能的,理论形态的实践与教师真正的专

---

① 杨燕燕. 论教师职前实践教学的取向转换[J]. 教育研究,2012(5):84-89.

业实践总是有距离的。但是,实践取向的小学教师教育仍然期待着这种关切实践的教育理论的新鲜的生动的理论样式,因为它更容易被准教师接受、理解和内化,并易于与实践经验融合,形成新的理解和新的行动。

正如有研究者指出的,"对于教师教育改革的主要误解存在于对问题本质的单维度省察并提出对应的单维度对策"①。实践取向的小学教师教育更加注重在理论育人中强化实践,重视教育理论对实践的引导与指导。只有关照实践的理论与反思性的实践并驾齐驱,相互融合互动,才能显现小学教师教育的生机与魅力。

(二)实践取向的小学教师教育是"知行合一"的教育

教育正在发生的重大变革的集中指向,就是要改变单纯传递知识的倾向,将教育的实践过程作为教育变革的重要突破。小学教师教育也因此面临着变革。小学教师的专业培养以及专业发展在实践意义上已经获得了被广泛认知的基础。教师专业生命的发展和成长植根于多姿多彩的教育实践,这种实践是与理论交融共生的实践。实践取向的小学教师教育的旨归是将传统融入变革,跨越理论与实践的鸿沟,弥合二者的裂痕,在变革中获得理论与实践的双重生命力。

理论和实践是可以相互沟通和转化的,沟通和转化"二者之间的桥梁就是实践中的主体对于理论和实践的理解、反思、批判,以及在此基础上采取的行动"②。"教师在成长过程中不仅要参与富有共性的'理论学习',更要躬行颇具个人特征的'经验学习'。"③

实践取向的小学教师教育是用实践的教育观念、教育方式、运作机制、教育思维,立足在教育情境中实践,用"实践"构筑一个知与行合一的教师的职前培养系统。把"基于实践,在实践中,为了实践"作为教师培养与成长的主线,加强小学教师教育课程在理论建设、科学研究以及教学的实施等诸方面的实践建设和有效变革。即对小学教师的培养应遵循教育实践自身的逻辑。布迪尔所说的"实践逻辑"对于我们理解教育实践的逻辑具有一定的启示意义。

布迪尔认为,实践不是理论的直接派生,也并非实践主体的个人主义的"表演"。只要实践主体是意识清晰的,那么,实践就不可能"遵循理论家所设想的那种逻辑,也常常不可按照行动者事先的规划去行事,因为千变万化的制约因素

---

① 陈彩燕. 教师教育改革:实践取向还是理论取向[J]. 学术瞭望,2015(8):12-16.

② 彭寿清,蔡其勇,苏贵民,等. 实践取向的职前教师教育课程建构[J]. 课程·教材·教法,2012,32(7):107-111.

③ 白益民. 教师的自我更新:背景、机制与建议[J]. 华东师范大学学报(教育科学版),2002,20(4):28-34.

总是迫使行动者不是按照理论可能性而是根据现实可能性对行为路径或行为模式做出选择”。① 基于这样的认识，布迪厄关注的是“实践的逻辑”，它蕴含在主体与情境的互动过程中，具有“即时性”和“模糊性”，是对实践属性的认识，所以实践是具有“即兴创造”性质的行动，是变动不居的，遵循“前逻辑的逻辑”，因此要改造实践必须以深入实践和深入理解实践为前提。

教育实践作为实践活动的一种类型，有其自身独特的逻辑。布迪尔的思路对于我们突破理论与实践之间的二元对立有非常大的启发，它提示我们，要扩大对理论与实践的理解范围，打破二者之间的对立，通过对理论的实践和实践的理论化，从理论视角、实践视角以及它们之间的差异进行“理论反思”，不断深化对“实践理论”的认识，实现二者之间的相互渗透与对流。

教师的发展与培养既需要共性的教育原理、规则和规范，需要遵循“理论的逻辑”，也需要具体的、个性化的对教育情境的理解和认识，需要遵循“实践的逻辑”，理论与实践对于（未来）教师都是重要的。但是，教育理论不能简单地运用于教育实践中，只有在真实的教育实践情境中，通过个人对情境的理解才能实现对教育理论的同化和顺应。也就是说，对于“在根本上是育人的实践过程”的教育而言，系统的理论知识的传递与获得只有融入这个实践的过程才真正具有意义和价值。所以，实践取向的小学教师教育是用实践构筑对知与行的有效统一的表达。

四、小学教师教育的内在特征对实践取向的诉求

一个专业之所以能够独立存在，就在于该专业具有不可替代性。随着教育的发展，我国的三级师范教育体系逐渐过渡到二级，小学教师的职前培养升格为本科小学教育专业。“实践取向的教师教育观对当前我国教师职前教育的大学本位（University - based）培养模式提出了挑战。”②

高等普通教育各专业的培养目标与规格的制订主要依据学科的内在逻辑体系，它所对应的是知识本身，而不是个人将来要从事的具体职业，所以，对于本科普通教育来说，其毕业生在就业时专业不对口是常态，在发达国家，这不是一个问题。而职业教育则具有十分明显和确定的职业指向。小学教师教育的职前培

---

① 孙元涛．教育学者介入实践：探究与论证［M］．重庆：重庆大学出版社，2009：99．

② 倪小敏．实践取向：职前教师教育模式的重构［J］．教师教育研究，2010，22（1）：22－27．

养阶段由高校的小学教育专业承担。小学教育专业就是培养小学教师的专业，应该基于小学教育实践来确定小学教育专业的培养目标与规格，而不是基于各校小学教育专业教师的学术背景与旨趣。这需要小学教师教育研究者走出书斋，深入到小学教育的实践中去，从小学教育的实际需要出发来规划小学教师教育的发展。小学教师教育自身的内在特征对“实践取向”教师教育的价值导向具有强烈的诉求。如何在本科小学教育专业建设中体现“实践取向”，这是需要讨论的问题。

（一）小学教师教育是一种专业教育

教师是专业人员，教师教育的培养目标是专业教师。培养专业教师的教师教育是专业教育，专业教育的重要特征是理论与实践的融合。

长期以来，人们自觉不自觉地将本科师范教育定为普通教育，注重师范教育的学科性，而忽视其职业性。我国普通高校专业设置分为三个层次，第一、第二层次“基本上是按照学科分类来划分”，第三层次中有一部分“注意到了社会职业需求导向”，以社会的职业需求为依据。小学教育专业与学前教育专业相似，属于第三层次的专业，其专业指向并非某一学科，而是某一职业，小学教育专业是一种本科层次的具有明显职业性的专业教育。① 应从职业的专业性视角而非学科的学术性视角来审视职前小学教师教育（小学教育专业）的特性。小学教育专业是培养小学教师的专业，是培养小学教师的“专业教育”。

“大学中学术性教育追求的是证实真理或检验理论，不用关心真理的效果和用处”，“学术性专业扎根于以学术性体系本身为根基的学科中”，“学术性专业教育，则是以培养这种学术型人才为目的的专业教育，以大学和学院化的学术研究为主旨的专业性教育”②。而专业教育则是培养具有专业特质的专业人员的教育。教师是专业人员，具有特定的专业知识和专业能力，需要面对复杂的教育对象和教育情境，能够做出专业的判断和专业的决策，实施专业的教育行为，这是教师作为专业人员的重要特质。而教师专业判断和专业决策的背后是教育

---

① 学科、专业、职业之间的关系是动态的，既相互区别又相互转化。职业对应的是人的社会实践活动，某一类活动构成某一种职业；学科是一类知识体系，它反映人类认识活动的水平。实践是认识的源泉，但由于认识能力的局限，人类的学科体系是运用分析论的思维方式建立起来的，随着人类实践活动的深入，知识日益由分析走向综合，新兴学科不断产生，各种交叉学科、边缘学科也不断形成。学科与职业之间并非一一对应，职业不断变动，学科体系具有稳定性，职业与学科的现实关系常常是一种学科支撑多个职业，而一种职业又需要多个学科。

② 苗学杰. 融合的教师教育：教师职前教育中理论与实践关系研究[D]. 长春：东北师范大学，2012.

观念与教育理性的支持。所以小学教师教育实施的是“专业教育”,“专业教育的特征之一就是以‘高深学问为基础’”,“没有学问的专业是不存在的,但专业的目的却不像学术性专业追求智识,而是利用灵活的智力去解决现实生活中的重大问题”。①学术性教育与专业教育的重要区别在于是否“实践”。与以高深知识追求作为专业理想的学术性专业不同,专业教育是基于实践、为了实践的教育,实践是专业教育的重要特征,这种实践是在实践中提升理论的实践。小学教师教育显然不是学术教育,但也区别于单纯的持续重复训练而累积技能的职业教育。其作为具有明显职业指向的专业教育,关照职业的需要,也体现教师专业的学术性,所以它是理论与实践融合的教育。

人们普遍有这样的心态,突出职业性就意味着降低了专业的学术性,这在强调学术品位的大学,无异于自降身价。事实上,专业的职业性、师范性与学科的学术性之间并不必然构成矛盾。现代教育对教师素养提出了更高的要求,教育工作是一项富有创造性的工作,教学活动的复杂性、教育对象的复杂性以及教育情境的复杂性,意味着教学绝不是简单技术的累积,需要教师具备丰富的教育理论素养,需要教师对于使用策略的整体判断,需要教师不断进行教育教学反思,以提升自身的专业化水平。教育理论素养、研究反思能力和专业的实践能力是通向卓越教师之路的桥梁。所以,教师职业本身就具有学术价值,其学术价值体现在理性和科学基础之上的专业实践品质,即需要教师在复杂的情境下做出专业判断并付诸实践。“这种实践的独特性在于其‘专业性’,包含了明智判断、专业决定和专业执行,所以它是理论与实践融合的教育。”②“许多教师和教育管理者,至今还未能清楚地认识到教师职业本身就是专业、就是学术。”③即师范性与学术性并不必然构成矛盾,理论与实践并不必然构成矛盾,“它把本不构成对立的范畴对立起来了,或者还存在着概念理解上的偏差。也就是说,从逻辑的意义上看它并不存在”④。所以,作为“教育专业”的小学教师教育,应在“保障‘学术’追求的前提下,体现‘教育’追求”⑤,作为具有“专业教育”属性的小学教师教育,其专业教育的学术性,需要秉持实践取向,基于实践,融通理论与实践,统

---

① 苗学杰.融合的教师教育:教师职前教育中理论与实践关系研究[D].长春:东北师范大学,2012.

② 苗学杰.融合的教师教育:教师职前教育中理论与实践关系研究[D].长春:东北师范大学,2012.

③ 杨启亮.教师培养的国际视野与本土实践[J].教育发展研究,2010(24):1-6.

④ 叶澜.一个真实的假问题:“师范性”与“学术性”之争的辨析[J].高等师范教育研究,1999,62(2):10-16.

⑤ 刘新成,蔡春.教师专业发展:大学的责任[M]//刘新成,等.教师专业发展:大学的责任——创设合作共同体,构建实践取向的教师教育模式.北京:首都师范大学出版社,2008:13.

一学术性与师范性，打造具有学术品质的教师教育专业。

（二）小学教师教育的重心向“教育本位”转移

小学教育专业应由“学科本位”到“教育本位”，实现专业培养的重心转移。

小学教育专业与其他师范专业的不同之处在于小学教育的特殊性。小学教育下承学前教育，上接中等教育。学前教育不属于学校教育，幼儿园的主要教育活动是游戏而非教学，小学教育则属于学校教育，学生的主要活动是学习；小学教育与其他学段相区别的主要特性是其具有基础性、全面性和养成性，一个人在此阶段形成怎样的习惯、品德与个性将会影响其一生，所以，小学教育为人的一生发展奠基。向小学儿童传授一定的知识，培养基本的读、写、算的能力以及思维能力，提升小学儿童的学习兴趣，指导小学儿童养成良好的学习习惯，都是小学教育的题中应有之义。但是，就人的发展而言，小学阶段是一个人的身心迅速发展的时期，是身体素质、行为习惯、道德品质、智慧品质和个性特征形成的最佳时期和关键时期。小学教育的基础性应当超越其基本的意义理解，“基础”不是升学教育的基础，不仅仅是打好“基础知识”和“基本技能”的基础，为升学做好准备，而是素质教育的基础，是为人生的终身发展奠定基础，是面向全体儿童实施全面发展的素质教育，是为小学儿童形成良好的身体素质、形成健康愉快的心理状态、具有自主能力、具有宽广的认知兴趣和智慧品质，懂得关心和分享、团结和合作等作为人的全面素质的养成与发展奠定基础。所以，小学教育的特点和任务源于小学儿童的身心发展特点，这是学段划分的前提，也是小学教师的培养规格与目标之所以不同于幼儿园和中学教师的原因之所在。

与此同时，新课程改革契合不同学段的特点，提出不同的课程理念和课程实施要求，小学以综合课为主，初中综合与分科相结合，高中则以分科为主。这说明，小学教育在课程设置方面突出表现为“综合性”。“综合性”与“启蒙性”相互印证。正因为小学教育是启蒙教育，所以，其一，小学教育要关照儿童生活世界的整体性，不能将儿童的生活世界人为地分为数学的世界、语文的世界、科学的世界等，对小学儿童而言，他们对世界的认识是整体化、生活化的、直观的，所以，小学教育要还给儿童一个完整的生活世界。其二，小学教育的培养目标是促进儿童的全面发展。关照儿童身心、智识等的完整性，促进儿童身心健康发展，为儿童营造发展与成长的快乐和幸福的体验，是小学教育的重要任务和使命。所以，基于“学科本位”的小学教师的培养，必然导致偏离儿童发展的主题和小学教育的命题。小学教师的重要职责应是育人，是通过某一学科的教学来教育小学儿童，是通过某一学科知识的传承促进儿童的成长与发展，任务是陪伴儿童成长、指引儿童发展、促进儿童健康成长、呵护儿童稚嫩的心灵、培养儿童的学习品质、养成儿童的智慧品质、规范儿童的社会行为，为小学儿童创建快乐的学习生活、营造幸福的成长体验；是“关爱和培养好每个孩子”，而不是“教好每个孩子”；是“育人者”，而不是“知识的传授者”。

诚然，课堂教学总要教授某一类学科知识，教师也总要依托一定的学科来培养人，因此，重视学科知识无可厚非。但问题是，教师素质不能仅仅就是学科知识加上教学技能。教师教育不能仅仅试图通过加强学科教学来维护尊严。教育是培养人的实践活动，“人”是教育活动的出发点与归宿。这种只见“学科”不见“人”的“学科本位”应当改变。所以，小学教师的学术领域应在其教师专业，不在学科学术，小学教师教育应基于“教育本位”来培养师范生，凸显以教师专业为重心，培养未来的小学教师具有儿童教育的理念，能够超越学科与知识层面看待儿童的发展与儿童的教育。

小学教育专业由“学科本位”到“教育本位”，在整个思路上应当有一个颠覆性的改变，这样才可能找到合适可行的小学教师的培养思路，提升小学教师教育的水准，提高小学教师职业的学术素养。而教育本位价值的实现，需要关照实践的专业教育。

（三）“走进儿童”是小学教师教育的逻辑基础

小学教育的对象是儿童。小学儿童身心发展的特殊性和小学教育的性质决定了小学教师重要的角色定位——小学教师是小学儿童的教育者，承载着小学教育重要的价值追求，即促进儿童身心的全面发展、为儿童营造发展的快乐体验。而快乐的儿童教育总是以科学的儿童观为前提的。不同的儿童观会导致不同的教育理念、教育策略和教育行为。意大利教育家蒙台梭利（Maria Montessori）曾警示：了解儿童，注意我们和儿童世界的关系，“乃是一个良心的问题”。中国儿童教育之父陈鹤琴先生也说：只有了解儿童，才能教好儿童。小学教育及小学教师必须正确认识小学儿童的发展规律和发展需求。

夸美纽斯（Johann Amos Comenius）认为儿童与生俱来拥有“知识、道德、虔诚的种子”，在天性中蕴含了主动学习的愿望，教育要能够促进儿童茁壮成长并使儿童成为自己成长的主人。[①] 卢梭（J. J. Rousseau）强调“儿童是有他特有的看法、想法和感情的；如果想用我们的看法、想法和感情来代替他们的看法、想法和感情，那简直是最愚蠢的事情”[②]，真正的教育就是发展儿童的自然本性、顺应儿童天性发展的自然历程，从儿童的实际出发，为儿童的自然发展创造条件，激发

---

① 夸美纽斯．大教学论[M]．傅任敢，译．北京：教育科学出版社，1999：24.

② 卢梭．爱弥儿[M]．李平沤，译．北京：商务印书馆，1994：91.

儿童的兴趣和需要，尊重儿童的个性，多给儿童自由，发挥其主动性与创造性，使其拥有作为自然人、真正的人的身心的健康发展。杜威更明确提出：“儿童的世界是一个具有他们个人兴趣的人的世界，而不是一个事实和规律的世界。儿童世界的主要特征，不是什么与外界事物相符合这个意义上的真理，而是感情和同情。”[①]认为教育必须从心理学上探索儿童的能量、兴趣和习惯，要尊重儿童的天性，要“以儿童为中心”。20世纪以来，从教育理论研究到教育实践领域都开始从儿童生命、儿童精神、儿童文化、儿童生活等方面真正了解儿童所具有的特点、儿童发展的潜能，关注儿童的生活世界以及儿童精神的整体性，逐步形成了以“尊重儿童天性”、以“儿童为中心”的现代儿童观，认为儿童世界是一个丰富多彩的生活世界，儿童以不同于成人世界的语言、情感、认识等方式把握着世界与自身，并具有独特的基于自我经验的儿童自己的表达方式，“他们有对于爱和安全感的需要，对于新体验的需要，对于赞扬和认可的需要，对于责任感的需要”。[②] 他们的兴趣爱好多向，充满生命的活力，是具有积极潜能的能动的个体，在成长的过程中，由于有相互区别的不同神经活动方向和水平，有不同的生活境遇和不同的成长进程，因此个人的特点也从其共性中不断萌生，逐步产生不同的精神世界，不同的智力潜能的优势方向，不同的个性和不同的思想，表现为每一个儿童都是一个独特的个体。教育者应该切实关怀、理解和尊重儿童，不应强求一律和一致，应遵循儿童身心发展的规律，对儿童的未来发展负责。

小学儿童处于人生发展历程的童年期，是身心发展速度最快的一段生命历程。他们的生活从以游戏为主导活动转为以学习为主导活动，智慧品质的发展和个性品质的逐步形成共存于小学儿童的精神世界中。他们具有特定的认知发展阶段特征、具有独特的精神世界、具有明显的向师性，并具有发展的无限潜能。“以儿童为中心”的儿童观，在小学教育中必然体现为“以小学儿童为本”，回归儿童生命本身，将尊重儿童的生命尊严、挖掘儿童的生命潜能、重视儿童的身心健康、关注儿童的心理体验与心灵成长，作为小学教育的最高价值追求。与此同时，对于作为“儿童发展的促进者”的小学教师，亦需要充分认识和理解小学儿童的发展特点，尊重小学儿童发展的特殊性，保护小学儿童的学习兴趣和自信心，提供适合的教育维护和引发他们内在的先天素质与自然的发展，这是小学教师的任务规范，亦是小学教师专业性的前提。为此，小学教师教育需要以关照儿童发展、走进儿童的教育世界作为专业建设的基础。

---

① 赵祥麟，王承绪．杜威教育名篇[M]．北京：教育科学出版社，2006：65.

② 迈·凯梅·普林格尔．儿童的需要[M]．禹春云，段虹，张思前，译．北京：春秋出版社，1989：24.

“走进儿童的教育世界”的专业基础,要求突出实践性,一是要站在儿童的视角,二是要坚持“以儿童的发展为本”的教育立场,研究小学儿童以及小学教育对于小学教师教育的建设诉求,特别是对未来教师的“儿童为本”的专业素质诉求,无论是课程设置还是专业的文化氛围,都应当“走进儿童的教育世界”,培养正确的儿童观,形成亲近、尊重和关爱儿童的情感,并获得走进儿童的生活世界的教育策略,潜移默化地凝结“童心”“母爱”“师爱”“阳光”“激情”等小学教师的专业品质。

综上,小学教师教育的内在特征赋予实现有效的小学教师培养,以及促进小学教师教育发展特有的视角与维度,这必然并合理地引导培养小学教师的专业教育选择“实践取向”作为价值导向。实践取向的小学教师教育要以“儿童的发展”为本,基于小学教育的启蒙性与综合化,确立专业发展的“教育本位”,以教师的实践性知识的建构为落脚点,着眼于教育实践品质养成与行动能力的提升,最终培养反思型的教育实践者。实践取向的表现之一,是小学教师教育的培养目标与规格的制订要紧密联系小学教育实践的需要;实践取向的表现之二,是师范生的培养不能脱离小学教育教学实践,要基于小学教育实践,在小学教育实践的真实情境中培养师范生的实践感;实践取向的表现之三,是要重视师范生教育实践性知识的构建,关注师范生教育实践能力的培养;实践取向的表现之四,是要重视师范生基于实践、基于情境的反思和研究能力的培养,即实践取向的小学教师教育的培养目标应指向“反思型教师”的培养,着眼于教师专业化要求,他们应具有可持续发展的能力。这需要理论“上得去”,实践“下得来”,即需要专业的理论与实践融合的专业教育。

五、实践取向小学教师教育的人才培养思路

实践取向的小学教师教育是回归实践的教育,所以,小学教师教育应回归实践,基于实践取向,从人才培养目标、培养路径、培养方法、专业学习方式到人才培养模式,都应体现“实践”的价值旨归和人才培养思路。

(一) 培养目标:反思性实践者

在培养目标的确立上,要突出人才的以“反思性实践能力”为核心的“实践品质”的培养,即小学教师教育的培养目标应指向具有教育实践品质的“反思型教师”。

教师的反思不是纯粹理论的，本质上是实践的。是对教育实践的反思，是在教育实践中的反思，所以“作为‘反思性实践者’的教师就是那些：能够主动思考自己的行动及其情境并做出理性的决定，能够自觉意识并质疑自身乃至社会关于教育的前提假设与价值偏好，及时反思并调整自己的教育行为，从而不断丰富自身的实践性知识、努力提升实践品质的教师。具体说来，‘反思性实践者’是自觉、能动、批判的探究者；是‘知行合一’的实践者；是自身教育知识的建构者；是学生人格成长的促进者和关怀者；是不合理的教育观念、制度的批判者和改革者”。① “小学教师实践包含着道德与艺术、思想与情感、理论与活动，是一个充满情感与创造的艺术事业。”②小学教师的培养，应当关注具有反思性的、有理论底蕴的教育实践行动能力的培养，这种以获得实践性知识为本位的“反思性实践能力”的培养，追求的是有实践意义的教育理论知识的掌握与教育认知水平的发展，并在理论知识学习和对教育情境的理解与反省的过程中获得理论视野和教育理念，积累基于理论思考、规律认识的理性智慧，以及基于个体实践体验和感悟、经验积累和反思的实践智慧，形成基于职业理解与认同、道德感和师爱的情感情操。这种包括智识、理念、情感等在内的实践品质的培养，召唤知识和技能要获得理论思维和反省思维的支撑，真正成为未来教师专业化成长的促进力量，召唤未来的教师要发展实践能力，形成实践智慧。而实践智慧则“表现为对情境的敏锐感知、灵活辨别与分析、顿悟与机智应对，此表现以道德品质为根基，以情绪智力作保障，以专业技术为手段”③，以教师的实践性知识为基础。

因此小学教师教育要尊重教师成长和发展的内在规律，内在于真正的教育实践活动，改变单纯地传授知识、机械地训练技能的人才培养模式，强化训练师范生综合设计课堂和驾驭教学的复杂思维与行为，关注师范生对实践体验的反省、抽象，促进他们修正、调整实践活动和建构认知，激发他们作为未来教师在知识、能力、态度、智慧、精神品质上的主动性、体验性和建构性，指导并保障实践操作的效果，培养和锻炼他们在实践岗位上直面教学问题情境的适应能力和创造性等，达成小学教师教育培养具有理性、智慧和情感等实践品质与教育实践行动力的未来教师的目标。

---

① 王艳玲．培养“反思性实践者”的教师教育课程[D]．上海：华东师范大学，2008.

② 王智秋．小学教师教育实践取向的构想与举措[J]．中国教育学刊，2010(5)：68－71.

③ 刘丽红，卢红，等．实践取向教师教育课程的具身认知价值及其实现[J]．教育科学，2014，30(2)：53－57.

（二）培养路径：全程反思性实践

实践取向的小学教师教育的生命力就体现在将教师的职前培养寓于教育的真实境遇中，通过根植于实践，改变以死板的教育理论学习、教学技能的传授和训练为内容的教师教育方式，在人才培养路径上，以"全程反思性实践"体现人才的培养思路。全程实践包含三个维度：一是时间维度，实践教学应贯穿大学四个学年八个学期，体现"全程性"；二是空间维度，课内、课外结合，校内、校外结合，体现"全方位性"；三是目标维度，根据不同的学段渐进式地规划和确定教育实践的系列目标和研究课题，改变学生被动的操作化的模仿学习状态，通过专业情感的实践、专业技能的实践以及与教育教学情境之间的互动，体现实践目标的"层次性""综合性"和"反思性"，使师范生学会不断地对自己的实际教育教学行为进行批判性剖析，成为自主的反思性学习者，学习在实践中反思，为实践而反思，进而学会解释和解决教育教学实践问题，生成和提升理论认识问题。为此，师生应共同回归小学教育实践，从现有的理论的灌输走向"实践中的理论"学习，将现有的理论转化成师范生专业生命在实践中成长的资源和能量，并唤醒师范生对教育问题的专业敏感，促进其认识的自主生成和系统化，为养成反思性实践教师应有的判断能力和反省能力，奠定应有的关心品质和专业学识①，以此回应基础教育实践的需求，落实专业人才培养的目标定位。

（三）培养方法：理论认知与实践体验交融

实践取向小学教师教育的基本方向是：在保障"学术"追求的前提下，体现"教育"的追求；在保障"理论"关照的前提下，体现"实践"的体验。

教师的专业成长，需要先进的教育理念和专业实践经验。教育理论能够增加教育实践者的理性。对于（未来）小学教师来说，如果忽视理论知识的学习，个人的内在理性认识中缺乏相应的理论背景或理论背景相对滞后，个人就会把变革中的实践寄托在他人提供具体情境的操作性指导上，"知其然，而不知其所以然"，导致知、行不协调；同时也会由于缺乏内在的理性认识的支撑，即使具有符合现代教育理念的行为，也带有一定的盲目性和被动性，无法在不断改革的教育实践中能动地、自觉地、创造性地实现自身的发展。而教育理论作为一种概要性的理论，与教育实践之间不存在一一对应的关系，教育理论无法清楚地描述出具体情境下的教育实践过程，无法指导教育实践者在具体情境下的具体教育实

① 李建军．从教育实践意蕴的转型看教师教育课程的改革［J］．江苏教育研究，2011（4A）：13－17.

践。在具体的教育实践中,教育实践者是依据教育智慧来进行教育实践的,而具体的教育智慧却不能够由理性的教育理论来代替。① 实践取向的小学教师教育并不否认理论知识学习的重要性,它尊重理论知识及其传递,但是理论知识的学习不能只停留在对符号、概念、原理等抽象的认知和简单的记忆层面,而应当从学习者的感知经验基础出发,与学习者的实践经验发生联系,因为系统的理论只有当融入教育实践过程时,才能转化为学习者的内在认识,并且只有在特定的案例和复杂的情境中重新解读和反思时,才能真正实现教师教育行为的转变,进而使理论具有育人的意义和价值,而只有在这样的理论关照下,经过实践体验和实践指导与训练对实践经验进行审查和反思,才能形成教育实践品质。因此,理论认知和实践体验有机地深度融合对于培养具有理论底蕴和反思性行动力的专业化小学教师尤为重要,是实践取向的小学教师教育应有的培养思路。

而理论认知和实践体验的交融,要求改变传统小学教师教育遵循的先理论学习,再教育实践的培养路线,打破理论与实践相互隔离甚至对立的培养模式。无论掌握了多少理论知识也不能保证在复杂的教育实践中的智慧行动。实践取向的小学教师教育要实现理论认知与实践体验的相互渗透与融合,就要遵循实践品质的特性及其形成逻辑,实施"理论—实践—理论"循环往复的教育模式,在这个过程中,教师需要引导师范生在实践中获得教育理论视角下的感知和操作经验,并在理论学习中激活有效经验、促进对理论知识的理解,用理论再指导实践,使理论认识更深刻,实践操作更清晰,以实践和反思促进"转识成智",即将作为系统知识的教育理论转化成具体的教育实践智慧,在"先行后知、知而再行"的反思性实践中达到"知行合一"。为此,要以"全程专业实践"的理念和视野对课程设置和实施进行系统定位、统筹安排,把理论与行动相融合的实践能力的培养整合到课程的各个部分之中,使师范生能够不断更新视界,带着新的眼光和问题去解读理论课程,以期理论与实践"视界融合"。为此,应将理论课程与教育实践在课程时间安排上全程延通,可以结合技能培训、分散见习、集中实习、主题研习中的预订目标与实际问题,以"嵌入式"的方式滚动开设基础理论课程和应用理论课程,在空间处理上体现全方位拓展,在内容组织上体现全面整合,实现课程体系上科学理论的引导与实践训练、实践行动认知的全面统整。

(四)学习方式:实践中体验、理解与建构

实践取向的小学教师教育,应改变师范生课程学习的方式,注重在小学真实的教育情境中完成课程的学习,突出实践中的体验、理解与建构。

---

① 张鲁宁. 教育理论与教育实践关系的再辨析[J]. 教育学月刊,2009(5):19 - 22.

首先,改变师范生的专业学习与生活方式,注重在真实的教育情境中体验与反思。实践取向的小学教师教育强调师范生不仅要有先进理论的滋养,更要把置身于教育情境的学习和研究作为专业学习与生活的方式,要求小学教师教育把目光从十几年不变的课程学习方式转向生动鲜活的教育实践,即从仅重视理论知识的学习转向对基础教育实践的关注,要求师范生结合鲜活的教育教学情境,通过观摩、参与、研究教育实践的经历与体验完成对所学知识的意义建构,真正获得为师从教的实践能力。在真实的教育情境的实践中,师范生获得的实践性知识不是某种客观的、独立于职前教师之外而被习得或传递的东西,而是教师专业知识和技能在真实教育情境中整合运用的结果。① 因此,突出深入小学教育实践的专业体验与反思,为师范生提供更多了解教育实践问题、走入教育实践现场的机会,使他们通过亲历教育教学实践及实践体验、实践反思获得对教育教学意义的理解,形成教育实践能力,实现专业成长,是体现小学教师教育实践取向的方式和策略。

其次,理论性课程要回归教育生活世界,注重理论知识在教育实践中的理解与建构。理论性课程可以帮助师范生建立教师信念系统,提高其作为未来教师的基本理论素养问题。但是,由于理论在本质上是抽象的,如果其内容的构建不能回归教育生活世界,不能还原教育实践情境,同时又不关照教育反思与教育行为的培养,只注重对理论本身的授受以及对理论认知能力的训练,这种理论性课程对培养具有教育实践能力的未来教师就失去了指导的价值。为此,实践取向的小学教师教育的理论性课程架构应"以实践为导向",改变传统的"纯理论"知识选择取向,关注教育现实,把理论放置在具体的教育实践场景和教育现实问题中剖析,以呈现教育情境、关注教育现实、解决教育问题的方式鲜明生动地呈现教育理论,融合教育理论知识与教育行动知识的界限,引导师范生形成学习教育理论课程的积极的行动心向。与此同时,教师在教学过程中,也应当运用实践取向的教学方法,以教学情境为纽带,以教学问题引领,通过教育案例研讨和分析的教学方法,呈现真实的教育教学情境,使未来的小学教师直面具体问题的诊断与解决,在分析、思考和解决教育问题的过程中认知、理解并建构教育教学的理论知识。教师更要加强自身教学的示范性,使教学内容和教学过程丰富、生动、有实效,为师范生提供师生相互理解、对话、合作、交流与课程实施的意义创造和重建的实践操作示范,使他们获得一种替代性经验,提高师范生学习理论的积极性,以及运用教育理论和技术分析问题、解决问题的教育行动能力,形成相关的

---

① 薛晓嫘. 立足教师专业发展 改革教育实习课程结构[J]. 大学·研究与评论,2007(1):45-48.

实践智慧。

（五）培养模式:建设大学与小学合作共同体

大学和小学建设学习与合作共同体是小学教师教育实践取向的一种策略保障,也反映了当代国际教师教育发展的大趋势。大学与小学合作共同体,是一种有利于理论与实践互动、有利于促进经验与反思循环相生的培养环境,是基于大学和小学合作实现教师专业发展诉求的核心理念,是基于大学和小学需要彼此的帮助以获得成功的合作需要,是为了共同的目标,一起工作或共同完成某项任务,消除二者隔离状态的有效途径。通过大学与小学的平等的伙伴式的协同合作,如协同开展课题研究、共同承担师范生的培养职责、大学教师到小学轮岗实践、大学组织开展教师(校长)论坛活动、小学教师到大学进修并兼职授课等有效的深度合作内容,可以转变以大学为本的小学教师教育的职前培养模式,由原来大学独立完成的人才培养过程向大学、小学一线学校共同完成转变,同时能够变革大学教师的研究取向,促进在职小学教师的专业发展,融小学教师的职前培养、小学教师的专业发展和学校改革为一体,教学研合一,共同推进小学的改善和大学的教学改革,为大学的师范生培养,大学教师和小学教师提高自身素质、改善自身专业发展提供有效可行的载体。

建立合作共同体,研究者和实践者用各自的方式关注共同的教育问题,参与共同的变革过程,共享从实践中萌发的相互滋养的实践智慧和理论智慧,突破学术知识和田野经验之间的隔阂和分离。这种“双向滋养”型的合作,对于小学教师教育的职前培养而言,则可以通过“顶岗实习”“双导师制”将教师培养与职场实践结合起来。“顶岗实习”使师范生获得了更加系统化、多样化、时间更长的真实的小学教育教学的锻炼经历和实践体验,从而丰富他们的专业体验、增强他们的专业情意,进而增强他们的实践能力。“双导师制”使师范生获得了来自大学的导师和来自小学一线的导师在专业学习、学术活动与专业实践活动、基础教育教学等方面的协同合作指导,有效解决教育理论与实践脱节的问题,使小学成为师范生实践智慧生成、发展的场所,使师范生的专业学习更加有效。

第二章 “卓越”的视域：培养卓越的小学教师专业素质

用专业知识教育人是不够的。通过专业教育，他可以成为有用的机器，但不能成为一个和谐发展的人。使学生对价值有新的理解并产生强烈的感情，那是最基本的。

——爱因斯坦

卓越——不仅有实力，更有影响力。

——本书作者

在社会和基础教育呼唤培养高素质教师的背景下，一个新的概念——“卓越教师”进入领域。2014 年 8 月，教育部颁布了《关于实施卓越教师培养计划的意见》，旨在通过全面实施该计划，推动教师教育的教师培养机制、课程、教学、师资、质量评价等方面的综合改革，培养一大批师德高尚、专业基础扎实、教育教学能力和自我发展能力突出的高素质专业化的中小学教师，以适应基础教育课程改革与发展的需要。

实施卓越教师培养计划，是教师教育在满足基本教育需求后更高层次的追求，是为了寻求深化教师教育改革的突破口和着力点，提升教师培养质量，提升教育品质。其中，在推动教育教学改革创新方面，对课程体系、课程内容、教学方法、实践教学、评价机制等的改革与规范提出明确要求。而教师教育的课程与教学改革必须围绕培养目标来进行。小学教师教育的培养目标由小学教师的专业素质所决定。特别是小学教师教育课程设置需要以小学教师的素质结构为基础，并促进小学教师专业素质的卓越发展，满足未来教师作为“儿童发展的促进者”的专业角色要求，以及自身成长与发展的需要。关照小学教育实践对小学教师专业素质的诉求,并基于小学儿童身心发展的特征、小学教育和小学教师对儿童成长的独特价值,以及小学教师的角色定位,建构合理的小学教师专业素质结构、凝练基于儿童发展的卓越小学教师的专业特质,是小学教师教育课程设置的基本前提。在此基础上,把握当前小学教师专业素质发展的现状,科学、合理地构建“实践取向”小学教师教育课程。

“卓越”的诉求不仅是小学师资培养改革的背景,也是师资培养改革的重点和发展方向。本章的主要内容是探讨在“卓越”的视域下小学教师的专业素质结构,对其进行诠释,凝练卓越小学教师的专业特质,并通过访谈调查法分析小学教师专业素质的发展现状,一方面为构建实践取向小学教师教育课程寻求内在依据;另一方面也体现了本研究构建实践取向小学教师教育课程的目标追求。

一、卓越小学教师专业素质结构分析

教师专业素质,是教师为完成教育教学任务所应具备的心理和行为品质的基本条件[①],是教师从事教育工作所应具备的专业素质。

小学教师的专业素质是小学教师从事教育教学所应具备的基本素质,是在个体一般素质的基础上经过科学的培养、系统的训练和反复实践而形成和发展起来的能够胜任小学教师职业要求的专业品质。它在教育教学活动中表现出来,决定教育教学效果,并对学生的身心发展有直接而显著的影响。

对卓越小学教师的专业素质结构的探讨,应当建立在关于教师的专业素质结构已有研究的基础之上。

(一)关于教师专业素质结构的已有研究

关于教师专业素质结构的研究,比较有代表性的观点如下。我国学者叶澜认为教师素质应包括:“(1)与时代精神相通的教育理念,主要是在认识基础教育的未来性、生命性和社会性的基础上,形成新的教育观、学生观和教育活动观。(2)知识结构上不再局限于‘学科知识+教育学知识’的传统模式。而是强调多层复合的结构特征,能使教师具有丰富的、扎实的知识底蕴,能在科学体系中把握自己讲授的学科,能展示知识本身发展的无限性和生命力,把知识活化,在

① 顾明远.教育大词典:卷2[M].上海:上海教育科学出版社,1990:16.

教学中真正实现科学精神与人文精神、理论与实践、知识与人生的统一。(3) 当今社会赋予未来教师更多的权利与责任,提出更高的要求与期望,胜任教师就需要新的能力。特别是理解他人、和他人交往的能力,管理能力,教育研究能力等。"①并从时代发展对教师职业的专业化要求的角度,提出新型教师应具备五个方面的素质,即:专业精神、教育理念、专业知识、专业能力、专业智慧。

顾明远认为教师素质应当包括三个方面:"(1) 职业意识:愿意献身教育事业,热爱青少年儿童,不断提高自身业务水平;(2) 业务能力:善于把知识传授给学生,并在传授知识的同时发展学生智力;(3) 心理素质:教育理想、为人师表,善于处理人际关系。"②

林崇德认为教师素质结构可以概括为三个方面,即教师的师德(包括爱岗敬业、热爱学生、严谨治学、为人师表),知识(包括本体性知识、文化知识、实践性知识和条件性知识)和能力(包括教育教学能力、自我监控能力、应用现代化信息技术能力、心理健康教育能力)。③

田慧生认为教师素质结构应当包括教育理念与精神、专业与非专业知识和教育智慧。

也有学者"从长期的教育教学实践出发,尝试构建教师'长 × 宽 × 高'的立体素质结构:所谓'长',是指教师要掌握专业知识和专业基本能力;所谓'宽',是指教师掌握知识面的宽度;所谓'高',是指教师要具有高尚的师德。由以上三方面分三维度,组成一个几何体的教师素质结构"④。

国外学者关于教师素质的研究,大部分的要素是相似的,即在专业意向、教师的个性品质,特别是在人文关怀精神以及学科内容知识和教育学内容知识等方面提出了相应的要求。西方学者认为教师素质结构涉及多个维度和领域,主要由知识、能力、信念(理想、态度、价值观念)等要素综合组成,并认为教师素质的要素会随着教师类型(如"标准型""胜任型""专家型")的变化而变化。其中,更为强调应该具备两个方面的素质:其一,教师必须具备开展有效教学所需要的种种能力,即教师必须具备一定的教学实践能力。例如,有效地传授学科知识,有效地运用教学策略和方法,有效地与学生沟通和交流,调节和控制课堂,管理和评价学生等。其二,教师必须具备良好的个性品质,强调"教师的同情心、热爱学生、容忍、习惯和性格等人格因素,这对教育过程中重视人文关怀、尊重学

---

① 叶澜. 新世纪教师专业素养初探[J]. 教育研究与实验,1998(1):41 - 46.

② 顾明远. 未来教育面临的困惑与挑战[M]. 北京:人民教育出版社,1999:101 - 102.

③ 林崇德. 教师组织结构与教师教育[M]//中国教育学会. 新世纪教师专业化的理论与实践. 长春:东北师范大学出版社,2003:9 - 14.

④ 田延光,陈上仁. 本科院校教师教育质量标准研究[M]. 北京:中国社会科学出版社,2010:240.

生人格和个性发展无疑是值得借鉴的"①。

总之,多年来国内外的研究者从不同的理论观点和立场对教师专业素质的内涵和结构提出了不同见解,反映了不同的价值追求以及理想的教师素质的复杂性和多维性。但是,多姿多彩的研究也反映了关于教师素质的框架结构与范畴的一致性,即教师的专业素质由专业精神(理念、师德或愿持)、专业知识(应知)和专业能力/实践(会做)组成。其中专业精神起动力作用,专业认知起导向和支配作用,专业能力起保证作用,三者是彼此联系,相互影响、制约、渗透的有机统一整体。②

(二)小学教师应具备的专业素质

在课程设置的过程中,充分吸纳用人单位的意见和建议是国际高等院校在确定人才模式和课程体系时通行的做法。小学教育实践对小学教师应具备的专业素质有哪些现实的诉求?本研究采用访谈调查法,访谈了 H 市的 10 位小学校长、4 位名师,并通过组织小学校长论坛,深入交流,梳理了小学教师应具备的专业素质。这些校长和名师多是小学教育专业的毕业生,他们既代表了用人单位,也是检验在校期间课程学习的最终客体;他们不仅了解小学教师的专业素质状况,更对是否符合课程改革和未来小学教育发展需要什么样的小学教师有理性的思考,并且有自己学习和成长的体验。对他们的访谈调查,使本研究清晰而深刻地分析出小学教育实践对教师专业素质培养的新需求,这些校长和名师的精神风貌、成长历程和言语谈吐也深深地体现出卓越小学教师的专业品质,这是我们结合小学教师教育自身的规律重构课程的重要依据。

1. 小学教师要有教育理想和教育信念

教育理想和教育信念是小学教师专业成长的精神动力。访谈中教师们认为这是"最重要的"。只有具有坚定的教育信念,才有"择善而固执之"(《礼记·中庸》)的恒心和耐心;只有具有教育理想,才能有奋斗和努力的目标和方向,把握专业成长与进步的机会。具有教育理想和教育信念的教师对小学教育工作本质具有理性的认识,他们是热爱小学教育事业、具有敬业精神的优秀教师。热爱是成为卓越教师的前提。

谢校长:我一直认为小学教师这个职业是神圣的,因为小学教师对一个人一

---

① 谢燕. 部属师范大学教师教育培养目标及其实现路径探究:以华中师范大学为例[M]//马敏,王坤庆. 变革中的教师教育:华中师范大学免费师范生培养的理论与实践探索. 武汉:华中师范大学出版社,2012:71-72.

② 唐松林,徐厚道. 教师素质的实然分析与应然探讨[J]. 高等师范教育研究,2000,12(6):34-39.

生的成长有重要的影响。我中学毕业就毅然放弃了升入重点高中的机会，第一志愿就选择报考师范学校，主要是受我的小学班主任的影响，她是优秀的、高尚的，在我心目中是伟大的、美好的。我工作24年了，尽管遇到过很多的困难，每天起早贪黑十分辛苦，甚至顾不上家、顾不上自己的孩子，很遗憾，但是更多地是收获了当教师的幸福。成为受孩子们爱戴的好老师、成为一名优秀的教师，是我不懈奋斗的目标。

崔校长：我工作28年了，深深地体会到小学教育工作一定要有理想、有信念。小学教师的工作是繁杂的、琐碎的、辛苦的，随着工作时间的增长，很容易疲惫和倦怠，如果缺少理想和信念，就不会坚守在小学教育岗位上，就不会成为一名优秀的教师，更不会有效地、出色地完成本职工作。我从小就非常幸运，一直在好学校，有好老师，特别是我的小学老师是名师，是特级教师，我从小就非常崇拜她，觉得当一名优秀的小学教师是伟大的、崇高的。工作28年了，做一个优秀的小学教师、做一个小学教育专家是我的理想。

张校长：我妈妈是一名优秀的小学教师，是特级教师。受妈妈的影响，我选择了做一名小学教师。工作30年了，中间有很多机会选择其他的职业，经济待遇会好过小学教师，但是做教师的热情和执着，特别是一直以来受到领导、同事、家长和学生的信赖与喜爱，让我对小学教育，对小学教师工作恋恋不舍，信心始终是满满的。一名优秀的教师是崇高的，会得到更多的爱戴和尊重。小学教师有理想和信念、热爱这份职业，对做好工作至关重要。

以上三位校长都是受到小学教师的深刻影响而走上小学教师工作岗位的，二三十年来，执着的教育理想和坚定地教育信念，使他们成为卓越的小学教师并成为小学教师成长的领路人。

曹校长：小学教师最重要的是要有坚持和坚守的精神，要有成长和进步的理想和目标，有人缺少这种品质，40多岁就倦怠了，很难再有事业(专业)上的发展了。我最初选择当小学老师，只是感性上的喜欢，但随着自己的不断进步，看到了其中的价值和意义，而且要当一位出色的教师，其中的学问太大了，在其中的探索和志趣，使我越来越乐意努力和奋斗。

尚校长：小学教师要有信念，要有应对复杂平凡的小学教育工作的承受力，只有这样才能够坚守十几年、几十年，沉下心来踏踏实实地做一名小学教师，才能无怨无悔。只有在平凡中坚守，甘愿寂寞，才能在平凡中见不平凡。

2. 小学教师要有爱心与责任感

爱心和责任感是做好烦琐的小学教育工作、带好小学儿童所必需的。很多校长和教师认为这是小学教师最关键的、必须具有的专业素质。

尚校长：小学教师首先要有“爱”，热爱是做好小学教师工作的前提，要热爱这份工作,要热爱孩子,要能够理解孩子内心的体验,这样才可能有工作热情和激情,否则面对那么多需要细致和耐心的工作、面对那么多天真幼稚的需要教化的孩子,简直无法承担。

肖校长:小学教师要有教育情怀、要有职业操守。这教育情怀和职业操守,对小学教师而言就是要有爱心和责任感。这样的教师才能适应小学教育的要求,才能让校长满意,让家长满意,让孩子们喜欢。

谢校长:小学教师要有爱心和责任感,没有爱心和责任感,是做不好小学教育工作的。今年我当班主任的最后一个班的学生们高考,我给能联系到的每一个孩子都打了一个电话,孩子们考试后以各种方式对我表示感谢和敬意。真的,我爱孩子们,一份"爱"和"牵挂"让我对小学教育事业和孩子们始终不改初衷,我希望我——作为一名教师的陪伴,使孩子们快乐和幸福。

王老师:我从事小学教育工作 18 年了,我认为小学教师最重要的品质就是要热爱学生。小学教师每天面对孩子们,如果没有爱,是很难做好工作的。孩子们那么天真,他们那么信赖教师,教师只有真正地爱他们、尊重他们,才可能耐心、平和地接受他们,也才能让孩子们喜欢和敬仰。

张老师:我从事小学教育工作 18 年了,我认为有爱心和责任心对小学教师来讲最重要。有爱心和责任心,才能不怠慢工作和孩子们,孩子们最渴望教师的关爱了,这是他们快乐成长的关键。我认为不能给孩子们"爱"和快乐的教师不是一名合格的小学教师。

徐老师:我从事小学教育工作 15 年了,我认为小学教师有爱心,要爱孩子,有包容心,有一颗博爱善良的心;要爱岗位,有一颗强烈的责任心,想干好、想做好很重要。

崔校长:要热爱岗位,要喜欢孩子,这样才能为成长主动付出。

3. 小学教师要有积极健康的教育心态

教师的教育心态是指教师在从事教育工作时的心理状态,是教师对教育生活现状的心理感受和情绪反应,它直接或间接地反映着教师在世界观、教育观、个人价值体系、个性心理品质和专业心理品质上的某种诉求。小学教师的教育心态影响着他们的教育态度、教育视野、教育行为以及教育心境,影响着自身的专业成长。积极健康的教育心态可以使小学教师以乐观的心境直面教育人生,正确面对自己、平和对待学生、理性看待工作,学会内外兼修,形成正确的价值观,具有超凡的动力,以极大的热情,用饱满而理性的情感和创造的智慧营造教育美,形成良好的教育氛围,孕育正确的教育价值观,进而转化为发展的正效应,对于教师的行为、态度、信念、意志等具有浸润和促进作用,决定教师自身的成长、进步所能达到的高度。

崔校长：小学教师有积极健康的心态很重要，这也是优秀教师共有的品质。有上进心，才能不断学习，学习理论，在实践中学习，这样才能有更积极主动地成长和进步。另外，有上进心、自信乐观，才能更好地带动和感染孩子们，这对于正在成长中的小学儿童太重要了。

曹校长：优秀的教师首先要有态度，有上进和成长的态度，有不断更新自我的愿望。新课改后，需要教师观念和知识、能力的不断更新，有的教师就畏难了，而凡是在课改中勇于学习、有积极和理性的态度的教师，都成为了优秀的教师，甚至成为了名师。

王老师：优秀的教师一定都有平和和阳光的心态，有积极向上的热情和激情，能够平和地对待工作和学生，要有亲和力，宽容友善，能够以积极的态度坚持学习，学会自我成长，这样才能有对教育更深刻的理解，跟上教育改革的步伐。

宋老师：小学教师积极向上很重要，因为孩子们需要我们的感染和带动，这种精神品格会无形地影响小学生，更为重要的是它也是教师个人进步的动力。

尚校长：小学教师最重要的品格就是要阳光向上，因为小学教师的工作面临着多方面的监督、检查、压力和竞争，更需要具有健康成熟的教育心态，这对小学生的快乐成长至关重要

刘校长：小学教师应该有较高的情商，要自尊自信，有积极向上、阳光乐观的感染力。

肖校长：小学教师要阳光向上，要有亲和力和感染力，有积极向上、乐观友善的心性，要能够平和地与儿童交流，让孩子们喜欢。

综上，小学教师积极健康的教育心态应包括以下几个方面：

（1）自尊自信。既认可自身的优点与优势，又能够正视自身存在的问题与不足，同时相信自己有能力解决问题，走好自己的教育之路，成为一名优秀的教师，进而有“教育自信”“理念自信”“成长自信”；钟情于教育，热爱教师角色，能感悟“此中有真味，欲辩已忘言”的乐趣和自我幸福感。

（2）理性平和。理性平和可以为自己赢得发展的时间和空间。小学教师的理性平和表现为能够对自己的情感和行为进行有效的调适和控制，以积极主动的建设性情绪情感和行为创设和谐的人际关系，理性平和地对待自我、对待学生、对待家长、对待挫折。

（3）阳光向上。要有阳光豁达、踏实肯干、执着追求的“恒毅力量”。

4. 小学教师要有综合的知识和能力

作为专业化的教师，其知识结构和能力结构都应该是宽厚的、多元的。特别是小学教育的基础性和综合性以及小学儿童身心发展的特点，决定了小学教师更需要具有综合的知识和能力。

（1）学科专业知识

崔校长：学科专业知识很重要，教师对所任教的学科知识应该掌握得精准，而且要广博。语文基础知识很重要。

曹校长：教师要具有所任教学科的专业知识，要有扎实的知识功底。有了深厚的学科功底和学科素养，就会有专业自信，就会减少面对变革时的焦虑。

王老师：教师要有学科基础（任教学科专业知识），否则再好的方法也不灵，缺乏学科基础的老师的教学是苍白无力的，太单薄。我教数学，一定要了解小学的数学学科体系。

张老师：教师具有广博的学科知识很重要。我教语文，在教学中感觉朗读学的知识、对中外文学作品的品读都很重要。

徐老师：我教语文课，教师的文学修养和文学功底太重要了。

（2）教育教学知识

崔校长：除了学科专业知识之外，教育理论知识对小学教师来讲最重要。

曹校长：小学的知识教学比较简单，特别是低年级的教学，所以，对小学教师来讲，最重要的是学科教学法的知识，即怎样用合适的方法和语言让孩子们能够接受并乐于接受。

王老师：儿童心理学、教育心理学和教学法最重要了，在学校时的学习为我们后来在实践中进一步丰富和深入理解教育理论奠定了基础。教师要懂得儿童，要能将教学知识转化为儿童的语言、转化为被儿童接受的方法。我教数学课，同样的知识，运用不同的方法、不同的教学设计，效果是不一样的。一定要了解学情，运用合适的方法，包括创设情境、联系生活实践等。

张老师：对儿童和教学理论的掌握很重要。教师只有了解儿童行为背后的原因和动机，才能做一名懂得儿童的教师，教育教学才能有针对性，在课堂上才能灵活地把握教学，为学生而教。理论知识的学习很重要，但一定要紧密联系小学实际。

宋老师：教学法太重要了。把所教的知识和儿童的学习状况、学习基础联系起来，运用恰当有效的方法，很重要。这是科学，是艺术，值得学习和研究。

宋校长：小学教师要具有教育政策法规知识；要有班级管理的知识。

刘校长：小学教师的教材教法知识、班级管理知识很重要，这是保证教学质量和进行有效班级管理的基本知识。

张校长：教育学、心理学的知识很重要。但一定要与小学的教育实际联系，要在情境中学习。另外，班级管理学以及教育政策法规知识也必须具备。

（3）广博的通识性知识

崔校长：小学教师要上知天文、下知地理，不需要样样精，但一定要样样通。

张老师：小学教师要有宽广的知识面，最好是一个百科全书。孩子们接触到的、感兴趣的，教师都要懂、要明白，要有所涉猎，也要能够陪伴孩子一起探索，一起研究。

（4）班级管理的能力

刘校长：小学班主任的组织管理能力是学生和家长选择教师的重要条件，不能进行有效班级管理的小学教师就不是一个称职的小学教师。

尚校长：班级管理能力是小学教师最重要、最基本的能力。

张校长：班级管理艺术是小学教师最需要的。

崔校长：小学教师一定要具有班级管理的能力。

（5）沟通与合作能力

谢校长：小学教师一定要有沟通能力，要能够很好地与学生沟通、与家长沟通、与同事沟通。

崔校长：没有沟通能力的教师难以取得孩子们和家长的理解与信任，有的教师由于缺乏沟通能力，常常是好心办了坏事。

王老师：小学教师要有较好的沟通能力。这不是高要求，是基本的素质，要能够跟孩子沟通，还能够与家长沟通，否则再好的工作也会失败。

尚校长：不会沟通的教师常常是苦恼的、失败的，这对小学教师来讲是基本的要求。

刘校长：不会沟通的小学教师不能胜任工作。

（6）教学能力

教学能力包括深入解读教材的能力、科学设计教学的能力、有效实施教学的能力、课程生成的能力以及作业设计的能力等。

曹校长：教师的能力水平就表现在最基本的教学能力上，最重要的是教学设计的能力。

王老师：小学教师能够根据教材、根据学生的情况、根据对教学的理解，科学地设计教学、有效地实施教学很重要。这是大学问。另外，新课改后，对教师的作业设计能力也提出了一些要求，要适合学生的年龄特点，要适当，要新颖，要有创新。

张老师：教师对教材深入的解读能力很重要，这仰仗教师的学科功底和对学科教学的深入理解。

宋老师：教师要能够对教材有个人的深入理解，有对课程进行二次开发的能力。

徐老师：新课改强调教师并不能只是被动地执行课程和简单地传递知识，而应成为课程的生成者。要能够从对教材的解读中，根据实际的教学情境、学生的学习状况，以及教师对各种情况的感悟和分析，生成易为学生接受、能够有效达成教学目标的课程。教师要有课程的生成能力。

(7) 反思、研究的能力

尚校长：小学教师也要有研究的能力，研究能力包括教研的能力和科研的能力，要能围绕教学和学生教育完成课题的研究，这样的教师才有发展的后劲。

王老师：小学老师要有反思的能力，要做一个反思型的教师。就我个人的成长而言，觉得反思才能促进成长；一个没有反思意识、不会反思的教师，一定不会有进步。

张老师：小学教师要有研究能力，有在行动中研究的能力，学会在遇到问题时研究，从小的实际的问题出发去研究，日积月累，一定会促进对教学的深入理解和把握。

刘校长：课程改革以来，在教师专业发展方面，在有效实施课程改革方面，切实对教师要有一定的反思能力和研究能力提出了要求。反思是基于实际教学改进的反思，研究是基于教学的研究，是情境的研究、实践的研究、行动的研究。

(8) 扎实的专业基本功(专业技能)

所有的被访谈人无一例外强调小学教师具有扎实的专业技能的重要性。他们更为强调的是流畅的口语表达、规范美观的汉字书写、熟练地制作课件等教学基本功。

5. 小学教师要有艺术修养(多才多艺)

访谈中，多数校长和教师对小学教师的艺术修养、个人的精神气质有一定的要求，认为这是成为一名合格的小学教师的素质要求，更是成为一名优秀的小学教师、成为孩子们喜爱的教师的必备条件之一。

谢校长：小学教师要多才多艺，要能歌善舞，能写会画，只有这样才能在小学的各项活动中具有组织和指导能力，这样的教师也是孩子们最喜欢的。

王老师：多才多艺的小学老师是最受孩子和家长喜欢的。有才艺的老师，特别是有艺术气质的老师，肢体语言很丰富、很优美，这对小学教学来讲是重要的，很吸引孩子，增强教学的生动性。

徐老师：小学教师的言语谈吐、精神气质很重要，这些来自教师较好的艺术修养，多才多艺的小学教师会为成功的教学加分。

肖校长：小学教师要多才多艺，有个人修养和较好的气质。

6. 小学教师要博览群书

几乎所有的被访谈人对于小学教师要博览群书、养成读书的习惯都提出了要求。名师更是谈到了读书对自身专业成长的重要体会，认为这是小学教师应当具有的基本素质，并希望将阅读贯穿职前培养的全过程，要求教师阅读中外文学名著、阅读教育家教育事迹和教育思想、阅读儿童文学作品等等，养成博览群书的习惯，通过读书开阔视野，充实自己，并能够深刻思考和理解人生以及教育的价值,从精神层次提升思想境界和教育品质。

综上,归纳小学校长和名师对小学教师应具备的专业素质的看法和要求,主要强调教师的专业热诚即富有饱满的教育爱心、正向的个性品质、不可或缺的专业知能、良好的师生关系与协调能力、自我追求成长等。概括而言,包括执着的专业信念和教育理想(专业理性),对儿童的爱和对岗位的责任心与深厚的情感(专业情意),阳光健康的心态(专业心态、个性特质)等专业精神,以及综合的知识和能力(专业知能)、一定的艺术修养和气质(专业气质)和博览群书的习惯(专业学习习惯),这些诉求为本研究构建小学教师专业素质结构提供了现实的依据,也对职前的课程设置要围绕培养具有卓越专业素质的小学教师,明确小学教师教育的特性、卓越小学教师的专业特质提出了现实的要求。

(三)“卓越”视域下的小学教师专业素质结构及诠释

“卓越”,即不平凡,超出一般。卓越教师不仅具备专业实力,而且具有专业示范、引领与传承的专业影响力,卓越教师的成长需要一个长期的实践过程。人才培养质量是决定教师教育品质的关键因素,卓越的小学教师教育,以能够培养优质专业的一流师资为标志。本书在“卓越”教师培养视域下所谈的小学教师的专业素质,是指经过职前的培养具有成为卓越小学教师的潜在素质,具备理想的和现实期待的小学教师素质构成要素。这源于社会对卓越小学教育的期求、对卓越小学教师教育的期求。

“卓越”视域下的小学教师专业素质,应遵循关于教师素质结构研究的观点,基于小学儿童身心发展的特征、小学教育的特性和价值追求、小学教师角色的合理定位,并结合小学教育的实际要求进行合理建构与诠释。

1. 小学儿童的发展特征与教育

小学儿童处于人生发展历程的童年期,其年龄范围是从六七岁到十一二岁,是身心发展速度最快的一段生命历程。他们的生活从以游戏为主导活动转为以学习为主导活动,智慧品质的发展和个性品质的逐步形成共存于小学儿童的精神世界中。表现出以下发展特征。

(1) 小学儿童在认知发展方面具有特定的阶段性特征。

首先,小学儿童对客观事物的认识是感性的、具体的。他们对直观的、富有色彩的事物较容易感知,记忆从无意记忆向有意记忆过渡,并逐渐以有意记忆为主,思维的基本过程日趋完善,并发生着由具体形象思维向抽象逻辑思维发展的质变。但按照皮亚杰的认知发展阶段理论,小学儿童处于具体运算阶段,思维仍然带有很大的具体形象性、自我中心性,逻辑思维能力仍然有局限。他们具有感官的、具体学习的主动性和能力,成人(教师)应运用具体的生动的材料、事例或形象,并运用恰当的策略和方法帮助他们有效地克服自我中心、克服思维能力的局限,"驱动他们的学习",吸引小学生乐学、指导小学生愿学、推动小学生想学,从而提高他们解决问题的能力,帮助他们有效学习并获得学习的持久动力。

其次,小学儿童对客观世界的认识来自自我经验。他们以自身特有的视角、感官所能感受到的体验来感受生活与世界,他们的自我经验来自生活环境和生活境遇。所以,回到儿童所能感受的生活领域之中,是教师沟通儿童的心灵世界和认知世界,引导儿童认知发展的保障。小学教师要能够帮助儿童对于生活世界的问题在科学世界中找到其合理的解释,反之又可将科学世界的理论在儿童的生活世界中找到相应的模型与背景,即小学教师要具备将儿童的生活世界与科学世界双向整合的知识和能力。

最后,小学儿童对客观世界的认识是综合的。由于这一阶段的儿童思维尚未细致分化,所以他们对世界的认识是整体化、生活化的。小学儿童提出的问题来自生活世界,而生活世界是一个综合的整体。按照胡塞尔和哈贝马斯的观点,生活世界是非课题性的、奠基性的、直观的,是人的生命存在的综合世界。因此,基础教育课程改革特别强调小学课程以综合化为主,学科知识的传递以儿童的生活经验为基础。这就要求小学教师必须具备综合性的知识结构。

(2)小学儿童具有独特的精神世界。小学儿童有其独特的看待世界的视角,有基于自我经验的对生活、对他人、对世界的独特的感受、理解和表达,有其独特的精神世界的梦想、愿望和超现实的需要,有丰富易感的情绪和情感,有活跃的内心世界,有鲜活、具体的情感表达方式,有多向的兴趣爱好。他们对周围世界好奇,有许多新奇的看法与美好的憧憬,他们幼稚、天真、烂漫,具有儿童世界的自然性、非理性、情绪性、模仿性和游戏性。小学儿童渴望成人的理解、认同与接纳,需要宽松和情感的支持性环境呵护其快乐健康地发展。所以,需要教师真正地进入到儿童的成长世界中,珍视、保护和顺应儿童的成长天性,发现儿童世界的纯真和美好,而不是立足成人的视界,以成人的意识、思维、眼光来教育儿童,以成人的偏见对儿童成长中的状况做出判断。

(3)小学儿童具有明显的向师性。向师性是指学生对教师无条件地信任和崇敬。小学儿童对教师怀有特殊的信赖感,视教师为自己成长的当然的教导者和指挥者,他们钦佩、敬仰、信赖、爱戴自己的教师,愿意听从教师的教导。学生的这种向师性来源于教师自身的权威以及儿童渴望从作为权威的教师那里得到帮助和支持,因为他们需要某个人认识到他们的独特性,并且尊重和支持它。[①]

① David T, Hansen D T. The call to teach[M]. New York:Teachers College Press, Teachers College, Columbia University, 1995:132.

教师的评价、鼓励和认可至关重要地影响着小学儿童对自身的评价、对美好和幸福的体验。这为小学教师的教育活动提供了有利的条件。

（4）小学儿童是正在发展中的未成熟的个体。相对于成人而言，小学儿童是“未来成人”，是“未成熟的人”，处在身心发展过程中，发展的水平与成人之间存在很大差别，例如儿童的脑结构和机能还不成熟，儿童的思维也不同于成人的思维，具有明显的具体形象性，他们善于模仿，易于接受暗示。由于缺少知识经验，常常会有困惑和不足，不能很好地自助，虽然随着年龄的增长，自助随之增多，但仍需依靠成人教授理事方法。[①] 这种未完成性决定了他们需要科学的合理的保护和教育，更需要来自成人的关心、理解和帮助，特别是需要获得教师的教育和关怀，引导他们养成良好的学习习惯、学习品质和道德品质，形成健康向上的个性品质。同时，他们处于身心发展变化最大的时期，他们有旺盛的生命力，具有主观能动性和巨大的学习潜力，充满了发展的各种可能，可塑性强，是教育的关键时期，更需要来自教师的激发和栽培。小学教育要为儿童的发展和成熟开拓足够的空间，要对他们的未来发展负责。

由此，在小学教育中必然体现为“以小学儿童为本”，充分认识和理解小学儿童的发展特点，尊重小学儿童发展的特殊性，保护小学儿童的学习兴趣和自信心，提供适合的教育以维护和引发他们内在的先天素质与自然的发展，是小学教师的任务，也是小学教师专业性的前提。

2. 小学教育与小学教师对于儿童成长的独特价值

小学教育不同于学前教育和中学教育，作为一个独立的教育阶段，其在促进小学儿童的成长中具有特定的价值。

（1）小学教育的特性：为儿童的终生发展奠基。小学阶段是人的成长历程中最重要的阶段，小学教育是基础教育阶段，与其他学段相区别的主要特性是其基础性、全面性和养成性，一个人在此阶段形成的习惯、品德与个性将会影响其一生，所以，小学教育为人的终生发展奠基。

小学教育是一个孩子成长为一个社会公民的奠基工程。向小学儿童传授一定的知识，培养其基本的读、写、算的能力以及思维能力，提升小学儿童的学习兴趣，指导小学儿童养成良好的学习习惯，是小学教育的任务。不过，不仅如此，就人的发展而言，小学阶段是人的身体素质、行为习惯、道德品质、智慧品质和个性特征形成的最佳时期和关键时期，小学教育的基础性应当超越其基本的意义，“基础”不是升学教育的基础，不仅仅是打好“基础知识”和“基本技能”的基础，为升学做好准备，还是素质教育的基础，为人的终生发展奠定基础，奠定道德品

---

① 埃里克．伯恩．行为的心理[M]．张庆，彭祥鄂，等，译．长沙：湖南人民出版社，1988：66－67.

质、智慧品质、个性品质和身体发展的基础,应面向全体儿童实施全面发展的素质教育。使小学儿童具有良好的身体素质、形成健康愉快的心理状态和个性品质、具有自主能力、具有宽广的认知兴趣和智慧品质,获得终身学习的愿望和能力,懂得关心和分享、团结和合作等,是小学教育的重要使命。为此,小学教育应走向“发展”本位,培养智慧的有自立主动精神的健康个体,使小学儿童全面发展、健康发展、可持续发展。

(2) 小学教育的价值追求:营造发展的快乐体验。教育视野中的小学儿童是一个个发展的、完整的、独特的、主动的、多元的生命个体,有其自身的成长规律,有其独特的感知、思维方式和精神情感。要落实以“学生为本”的基本理念,要以提高人类每一代人的生命和生活质量为使命,顺应儿童的身心发展规律和需要,使儿童获得快乐的体验;小学教师应对儿童的天性和生命情感怀有应有的理解与尊重,还儿童自由、快乐的本性,引导儿童“体验学习的乐趣”,让儿童“拥有快乐的学校生活”。把每一个儿童培养成为一个独特的“人”,具有高尚的精神和丰富的智慧是教育的最终目的。小学教师应把浸润儿童的精神和情感,开启儿童的智慧和潜能,为儿童营造发展的环境和快乐体验作为小学教育的第一要义和价值旨归。为小学儿童营造发展的环境和快乐体验(让儿童快乐成长)的小学教育应当是适合小学儿童的教育。

首先,适合小学儿童的教育,是遵循和符合儿童发展规律的教育。从身体发育来看,就是能适应小学儿童身体成长发育的需要,为儿童身体的健康生长发育提供科学合理的保护和有效条件;从心理发展来看,就是适应儿童心理发展的规律,顺应儿童心理发展的年龄特征,尊重儿童的认知规律,保护儿童的天性,适应与满足儿童的需要,特别是小学儿童自主探究的欲望、自主学习和自我展示的需要,并引导儿童的需要,运用适合小学儿童的方法引发他们学习知识、发展个性,提供适合小学儿童学习与成长方式的教育。

其次,适合小学儿童的教育,是回归小学儿童生活世界的教育。小学儿童的生活世界是具体的、丰富的、生动的,小学教育应当是最具有生命感动和生活气息的领域。回归儿童生活世界的教育,应当是充满生机与乐趣的,是充满生命活力的教育。正如杜威指出的那样:“学校必须呈现现在的生活,即对于儿童说来是真实而生气勃勃的生活。像他们在家庭里、在邻里间、在运动场上所经历的生活那样。”①所以,小学教育应当是基于儿童生活经验的,是愉快和轻松的,“能为儿童提供一个稳定的积极情感支持资源”,“能刺激儿童所有的感觉”,“为儿童

---

① 赵祥麟,王承绪. 杜威教育名篇[M]. 北京:教育科学出版社,2006:4.

的活动提供很多选择的机会"[①]，是儿童乐意积极参与、归属和"在场"的；在这里，教师能够对儿童在生活中的经验、感受和体会感同身受，并能够联系儿童的生活经历和生活体会，通过与儿童平等、真诚而富于爱心的"对话"，让儿童有"自由的生命表现"，享受"生活的乐趣"，在进入生活世界之中体验生活，"在生动中生成，在生成中引导，在引导中感悟"，进而促进儿童对陌生的知识世界与亲切的生活世界的沟通，帮助儿童建构起自我与世界的全面、丰富、生动活泼的意义关联，也获得对知识、对社会以及对自己的主体价值的理解。

最后，适合小学儿童的教育，是尊重与关爱小学儿童精神生命的教育。"教育具有鲜明的生命性，在一定意义上，教育是直面人的生命、通过人的生命，为了人的生命质量的提高而进行的社会活动，是以人为本的社会中最体现生命关怀的一种事业。"[②]尊重与关爱生命、涵养与完善人性是教育的本真诉求，用爱和智慧铸就"尊重"的理性、"关爱"的情感，唤起儿童的学习激情、感化儿童、开启儿童的智慧是教育的至高境界。而传统教育忽视了教育的本真意义，放弃了教育对人的整体精神的培养和对人的素养的提升，丧失了其超越性品格，只注重发展儿童的认知，使教育陷入塑造"知识人"的危机，教师"目中无人"，儿童的成长是无助的、失乐的、沉重的。因此，小学教育应更多地体现教育的本真诉求，在突出儿童作为人存在的意义和价值的前提下，实现教育的良好愿景。

3. 小学教师的角色定位：小学儿童发展的促进者

小学儿童的学习与发展是他们与所处的环境，特别是环境中的教师与同伴互动的结果。而作为具有教育主导作用的小学教师是小学儿童成长中的重要他人。小学教师的角色定位关乎小学教师对小学教育和小学儿童的教育态度，也关乎对小学教师专业品质的认识。小学儿童发展的特殊性及小学教育的性质决定了对小学教师角色的要求。

本书支持当代小学教师集"学生的关怀者""学习的引导者""课程的开发者""教育的研究者""终身的学习者"等角色于一身的观点。但基于对小学儿童以及小学教育的认识，本书将小学教师的角色定位汇聚为——小学教师是小学儿童的教育者，是挖掘与发展儿童生命潜能的教育者，是小学儿童发展的促进者。这一角色定位可以从三个方面来理解：从"经师"与"人师"的角度，小学教师更应该是人师，他的任务是陪伴儿童成长、指引儿童发展、呵护儿童稚嫩的心灵、培养儿童的学习品质、养成儿童的智慧品质、规范儿童的社会行为，为小学儿童创建快乐的学习生活、营造幸福的成长环境，是"关爱和培养好每个孩子"，而

---

① 侯莉敏. 儿童的生活与教育[M]. 北京：教育科学出版社，2009：195－196.

② 叶澜. 教育理论与学校实践[M]. 北京：高等教育出版社，2000：136.

不是“教好每个孩子”，培养积极主动、健康发展的儿童应该是小学教师的主要任务；从“教书”与“育人”的角度，小学教师的重要职责应是育人，是通过某一学科的教学来教育小学儿童，是通过某一学科知识的传承促进儿童的成长与发展，是能够在为儿童提供有趣的知性探究活动中使儿童获得基础知识和基本技能，并在这一过程中培养他们对学习的积极态度、对求知探究的浓厚兴趣和良好的学习习惯，获得良好的思维训练和有益的心智开发，形成正确的价值观，而不仅仅是某一学科教学的教授，育人的成分与比重要远大于教书的成分与比重，所以，能够挖掘知识内容对于儿童成长的教育意义是对小学教师的根本要求，也是小学教育价值和意义的根本所在；从“成人”与“成材”的角度，小学教师最主要的任务是教导小学儿童成人，引导小学儿童的道德、人格和心理健康发展，为儿童的终身发展奠定基础，促进儿童全面和谐地发展，而不是把小学儿童作为某类人才加以培养。

“教育不能允诺一个人一生的幸福与美好，但教育必须要在当下的教育情境中引导儿童去感受、见证、分享人性中的单纯、优美、丰富、高贵与和谐，这是他们见证美好人生的基础。”①而当下能够给予小学儿童的美好和幸福的教育情境，是富有热爱儿童的教育情怀的小学教师营造的，他们应当懂得呵护并引导儿童，尊重并遵循儿童的生命特性，理解儿童的精神世界，关爱儿童的精神成长。因此，小学教师作为小学儿童发展的促进者，“不仅要有能力关怀儿童认知方面的发展，而且要有兴趣和能力关怀儿童的情感、精神生活”②，他们应从仅仅注重知识的传授和对儿童整齐划一的要求中转变，应该更懂得尊重儿童的丰富性和独特性，更具有情感性、亲和力和人文色彩，更善于创设宽容的、支持的、愉悦的环境，给予儿童愉悦的情感体验，能够秉持关爱儿童内在精神生活的教育立场并建立在此基础上的教育关怀。

为完成小学教育的任务，有效地培养小学儿童成长的奠基者、促进者，小学儿童潜能的开发者，就构成了小学教师教育发展的核心，并应以此构筑起小学教师教育的课程。

4. 卓越的小学教师专业素质结构

国内外众多学者在对教师教育及教师专业发展的研究中指出，在培养和甄选教师时，不仅仅只是满足教师从业标准的底线，如持有教师资格证、教师资格考试中成绩合格等，而更需要高素质、高质量的教师，即卓越的教师。尽管教师

---

① 刘铁芳．给教育一点形上的关怀：刘铁芳教育讲演录[M]．上海：华东师范大学出版社，2008：40.

② 朱小蔓．中国教师新百科：小学教育卷[M]．北京：中国大百科全书出版社，2003：4.

都有其个性特征,但是在某种程度上也有共性特质,对高素质教师的研究对教师教育培养阶段来说具有一定的指导意义,也能对教师的专业成长提供一定的经验借鉴。高素质的卓越教师对学生的生命有着积极的影响,教师教育的目标就是培养出高素质的卓越教师,对其专业素质的研究也很有必要。

1987 年,美国国家专业教学标准委员会(National Board for Professional Teaching Standards,NBPTS)成立,其使命是"为称职教师应该了解和能够做到的一切建立高质量的严格标准",实施国家高级教师资格证书(National Board Certificate)计划。在成立后 20 多年的时间里,NBPTS 先后制定了 30 多个不同学科、不同学段的基础教育卓越教师的专业标准,这些专业标准围绕五大核心理念展开:一是卓越教师要对学生的学习及其整个人的发展尽职尽责;二是卓越教师要精通所教学科,并深谙教学法;三是卓越教师要善于引导和管理学生的学习;四是卓越教师要有反思意识,善于从实践中汲取真知;五是卓越教师要使自己成为学习共同体中的一员。[①] 该计划实施以来产生了很多积极的影响,如极大地提高了学生的学业成绩、教师们在教学领域中处于领导地位、增强了教师的教学信心。

对于卓越教师的研究,国内不同的学者从不同角度阐述了他们的界定与理解。

石中英认为,卓越教师心中要有爱、要有较高的专业素养。

祁占勇认为,卓越教师是指能够创新而卓著地开展教育教学活动的优秀教师,其基本素养结构包括教师职业道德、教师专业知识、教师专业能力,其中专业能力在卓越教师成长中具有决定性作用。他认为专业能力成长合理性建构要素应该包括教育教学设计能力、组织与实施能力、激励与评价能力、沟通与合作能力、反思与发展能力、管理与教育活动能力等。[②]

杜伟、任立刚基于四川师范大学"卓越教师培养体制改革试点"项目方案的研究与实践,认为学校培养的师范生应具有以下特征:具有坚定的职业信念,愿意并乐于终身从教;具有高尚的职业道德,有着强烈的教书育人的责任感和使命感,能够成为学生健康成长的指导者和引路人;具有精深的专业知识,牢固掌握特定学科的专门知识,并根据教育工作需要掌握一定其他学科的专业知识;具有突出的专业素养,既包括学科专业素养,也包括教育教学的素养;具有扎实的专业能力,既包括特定学科的专业能力,又包括从事教育工作的特殊能力;具有较

---

① 史宁中,马云鹏.中学教师培养质量:标准、现状与对策[M].长春:东北师范大学出版社,2008:110.

② 祁占勇.卓越教师专业能力成长的合理性建构[J].当代教师教育,2014,7(3):42-47.

强的创新精神，能够及时发现、分析、解决教育工作所存在的问题，促进教育事业的健康发展；具有可持续的发展能力，既能在大学毕业之后较快地适应教育工作，又能在终身专业发展中具有良好的潜质，通过后续培养能较快成长为中小学学科带头人和骨干教师。①

刘湘溶认为卓越教师正是那种不断追求优秀，在内心之中去追求好的教育的教师，即内心怀有崇高的教育理想，并不断地付诸行动的教师。概括他们的特征，包括如下四个方面：具有包容进取的教师德性，具有为教师文化所浸染的胸怀教育、坚持理想、从容淡定的教师气质，具有广博的知识素养和深厚的文化涵养，具有过硬的教育实践能力。②

刘径言指出卓越的教师之所以卓越的原因并不仅在于其专业知识或教学能力方面突出，而在于其整体性的发展，卓越教师拥有追求卓越的精神，不甘于现状、超越自我、尝试创新，具有积极、明确的专业情感和态度，卓越教师是教学专家，更是教育理论家和实践家，不但善用经验，而且践行信念，树立卓越的人才观和教学观，具有完善的知识机构，随着课程改革的深入、教育事业对教育家型、卓越型教师的需求越来越强烈。卓越教师表现出突出的综合素质，其专业成长的个人特征集中表现为具有追求卓越的信念、教学追求来自内心的兴趣、具有知识管理的能力以及反思能力。③

张桂从哲学的角度阐述卓越的性质和特征，认为教师的卓越特质是在教育实践活动中展现出来的，教育实践的特征决定了教师卓越性的特征。卓越教师具有两个本质特征，一是卓越教师是一个追求人格健全与完善、具有自我超越精神的人，这是卓越教师最为内在的规定性；二是卓越教师能够演化一种“生生之意”的教育，使学生能够感受、收获生命的智慧、丰满与美丽。从人格结构的角度来说，卓越教师具有责任意识、创新精神、国际视野、审美情怀与实践能力五种人格素养的基本特征，卓越教师的人格结构是德、智、乐、能的综合。卓越是指一种在深沉、伟大的教育人格基础上呈现出来的精神品质、风格与能力，所有的教育素养在卓越教师身上都体现为一个有生命力的教育整体，这个教育整体在教师的言说、行动中不同凡响、熠熠生辉。④

综上，不难发现，尽管学者们对卓越教师的理解和阐述方式存在差别，但其中存在着一些共同的东西，即卓越教师应该有崇高的职业道德、关爱学生；有深

---

① 杜伟，任立刚．开展卓越教师培养的探索与思考[J]．中国高等教育，2011(13，14)：73－74.

② 刘湘溶．高师院校卓越教师培养模式创新的探索与实践[J]．湛江师范学院学报，2012，33(1)：8－11.

③ 刘径言．卓越教师的专业成长特征及职前教育策略[J]．现代中小学教育，2013(7)：55－57.

④ 张桂．卓越教师培养的目标取向与价值内涵[J]．教师教育学报，2015(6)：19－26.

厚的文化知识基础和广博的知识素养;有较强的教学能力和管理教育教学的能力;有不断自主学习的意识和反思能力,以及可持续发展的终身学习意愿与行动。

本书根据上述关于卓越教师专业素质的论述,基于小学儿童身心发展的特征、小学教育与小学教师之于儿童成长的独特价值,以及小学教师的角色定位等对小学教师专业素质的诉求,依据我国 2012 年颁布的《小学教师专业标准(试行)》,参照该标准的专业理念与师德、专业知识、专业能力三个维度,构建卓越的小学教师专业素质结构,并对其进行要素诠释。如表 2 - 1:

表 2 - 1　小学教师专业素质结构

素质结构	核心要素	要素诠释
专业精神	1. 专业情操	对教育、教学、儿童的理性信念与情感倾向。遵守教师专业伦理和法律规范,关心教育发展,具有教育的责任和担当精神
	2. 专业理想	对教育和自身发展的愿景、期待和价值取向。具体表现为事业心、责任心和积极性,敬业、乐业,具有职业理想和专业成长规划。决定着教师对工作的投入程度
	3. 专业情意	对教育教学工作和儿童的情感投入。表现为对教育工作的热忱和对儿童的热爱、理解和接纳,以及由此产生的愉悦和幸福
	4. 专业心性	适合做好小学教育工作的个性品质(人格特质)。表现为具有爱的品质、内心的灵动、交流的意愿以及童心、耐心、细心,具有进取心、自信心、关怀、热忱、同理心、宽容愉悦、善良平和、客观公正、阳光友善的心态等内在的人格品质
	5. 专业自我	对小学教师工作的认同、接纳和肯定。表现为具有自我价值感和积极的自我成长的愿望与需求。能够积极参与教学研究、进修和研习,具有持续进行专业发展的动力和行动

素质结构	核心要素	要素诠释
专业知识	1. 小学生发展的知识	了解小学儿童的身心发展特点和学习特点;了解儿童生存、发展和保护的有关法律法规和政策,掌握教育、帮助和指导小学儿童的方法
	2. 学科专业知识	掌握所教学科的专门知识,能把握其知识体系、基本思想与方法,了解所教学科与其他学科之间的联系以及与社会实践的联系。这是衡量“教师学科专业度”的知识(Content Knowledge,CK)
	3. 教育教学知识	掌握教育规律;掌握学生“学”的基本理论和教师“教”的基本理论,具有教学法知识(Pedagogical Knowledge,PK);熟悉所教学科的课程标准和教学知识,特别强调在一般教育学知识和教学法知识基础上具有学科教学法知识(Pedagogical Content Knowledge,PCK)
	4. 通识性知识	具有人文科学和社会科学等综合的知识储备,具有相应的艺术欣赏和表现的知识,以及适应教育需要的现代化信息技术与资讯的知识
	5. 实践性知识	具有基于实践经验的个人化的对教育、教学、儿童的认识和经验策略
专业能力	1. 语言表达能力	具有流畅的、逻辑的、生动的语言表达能力
	2. 沟通与合作的能力	具有尊重、信任、倾听的品质,善于与不同性情、不同意愿、不同经验和不同背景的学生、家长及同事沟通和合作,能够建立良好的合作伙伴关系
	3. 管理领导(班级管理)能力	具有领导能力,具有组织活动、教学和班级管理的能力;能够建立有助于学习的班级常规和教室环境,恰当处理班级事件
	4. 教育教学设计能力	能够根据教学资源、教学内容和学生的特点、基础与需求科学设计教学方案

续表

素质结构	核心要素	要素诠释
专业能力	5. 教学组织、实施与调控能力	能够创设适宜、安全与健康的支持性的教学情境，有效地组织、实施与调控教学；能够统整知识概念与生活经验，活化教学内容，并能够根据实际情况生成课程；能够运用适切的教学策略帮助学生学习；能够运用多元教学媒体与资源辅助教学
	6. 激励与评价的能力	能够灵活使用多元评价方法，对儿童进行恰当的评价、激励与指导，满足不同类型儿童的学习需求与心理需求，为不同儿童提供必要的支持
	7. 教学反思能力	具有对教育现象、教育实践和自我的省思与批判的习惯、方法和能力
	8. 教育科研能力	具有基于情境的和基于实践的研究能力，不断地超越简单的模式和现有水平

专业精神是教师应当具有的精神品质和师德风范。就小学教师的专业精神而言，专业情操是保障，专业理想是动力，专业情意和专业心性是基础，专业自我是灵魂。对小学教育事业和儿童的理性认知和热爱、积极向上的人生态度、强烈的责任感、甘于平凡的奉献精神和良好的专业心性是小学教师最重要的专业精神品质。

就专业知能结构而言，小学教师应具有反思型教师的知能素质，即具有建立在大量的扎实广博的知识基础上的综合的知能结构，其中包括关于文化基础知识、教学内容的知识、教育理论的知识与教学法的知识、关于学生的知识，以及技术性的知识和教师的实践知识等，在此基础上，能够对当下的情境做出合理的、适时的判断和决策，有效地完成教育教学任务，这是最重要的知能品质。

卓越的小学教师应是富有教育爱的人师，具有专业实力的经师，并具有教育智慧和执行力的良师。

（四）基于“儿童发展”的卓越小学教师专业特质分析

小学儿童成长发展的特点以及小学教育的特殊性，决定了小学教师在教育使命、教育内容和精神风貌等与其他学段教师的本质区别。小学教师的专业特质是指在教师一般的专业素质的基础上凝聚升华成的小学教师个体或群体突出的特殊的专业品质。它是小学教师通过专业教育，在实践过程中，经过不断的反思和探索而获得的内隐的或外显的与教师的职业理想、信仰、知识、能力和行为密切相关的独特的品质，是将小学教师专业与其他(教师)专业区别开来的核心品质，体现出小学教师的不可替代性。

具有何种专业特质的小学教师才能促进儿童的发展？这里立足小学儿童发展，立足“小学教师作为小学儿童发展的促进者”的角色定位，探讨小学教师作为“教育者”应具有成为“小学生健康成长的指导者和引路人”的特有的心性、品质和行为，从走向儿童成长的角度审视、分析卓越小学教师的专业精神特质、智慧特质和行为特质。

1. 专业精神特质

这里所指的小学教师的精神特质是指小学教师群体突出的情操、德性、气质、性格或指导信念，既是内隐的，又是外显的。小学教师的专业精神特质主要表现为以下几个方面。

(1) 执着的敬业精神。“敬业精神是教师对自己从事专业工作发自内心的体认和尊敬。有敬业精神的教师是有成就感，有强烈责任心的人。”[①]小学教师的“敬业精神”具体表现为：一是认同小学教师职业，“理解小学教育工作的意义，热爱小学教育事业”，“具有职业理想”；二是“认同小学教师的专业性和独特性”，乐于做“启蒙者”，看重自己作为“儿童发展的促进者”和“激发儿童生命潜能的人”的重要角色定位，由此表现为对小学教育事业的由衷热爱和专心致志，进而能够超越狭隘功利的追求，对教育和儿童抱有美好的憧憬，认可小学教育“是一个既需要接受智力挑战，也需要接受感情挑战的领域；是一个必须面对外界，但首先必须面对自己，冲破卑微感、建立自尊心与自信心的领域”[②]，在精神价值领域找到职业的兴奋点；三是“注重自身专业发展”，在不断地学习、实践、反思和创新中体验到小学教育的满足感、幸福感和自我价值的实现感，由此善于在与儿童的交往中、为事业的奉献中体会生命的饱满和丰盈。这种热爱事业的精神品质，可以在很高的程度上维持教师对于知识和智慧的追求，并促进教师不断加深对教育的认识和整体把握。

(2) 由衷地热爱小学儿童。爱与关心是教育者最基本的素养。小学教师应具有以“爱心”为内核的教育情怀，成为儿童精神发展的关爱者。

首先，对儿童有亲近感。“从伦理的角度看，教育者际遇学生，不是作为具体化的角色和次要的范畴，而是作为人类的伙伴，需要基于友爱来接受他，而不

---

① 史宁中，马云鹏．中学教师培养质量：标准、现状与对策[M]．长春：东北师范大学出版社，2008：110.

② 朱小蔓．中国教师新百科：小学教育卷[M]．北京：中国大百科全书出版社，2003：6.

仅仅是基于平等。”[①]小学教师应将儿童作为特殊的合作伙伴，悦纳、友爱、亲近儿童，与他们平等交流，满足他们对教师的依恋心理，以及对关怀和爱抚的渴望，特别是对教师的亲近和信任的渴望，使儿童获得心理安全感，给予儿童成长的生命能量，使他们能够自由地思维、自由地表达、自由地塑造和实现自我，特别是培养儿童对他人的同情、亲近、信任、友好、真诚、宽容等感情，促进儿童良好的情感和性格形成，培养他们基础性的道德品质，使小学儿童具有良好的起点和基础。

其次，理解和尊重儿童。随着儿童年龄的增长，他们的自主意识和独立意识逐渐增强，他们更渴望教师的理解、同情和尊重。教师对学生的爱，表现为遵循儿童身心发展的特点，善于倾听儿童、体察儿童和关爱儿童，了解他们不同于成人的感受、个性、需求和愿望，尊重儿童的多元理解，珍惜儿童的个性化体验和情趣，能够精心呵护、积极引导、循循善诱，与儿童有心灵的共鸣，并以理解、平等与宽容的姿态接纳儿童的差异、独特甚至局限，鼓励与支持他们健康快乐地学习和成长。

再次，对儿童充满期待。这是师爱的最高层次。教师要相信儿童，相信儿童天性中主动学习的愿望，相信儿童积极向善的品性，相信儿童无拘无束的想象力、创造力和智慧，认可儿童阶段特有的内在发展的力量和发展的可能。要对儿童暗含期待，善于等待，这种期待通过教师的各种暗示方式，有意无意地流露出来，传递出自己对学生的爱意、信赖、鼓励和期望。这种深沉的情感，是通往儿童心灵世界的桥梁，会诱发儿童积极向上的激情，并对小学儿童的智力、学业、品德和个性的发展产生积极的影响，使儿童自信、安然，实现最大限度的成长和发展。这种教育效应，早已被教育实践检验而为教育理论界所认可。

最后，向儿童学习，与儿童“共在”。“向孩子学习，两代人共同成长”在今天应是大力倡导的教育观念。成人已不再是绝对的权威，儿童有许多地方值得成人学习。“信息化社会决定了两代人的双向社会化，成人‘化’孩子，孩子也‘化’成人。”[②]这也是美国著名人类社会学家米德(Mead)所说的“后喻文化”，即长辈反过来向晚辈学习。教师要懂得并努力实践这种符合新的文化现象的教育模式，即对话式、交互式、融合式的教育模式，因此教师与儿童之间应是平等、对话、相互尊重、相互欣赏和相互学习的。所以，由衷地热爱儿童，还表现为小学教师应持有向小学儿童学习的态度，学习小学儿童的淳朴、清新、好奇、有梦想的天性，学习小学儿童乐于接受新鲜事物、勇于批判和创造的精神和行动力，在掌握儿童成长的特性及普遍规律的前提下，与儿童“共在”，成为儿童成长的支持者

---

① 威廉·F. 派纳. 理解课程：上册[M]. 张华，译. 北京：教育科学出版社，2003：438.

② 孙云晓. 向孩子学习[M]. 昆明：晨光出版社，1998：200.

和合作者,学会欣赏儿童的成长,支持儿童的成长,与儿童共同成长。

(3)童心不泯。童心应是小学教师的性格特质。有童心的教师具有儿童的心态,懂得用儿童的眼睛看世界,对于儿童的内心世界有深入的了解和深刻的体验,理解并掌握儿童的思维方式和表达方式、儿童的内心情绪体验和行为方式,能够感受儿童内心的冷暖。在教育情境中,能保持像儿童一样天真无邪的纯真之心,拥有儿童式的好奇、天真与敏感,保有儿童般的生动、朝气与愉悦,发现并能与儿童共同享受儿童的快乐与忧愁。小学教师的童心使其能排除成人的"自我中心",进入儿童的角色,但其间却沉积着教师作为教育者应有的教育理性,是教师的教育理性与儿童般的表达方式的结合,这种结合使小学教师的教育更加具有吸引力、感染力和效力。

2. 专业智慧特质

这里主要借鉴了田慧生研究员关于教育智慧的内涵和结构的界定,以此为基础分析小学教师的智慧特质。小学教师的智慧特质是指小学教师在应对不确定的复杂的教育情境和儿童丰富的心灵世界时,表现出具有专业个性的"对于教育教学工作的规律性把握,创造性驾驭和深刻洞悉、敏锐反应以及灵活机智应对的综合能力","是良好教育的一种内在品质"[①]。由于小学教师的教育智慧是指向实践的,是在综合的专业知识和全面的专业能力的基础之上,在教育实践活动中表现出理智的、睿智的、合乎情理的选择与判断,是教育的感性与理性、知性与悟性的统一。在小学教育实践中,这种超越知识与能力的教育智慧是小学教师应当具有的教育境界。这种专业品质对于儿童成长的作用主要表现如下。

(1)以综合性的专业知识为基础的知性智慧。知识是智慧的基础,"知性智慧是对教育的知觉把握、整体感知"[②]。小学教师应具有对小学教育、对小学儿童的知觉把握和整体感知的知性智慧,这种知性智慧的基础是综合性的知识结构。小学教师要掌握所教学科知识,要适应小学综合性教学的要求,了解多学科知识及其之间的联系,要掌握所教学科的知识体系、基本思想与方法;具有教育教学知识,掌握小学教育教学基本理论,掌握小学生品行养成的特点和规律,掌握不同年龄段小学生的认知规律,掌握所教学科的课程标准和教学知识;具有通识性知识,特别应当具有相应的自然科学和人文社会科学知识等综合的知识储备,具有相应的艺术欣赏与表现知识,具有适应教育需要的现代化信息技术知识;等等。小学教师应具有的各类知识应相互融合,以娴熟为基础,整合于对具

---

① 迈·凯梅·普林格尔. 儿童的需要[M]. 禹春云,段虹,张思前,译. 北京:春秋出版社,1989:24.

② 田慧生. 时代呼唤教育智慧及智慧型教师[J]. 教育研究,2005(2):50-57.

体问题的有效解决中，表现为对教育教学行为的策略理性认识，能够巧妙地转化整合儿童的生活世界和科学世界的灵活的教育教学实践样式，及具有专业个性与魅力的思维范式和教育教学灵感，提升为对教育对儿童具有前瞻性的教育理论视野和实践操作的科学把握与整体感知。

（2）以换位思维为特征的理性智慧。“教育的智慧性是一种以儿童为指向的多方面的、复杂的关心品质。”[①]小学教师对小学儿童倾注的关爱，应是融入以换位思维为特征的理性智慧中的关心品质。理性智慧是基于理论思考、规律认识的智慧。[②] 小学教师要有以换位思维为特征的理性智慧，即能够在对小学儿童的认知、情感、个性以及对教育教学内容等理解和认识的基础上，通过理性移情站在小学儿童的立场上理解他们的生活和情感需要，感受儿童的内心想法，体验和认同儿童的思维特征、思想方式、行为逻辑和特殊表达，特别是能够在教学活动中将教师个人的成人化的抽象思维逻辑倒转回展开性的儿童的思维模式，并能够交替站在成人的理性立场和儿童的思考立场，以对教育教学的理性思考和规律认识，以小学儿童的视角和可接受的方式和方法设计教学，便于具有直观形象思维方式的小学儿童接受与理解，并发掘儿童的内在潜力，引导儿童的成长和需要，从而体现出成熟的教育理性智慧。

（3）以激发儿童的学习热情为核心的情感智慧。我国明朝学者王守仁说：“令教童子，必使其趋向鼓舞，心中喜悦，则其进自不能已。譬之时雨春风，沾被卉木，莫不萌动发越，自然日长月化；若冰霜剥落，则生意萧肃，日就枯槁矣。”[③]第斯多惠（F. A. W. Diesterweg）也曾说过，教学的艺术不在于传授的本领，而在于激励、欢欣和鼓舞。小学儿童由于情感的易感性，特别需要小学教师具有以激发儿童的学习热情为核心的情感智慧，即通过对自己、对学生、对文本情感的有效调控与表达，以生气勃勃的精神，抑扬有致的情绪，贴切生动的传情达意，理智地唤起学生的情感愉悦和美的体验，使具有不同认知水平、能力和个性的儿童都能够体验到快乐和成功，激起他们强烈的求知兴趣和欲望，使他们充满自信和热情，使师生之间有心灵的交流和融合。这种特殊的关于小学教师的情感与智慧融合的特质，应当是合乎教育情境的要求、合乎小学儿童的需求、合乎教师的情感规则的品质和境界。

（4）以创设精彩的学习情境为重心的实践智慧。师生关系要平等、关爱和

---

① 马克斯·范梅南. 教学机智：教育智慧的意蕴[M]. 李树英，译. 北京：教育科学出版社，2001：12.

② 田慧生. 时代呼唤教育智慧及智慧型教师[J]. 教育研究，2005(2)：50－57.

③ 孟宪承. 中国古代教育史资料[M]. 北京：人民教育出版社，1961：380.

尊重,应在这种关系中创生"精彩观念",而"精彩观念的诞生需要教师愿意接受儿童观念的姿态,并向儿童提供隐含着精彩观念的教育情境"①。这需要教师的实践智慧,需要教师在日常的教育教学过程中,能够根据儿童的发展和表现特点,将教育内容贴近儿童的日常现实生活,为儿童创设适切的学习情境,这种情境要能够引起儿童的好奇心,建立与儿童经验到的事物的联系,要有利于将学科知识的"学术形态"在多姿多彩的生活氛围和富有创意的具体情境中转化为小学儿童易于接受和理解的"教育形态"的知识,引发儿童的探究愿望,促进儿童主动地建构知识。

(5) 以即席创作能力为表征的教育机智。教育教学过程具有偶然性和情境性,教师从理论中学到的规律、策略和操作方法,"在具体的课堂教学的复杂性面前,可能捉襟见肘","它要求我们有能力按照独特性予以解决"②。这需要教师具有教育机智,要能够"在具体的教学中善于根据特定的教学内容、学生的即时性反应而做出机智的处理"③。这种在教育情境中对教育教学的即席创作就是教师的教育机智。特别是由于小学儿童是具有主观能动性的活生生的人,他们好奇好动,尤其需要小学教师能够有效把握教育规律和教育情境,充满对教育、对儿童的人文情怀,"根据小学生的反应及时调整教学活动","妥善应对突发事件",创造生动活泼的灵活的行动方案,在教育教学中表现出高水平的具有变通性和适应性的即席创作的能力。

综上,将教师的基本的教育知识与教育能力转化为教育智慧应当成为教师发展与成长的最高境界,而这种转化是在教育实践的过程中完成的。

3. 专业行为特质

小学教师的行为特质,是小学教师的精神特质和智慧特质表现在可以直接被人观察到的外显行为上的品质。由于儿童的一切活动都维系于情感,所以"小学教师特别需要用目光、笑容、肤触及各种体态语言向儿童传递爱的信息,使小学生建立对学校及老师的依恋、信任关系"④。为此,小学教师要有热情的态度,恰当的表情,生动的语言,抑扬的声调,亲切的举止,洋溢感染儿童快乐学习、幸福成长的欢悦激情和生机勃发的精神光彩,具有活跃教育教学气氛、进行形象生动的示范表演的行为能力,具有"持续激励和帮助每一位儿童学习的亲

---

① 向晶. 学生幸福研究[D]. 上海:华东师范大学,2010.

② 大卫·杰弗里·史密斯. 全球化与后现代教育学[M]. 郭洋生,译. 北京:教育科学出版社,2000:275.

③ 么加利. 反思与超越:走向复杂的西方教育变革[M]. 济南:山东教育出版社,2011:252.

④ 王智秋. 基于教师专业标准的小学教师职前培养[J]. 中国教育学刊,2012(12):72-76.

和力”①,言行举止更具情感性、人文性和交融性,更阳光,更喜乐,更朝气,更亲和,把富有感染力的能量传递给小学儿童,其核心是基于儿童的立场,使用符合小学儿童特点的语言和行为与儿童进行有效沟通和交往,使小学儿童获得学习和生活的正能量。

二、小学教师专业素质发展现状分析

明确小学教师的专业素质是小学教师教育课程设置的核心命题。课程设置应当从基础教育的要求和小学教师专业素质的现状出发,明晰小学教师专业素质发展的影响因素,沟通职前与职后,满足小学教师职前与职后发展的一体化需要。关于小学教师素质的发展现状,这里以小学教师专业化发展为背景,采用问卷调查法,通过对 H 市小学教师素质现状的调查(2013 年),试图了解当前小学教师专业素质在应然状态下的发展状况,明确贴合现实小学教育发展需要的小学教师专业素质及影响因素,进一步为小学教师教育的课程设置提供立足点和现实依据,反思并架构有利于小学教师专业素质发展的职前课程设置,以使职前的预备性教育为职后的发展性教育奠定有力的基础。

(一)小学教师专业素质现状问卷调查的设计思路

1. 研究对象

本研究调查对象的样本来自 H 市 5 所具有代表性小学的教师(被试)共 316 人,涵盖了任教小学的语文、数学、英语、综合、科学、健康、地方、音乐、美术、品德、体育、写字、校本等几乎所有课程的任教教师。

调查对象的基本信息如表 2 - 2。

2. 研究工具

本调查采用自编小学教师素质调查问卷。问卷设计了 55 个问题。其中,1—48 题为单项选择题,49—55 题为排序题或多项选择题。

3. 研究设计

本研究综合了国内外学者关于教师素质结构分析的研究结果,参见我国颁布的《小学教师专业标准(试行)》,结合本研究关于小学教师素质结构的建构,并从教师专业素质的静态的横向结构和动态的发展过程,围绕小学教师作为专

① 佐藤学. 课程与教师[M]. 钟启泉,译. 北京:教育科学出版社,2003:6.

表 2-2　调查对象的基本信息

题目	选项	人数	题目	选项	人数	题目	选项	人数
性别	男	46	职称	小学一级及以下	7	教龄	2 年以内	11
	女	266					2～5年	25
信息缺失		4		小学一级	99		6～10年	61
班主任	是	149		小学高级	191		11～20	135
	否	157		特高	9		20 年以上	79
信息缺失		10	信息缺失		10	信息缺失		5
最后学历	大专及以下	40	是否担任行政职务	是	18			
	本科	265		否	282			
	研究生	6	信息缺失		16			
信息缺失		5						

业人员这一点将问卷设置为四个维度，分别为专业精神、专业知识、专业能力和专业发展。每个维度细化出两到六个具体指标，每个指标细化出三到五个具体问题。具体的转化环节为：研究问题—分类维度—具体指标—问卷问题。

（1）研究问题。小学教师专业素质现状。

（2）分类维度。专业精神、专业知识、专业能力、专业发展。

（3）具体指标。专业精神涉及职业认同、职业体验、职业态度、个人品行（职业心性）等 4 个具体指标；专业知识涉及学科知识、教育心理学知识、关于学生的知识、学科教学法的知识、通识性知识以及与课程改革相关的一系列文件知识等 6 个具体指标；专业能力涉及教育教学能力、教育科研能力、组织管理能力、教学反思能力、沟通交流能力等 5 个具体指标；专业发展包括专业发展意识和专业发展途径 2 个具体指标。

（4）问卷问题。为测定已经确定的指标，通过梳理先前的开放式问卷，按照开放式答案的出现次数、教师素质行为表现的典型性程度及本问卷构想维度的需要，进行题目选取，编制了直接与间接的“事实问题”与“态度问题”共计 57 个问题。其中，单选题 48 个，供选答案为非常符合、基本符合、一般、不太符合、很不符合五个等级，要求被试从中选择一个答案。排序题 6 个，要求被试在每道题目6个可供排序的备选答案中限选3个排序。开放式问题3个，涉及让被试列举除了问卷中涉及的教师的专业精神、专业知识结构和能力结构之外的相关内容。

4. 统计流程

问卷中的选择题采用李克特5点计分作答，非常符合、基本符合、一般、不太符合和很不符合分别计1到5分，问卷得分越低则代表教师素质越好。为确定教师素质问卷结构，本研究将样本按被试编号随机分为两半，两半数据在总人数和各人口学变量方面基本保持同质。其中，第一半数据用于进行区分度分析与探索性因素分析，第二半数据用于进行验证性因素分析。如能确定问卷的两部分数据的结构一致，将使用全部数据计算结构确定的各因子的因子分及总分，进行各人口学变量差异比较及各因子得分差异比较，分析小学教师素质现状。

在第一半数据中，首先区分度分析删除校正后题总相关低于0.3的9个题目。其后探索性因素分析删除7个题目，删除原因有单一因子包含过少（少于2个）题目，单一题目在多个因子上有高负荷或在所有因子均低负荷等。剩余34个题目的KMO值为0.871，Bartlett球形度检验结果显著，表明适宜进行探索性因素分析。34个题目提取的公因子方差均在0.48以上。使用主成分分析，经极大方差旋转，共提取特征根大于1的因子7个，方差累积解释率68.354%，涵盖了所欲测量的教师素质的内容。依据每个因子包括的题目，7个因子被命名，分别是F1专业精神、F2专业知识、F3教育教学能力、F4同行互动能力、F5沟通交流能力、F6教学反思能力、F7自主发展意识。第二半数据的验证性因子分析拟合结果表明，$\chi^2/df = 1.699$，远小于5，$CFI = 0.888$，$TLI = 0.876$，均接近0.9，$RMSEA = 0.067$，小于0.08，$SRMR = 0.072$，接近0。各拟合指数均可接受。此外，各题目在相应因子的负荷均显著，各题目得分变异被各自潜在因子解释的平方复相关系数均大于0.3，也说明模型的拟合较好。7因子模型结构得到验证。全问卷的克伦巴赫系数α为0.95。

为检验问卷的效标效度，本研究以教师是否获得市级以上奖励为外部效标，以教师素质总分为预测源，建立以教师素质总分为自变量，是否获奖为因变量的logistic回归方程。结果表明，教师素质总分预测教师是否获奖的回归系数显著（$B = 0.019, p < 0.05$）。$Exp(B) = 1.019$，表明教师素质每增加1分，高分组不获奖与获奖之比是低分组不获奖与获奖之比的1.019倍。作为测量教师素质的研究工具，本问卷具备效标效度。同时，依据ROC提供的各分数对应的灵敏度与1－特异度的值，将灵敏度与特异度之和最大（为1.14）对应的61.5分，作为诊断标准，即，如果某教师在教师素质问卷上得分小于61.5分，即可推断该教师获奖概率会较高，或被归于高素质教师。

总之，经过区分度分析—探索性因素分析—因子命名—验证性因素分析—效标效度分析—确定诊断标准的统计流程，进行小学教师素质现状分析。

（二）小学教师专业素质发展现状

1. 小学教师素质 7 个因子在各人口学变量上的差异检验

用独立样本 t 检验考查教师性别、是否担任班主任以及是否担任行政职务在各因子上是否有差异。用单因素方差分析检验教龄、学历以及职称的不同在各类因子上是否有差异。

（1）教师性别的差异检验。独立样本 t 检验结果表明，教师性别在 F5 沟通交流能力方面差异显著（$t=2.21, p<0.05$），女教师沟通交流能力（$M=6.65$）显著好于男教师（$M=7.77$）。在其他因子上无显著差异。

（2）是否担任班主任的差异检验。独立样本 t 检验结果表明，是否担任班主任在 F1 专业精神方面差异显著（$t=2.14, p<0.05$），非班主任专业精神水平（$M=10.41$）显著高于班主任（$M=11.49$）。是否担任班主任在 F5 沟通交流能力方面差异显著（$t=-8.40, p<0.01$），班主任沟通交流能力（$M=5.45$）显著高于非班主任（$M=8.21$）。在其他因子上无显著差异。

（3）是否担任行政职务的差异检验。独立样本 t 检验结果表明，是否担任行政职务在教师素质各维度均无差异。

（4）教龄在教师素质各维度的差异检验（如表 2－3）。

表 2－3　教龄在教师素质各维度的均值

教龄	F1 专业精神	F2 专业知识	F3 教育教学能力	F4 同行互动能力	F5 沟通交流能力	F6 教学反思能力	F7 自主发展意识	教师素质总分
2 年以内	9.55	11.00	7.30	6.00	7.70	6.50	7.80	56.20
2～5 年	10.92	11.72	6.83	5.74	6.32	5.90	7.00	55.27
6～10 年	11.22	11.61	6.86	6.16	6.74	6.00	6.67	55.64
11～20 年	11.36	12.22	7.17	7.09	7.07	6.38	6.85	58.28
20 年以上	10.12	10.71	6.72	6.37	6.45	5.70	6.29	51.62

单因素方差分析结果表明，教龄在教师素质各维度上均无显著差异。但就教龄各水平的平均数排序作分析，情况如下：

在专业精神维度，教龄在 2 年以内的发展水平最好，其次是教龄在 20 年以上的、2～5年的、6～10年的，最差的是教龄在11～20年的；

在专业知识维度，教龄在20年以上的发展水平最好，其次是教龄在2年以内的、6～10年的、2～5年的，最差的是教龄在11～20年的；

在教育教学能力维度，教龄在20年以上的发展水平最好，其次是教龄在2～5年的、6～10年的、11～20年的，最差的是教龄在2年以内的；

在同行互动能力维度，教龄在2～5年的发展水平最好，其次是教龄在2年以内的、6～10年教龄的、20年以上的，最差的是教龄在11～20年的；

在沟通交流能力维度，教龄在2～5年的发展水平最好，其次是教龄在20年以上的、6～10年的、11～20年的，最差的是教龄在2年以内的；

在教学反思能力维度，教龄在20年以上的发展水平最好，其次是教龄在2～5年的、6～10年的、11～20年的，最差的是教龄在2年以内的；

在自主发展意识维度，教龄在20年以上的发展水平最好，其次是教龄在6～10年的、11～20年教龄的、2～5年的，最低水平的是教龄在2年以内的；

在教师素质总分上，教龄在20年以上的为最好，其次是教龄在2～5年的、6～10年的、2年以内的，最差的是教龄在11～20年的。

（5）学历在教师素质各维度的差异检验（如表2－4）。

表2－4　学历在教师素质各维度的均值

学历	F1 专业精神	F2 专业知识	F3 教育教学能力	F4 同行互动能力	F5 沟通交流能力	F6 教学反思能力	F7 自主发展意识	教师素质总分
研究生	8.67	9.17	5.33	5.17	5.83	4.50	5.67	44.33
本科	11.07	11.83	7.03	6.65	6.75	6.13	6.76	56.61
大专及以下	10.33	10.94	6.90	6.37	7.47	6.13	6.65	52.62

单因素方差分析结果表明，学历层次在教育教学能力方面差异显著，SNK事后检验结果表明，中专学历层次教师的教育教学能力显著低于其他学历。就学历在其他无显著差异的各维度的平均数排序作分析，情况如下：

在专业精神维度，研究生发展水平最高，其次为中专和大专，最差为本科。

在专业知识维度，研究生发展水平最高，其次为大专、本科，最差为中专。

在教育教学能力维度，研究生发展水平最高，其次为大专、本科，最差为中专。排序与专业知识维度相同。

在同行互动能力维度，研究生发展水平最高，其次为中专和大专，最差为本科。排序与专业精神维度相同。

在沟通交流能力维度，研究生发展水平最好，其次是本科和大专，最差为中专。

在教学反思能力维度上,研究生发展水平最高,其次为大专和本科,最差为中专。

在自主发展意识维度,研究生发展水平最好,其次是大专和本科,最差为中专。

在教师素质总分上,研究生发展水平最高,其次为中专和大专,最差为本科。这与理论及理想状态下的关于教师的素质应当随着学历层次的提高而提高的构想有差异,这可能与样本的数量分布有关,但还是引起我们关注小学教师无论是职前还是职后接受的本科教育,即本科教育的职前培养和职后培训都有待进一步研究其针对性和有效性。

(6) 职称在教师素质各维度的差异检验(如表 2 –5)。

表 2 –5　职称在教师素质各维度的均值

职称	F1 专业精神	F2 专业知识	F3 教育教学能力	F4 同行互动能力	F5 沟通交流能力	F6 教学反思能力	F7 自主发展意识	教师素质总分
小二及以下	9.57	13.00	7.14	7.57	9.43	7.00	6.71	60.43
小一	10.94	11.43	7.22	6.23	7.021	6.05	6.56	56.28
小高	10.96	11.78	6.89	6.79	6.69	6.14	6.77	55.72
特高	11.25	9.75	6.33	6.13	5.38	5.11	6.44	50.25

单因素方差分析结果表明,职称各水平在教师素质各维度及总分上均无显著差异。现就职称各水平的平均数排序作分析,情况如下:

在专业精神维度,小二及以下职称发展水平最好,特高最差。

在专业知识维度,特高发展水平最好,小二及以下最差。

在教育教学能力维度,特高和小高较好,低职称教师较差。

在同行互动能力维度,特高发展较好,小二及以下发展较差。

在沟通交流能力维度,特高发展较好,小二及以下较差。

在教学反思能力维度,特高发展较好,小二及以下较差。

在自主发展意识维度,特高发展也较好,小二及以下较差。

在教师素质总分方面,特高发展水平也最高,其次是小高、小一和小二及以下。教师素质有随着职称提高而提高的趋势。说明随着职称的提高,教师表现出相应的专业素质。

（7）教师素质各因子得分率差异比较(如表2－6)。

表2－6　教师素质各因子得分率

01化后因子	平均得分率
F3教育教学能力01	0.1023
F6教学反思能力01	0.1350
F2专业知识01	0.1682
F4同行互动能力01	0.1684
F7自主发展意识01	0.1704
F5沟通交流能力01	0.1803
F1专业精神01	0.2105

将各维度得分01化后得到各维度的得分率。对7个因子的单因素重复测量方差分析结果差异显著。事后两两比较结果表明,F3教育教学能力得分率显著低于教师素质其他6个因子,表明其在教师素质7个因子中发展水平最高。F6教学反思能力得分率除显著高于F3教育教学能力外,显著低于其他5个因子,在发展水平中处于第二高的程度。F2专业知识,F4同行互动能力,F7自主发展意识和F5沟通交流能力4个因子得分率间无显著差异,发展水平基本相同。F1专业精神得分率显著高于其他6个因子,发展水平最低。

2. 小学教师对专业素质重要性评价的统计分析

需要说明的是,在教师素质的调查问卷中的排序题和多选题的设计,只涉及了专业知识、专业能力和专业发展途径,未安排关于教师专业精神的题目,因为在对校长和名师的访谈中,全部将小学教师的专业精神列在教师专业素质的首位,并极为一致地认为专业精神中的爱心、耐心、无怨无悔的事业心和高度的责任心对小学教师最为重要。

（1）关于专业知识重要性评价的排序。关于小学教师专业知识的重要性评价的排序,1为最重要,6为最不重要。结果显示,6个题目所获平均秩(平均顺序)中,教育心理的知识平均秩最小,人文、自然类知识平均秩最大,显示教师们认为教育心理的知识最重要,人文、自然类知识最不重要。如表2－7:

表2－7　小学教师知识素养的重要性评价平均秩

题目	平均秩
a49关于学生的知识	3.31
a49任教学科的知识	2.87
a49教育心理的知识	2.78
a49教学内容的知识	3.35
a49班级管理的知识	3.67
a49人文、自然类知识	5.02

在6个方面最欠缺的知识中，有关人文、自然类知识被选择了216次，所有被试中有73.7%的人选择了此选项，约占总被选择次数的27.8%，获得最高频数；其次欠缺的是教育心理的知识，被试中有61.1%的人选择了此选项，约占总被选择次数的23.0%；第三欠缺的是班级管理的知识，被试中有46.1%的人选择了此选项，约占总被选择次数的17.4%；被认为最不欠缺的是任教学科的知识，仅有15.7%选择，约占总被选择次数的5.9%。如表2－8：

表2－8　小学教师最欠缺的知识多选结果

题目	被选次数	百分比(约数)	个案百分比
a50 关于学生的知识	96	12.3%	32.8%
a50 任教学科的知识	46	5.9%	15.7%
a50 教育心理的知识	179	23.0%	61.1%
a50 教学内容的知识	106	13.6%	36.2%
a50 班级管理的知识	135	17.4%	46.1%
a50 人文、自然类知识	216	27.8%	73.7%
总计	778	100.0%	265.5%

（2）关于专业能力重要性评价的排序。关于小学教师专业能力的重要性评价的排序，1为最重要，6为最不重要。结果显示，6个题目所获平均秩（平均顺序）中，课堂教学实施的能力平均秩最小，与家长沟通的能力平均秩最大，显示教师们认为课堂教学实施的能力最重要，与家长沟通的能力最不重要。如表2－9：

表2－9　小学教师能力素养的重要性评价平均秩

题目	平均秩
a52 解读教材的能力	2.42
a52 课堂教学实施的能力	2.40
a52 课堂纪律管理的能力	3.77
a52 激励评价学生的能力	3.76
a52 与家长沟通的能力	5.01
a52 教学反思和研究能力	3.64

在6个方面最欠缺的能力中,有关教学反思和研究的能力被选择了175次,所有被试中有60.1%的人选择了此选项,约占总被选择次数的23.7%,获得最高频数;其次欠缺的是激励评价学生的能力,被试中有49.8%的人选择了此选项,约占总被选择次数的19.6%;第三欠缺的是与学生家长沟通的能力,被试中有45.7%的人选择了此选项,约占总被选择次数的18.0%;被认为最不欠缺的是课堂教学实施的能力,仅有29.9%的人选择此选项,占总被选次数的11.8%。如表2-10:

表2-10 小学教师最欠缺的能力多选结果

题目	被选次数	百分比(约数)	个案百分比
a53 分析解读教材的能力	98	13.3%	33.7%
a53 课堂教学实施的能力	87	11.8%	29.9%
a53 课堂纪律管理的能力	100	13.6%	34.4%
a53 激励评价学生的能力	145	19.6%	49.8%
a53 与学生家长沟通的能力	133	18.0%	45.7%
a53 教学反思和研究的能力	175	23.7%	60.1%
总计	738	100.0%	253.6%

(3)关于专业发展途径重要性评价的排序。关于小学教师专业发展途径重要性评价的排序,1为最重要,6为最不重要。结果显示,6个题目所获平均秩(平均顺序)中,自己的学习提高平均秩最小,校内比赛活动平均秩最大,显示教师们认为自己的学习提高最重要,校内比赛活动最不重要。如表2-11:

表2-11 小学教师专业发展途径重要性评价平均秩

题目	平均秩
a55 自己的学习提高	2.48
a55 校内比赛活动	4.22
a55 大学专家帮助指导	3.90
a55 同时间听课评课	3.58
a55 外出接受培训学习	3.36
a55 参与教学课题研究	3.46

在6个方面最欠缺的专业发展途径中,有关外出接受培训学习被选择了

221 次，所有被试中有 75.4% 的人选择了此选项，约占总被选择次数的 28.9%，获得最高频数；其次欠缺的是大学专家帮助指导，被调查者中有 64.8% 的人选择了此选项，约占总被选择次数的 24.9%；第三欠缺的是参与教学课题研究，被试中有 46.4% 的人选择了此选项，约占总被选择次数的 17.8%；被认为最不欠缺的是校内比赛活动，仅有 18.1% 的人选择此选项，约占总被选次数的 6.9%。如表 2－12：

表 2－12　小学教师最欠缺的专业发展途径多选结果

题目	被选次数	百分比（约数）	个案百分比
a56 自己的学习提高	95	12.5%	32.4%
a56 校内比赛活动	53	6.9%	18.1%
a56 大学专家帮助指导	190	24.9%	64.8%
a56 同事间听课评课	69	9.0%	23.5%
a56 外出接受培训学习	221	28.9%	75.4%
a56 参与教学课题研究	136	17.8%	46.4%
总计	764	100.0%	260.6%

（三）小学教师专业素质发展分析

1. 专业精神发展分析

（1）非班主任的专业精神水平显著高于班主任。小学班主任承担着繁杂的教育教学工作，紧张、疲惫和简单机械的重复工作，使他们缺乏对小学教育工作的认同感、缺乏对小学教师工作的幸福体验和职业成就感，对小学儿童也缺少接纳。因此，关注小学班主任群体，将“班主任工作”作为研究的课题，并将其作为教师培养和培训的重要课程，增强小学班主任工作的科学性和积极性，显得尤为重要。

（2）专业精神的发展水平在其他各人口学变量上，虽无显著差异，但就各水平的平均数排序表明：

教龄长（20 年以上）、学历高（研究生）、低职称的教师的专业精神发展水平较好。教龄长的教师经过小学教育实践的历练，仍然坚守在小学教育的一线，已经具有了成熟而稳定的教育信念和教育责任，具有为教育理想奋斗终生的愿望和热情，能够融于教育教学工作，感受到小学教育工作带来的职业成就感、自身成长和发展的幸福感以及与儿童交往的愉悦感；接受了研究生教育的教师对小学教育工作有更深刻的理解和认识，能够更好地从认知与实践层面认同小学教师的专业性和独特性，在自身成长与事业发展中有较高的自我价值感；而低职称的教师一般为刚入职的年轻教师，他们抱有对小学教育工作的热忱和期待，因而表现出较好的专业精神。使年轻教师保持对小学教育工作的热情，增强对小学教育工作的理性认识是教师具有专业精神的保障。

而教龄在 11～20 年的教师、具有本科学历的教师以及具有小学特高职称的教师的专业精神发展水平较差。关注处于专业成长的高原期，出现职业倦怠感的教师群体，发挥曾经努力奋进的优秀教师的特高群体的积极性，使他们始终处于发展状态，并发挥辐射带动作用，应成为教师发展研究的课题。而加强本科教育中关于教师的专业精神的培育，无论对于对教师职前培养和职后培训都应是小学教师教育的题中之意。

（3）专业精神得分率在教师素质各因子得分率的差异比较中，显著高于其他 6 个因子，发展水平最低。加强小学教师专业素质中的专业精神显得尤为重要和迫切。

2. 专业知识发展分析

（1）专业知识的发展在各人口学变量上均无显著差异，但就各水平的平均数排序表明：

教龄长（20 年以上）、学历高（研究生）、职称高（特高）的教师的专业知识发展水平最好。随着小学教育实践的历练、经验的积累以及不断地学习与反思，这些教师具有了小学教育最需要的成熟的所教学科的知识、关于学生的知识、学科教学法的知识等，并能将其有机整合，形成了具有更灵活有效的富于操作性的实践知识。

而教龄在 11～20 年的教师、具有中专学历的教师以及低职称的教师的专业知识发展水平最差。这说明具有 11～20 年教龄的教师确实是处于职业倦怠期，不仅专业精神的发展水平最差，在专业知识方面，也处于停滞期，不进而退，处于最低水平。

小学教师的专业知识水平有随教龄、学历、职称的提高而提高的趋势。

（2）在教师素质各因子得分率的差异比较中，专业知识处于中间水平，发展不够突出。关注教师专业知识的完善和合理建构是提高教师专业素质的核心。

（3）在六类专业知识重要性及其欠缺的排序中，教师们认为教育心理学的知识最重要；人文、自然类知识最不重要，却是教师最欠缺的知识；而任教学科的知识是教师最不欠缺的，最自信的知识。而所谓教育心理学的知识包含了教育理论知识、关于学生的知识、关于一般教学法和学科教学法的知识等，小学教师认为是最重要的，这证明了在小学教育中，“怎样教”的知识比“教什么”的知识对教师来讲更为重要。而人文、自然类知识等更为广博的知识仍然潜在地影响着小学教师的教育教学,是他们最感到欠缺的,也是小学教师知识结构中最需要补充的知识。

3. 专业能力发展分析

构想的教师素质中的专业能力方面的题目经因素分析后,由教育教学能力、同行互动能力、教学反思能力和沟通交流能力四个维度体现出来。

(1) 教育教学能力的发展分析。

首先,教育教学能力的发展在各人口学变量上均无显著差异,但就各水平的平均数排序表明:

教龄长(20 年以上)、学历高(研究生)、职称高(特高)的教师的发展水平最好;而教龄短(2 年以内)的新教师、学历低(中专)、职称低的教师的发展水平较差。小学教师的教育教学能力的发展水平也有随教龄、学历、职称的提高而提高的趋势,这再次证明了教育教学实践的历练、积累和反思是提高教育教学能力的基本途径,也印证了理论上的关于“具有本科学历的小学教师应该比中师学历、大专学历的小学教师具有更高的知能素质”的论证,即,高学历教师具有更高的知能素质,同时也符合目前社会各界人士对小学教师职前培养高学历化的期待。也让我们看到了新手教师由于缺少实践体验和实践锻炼,难以在复杂的教育情境中表现出对教育教学具有较好的适应性和实践操作能力。为此,在小学职前教师教育的过程中,给学生提供在真实的教育情境中专业实践的机会,增强实践体验与感悟非常重要。

其次,在教师素质各因子得分率的差异比较中,教育教学能力得分率显著低于教师素质其他 6 个因子,表明其在教师素质 7 个因子中发展水平最高。说明了无论是职前还是职后,小学教师的专业素质中的教育教学能力是重心,是在学习和实践中培养、培训与着力提高的重点。

(2) 同行互动能力的发展分析。

首先,同行互动能力的发展在各人口学变量上均无显著差异,但就各水平的平均数排序表明:

教龄在 2 ~5 年的教师、高学历(研究生)、高职称(特高)的教师的发展水平较好;而教龄在 11 ~20 年的教师、具有本科学历的教师以及低职称的教师的发展水平较差。可以看到教师在工作 2 ~5 年间,在一定的实践体验和感悟之后,最具有同行互动的意识和能力,在同行互动中的收获也最大,其后随着教龄的增长,同行互动能力有所下降,特别是处于职业倦怠期的教师更为明显,这与调查中教师认为自我的学习提高最重要有关,这一观念影响着教师对同行互动重要性的认识,进而阻滞同行互动能力的提高。具有研究生学历的教师和特高教师可能由于更能理解教师专业成长中同伴互助、共同成长的重要性,因而同伴互动的意识和能力较强，收获的体会也更大，也可能与他们具有较高的学历和职称，较好的知能素质被要求在同行互动中起引领作用，进而有更多的成长有关。而具有本科学历的教师在各学历层次教师的同行互动能力排序中排后，与专业精神维度相同，引起我们对本科教育的相关思考。

其次，在教师素质各因子得分率的差异比较中，同行互动与专业知识一样处于中间水平，发展不够突出。同伴的互动与交流创造着教师学习、探索与成长的精神氛围，同伴之间的交流与对话、切磋与借鉴，以及相互砥砺与鼓舞，能够有效地提升教师团队的整体教育素养，所以，关注教师在专业成长中的同行互助，提高他们对于同伴互助的意识和能力，在同行互动中学会交流，在启发与鼓舞中激发感应性动力是提高教师专业素质的重要方面。

（3）沟通交流能力的发展分析。

首先，班主任的沟通交流能力显著高于非班主任。说明实践工作对教师的沟通交流能力提升有重要影响。

其次，沟通交流能力的发展状况在各人口学变量上均无显著差异，但就各水平的平均数排序表明：

教龄在 2 ~ 5 年的教师、高学历（研究生）、高职称（特高）的教师的发展水平较好，与同行互动能力的状况相同；而教龄在 2 年以内的新教师、低学历（中专）、低职称的教师的发展水平较差。重视准教师和新教师的沟通交流能力的培养、为他们提供更多的成长和实践的机会，应纳入小学教师职前培养和职后培训的视野。

最后，在教师素质各因子得分率的差异比较中，沟通交流能力与专业知识、同行互动能力一样处于中间水平，发展不够突出。关注教师在专业成长中的沟通交流能力，也是提高教师专业素质的重要方面。

（4）教学反思能力的发展分析。

首先，教学反思能力的发展在各人口学变量上均无显著差异，但就各水平的平均数排序表明：

教龄长（20 年以上）、学历高（研究生）、职称高（特高）的教师发展水平较好；教龄在 2 年以内的新教师、低学历（中专）、低职称的教师的发展水平较差。与教育教学能力的发展状态一样，教师的教学反思能力有随教龄、学历、职称提高而提高的趋势，说明了教学反思能力是随着教师在实践中的不断积累和体验而获得的实践品质。教学反思是在实践中的反思，新教师缺少在真实的教育情境中的经历与体验，因而缺少对实践的积累和感悟，小学教师的职前培养改变师范生的专业学习和生活方式，突出实践中的经历、体验与理解，显得尤为重要。

其次，在教师素质各因子得分率的差异比较中，教学反思能力的发展水平仅低于教育教学能力，在发展水平中处于第二高的程度。这说明教学反思能力已成为关注教师专业发展、教师素质提高的重要方面。

(5) 专业能力的重要性及欠缺排序状况。在六类关于专业能力重要性及其欠缺的排序中，教师们认为课堂教学实施的能力最重要，也是最不欠缺的；与家长沟通的能力最不重要，也是教师不太欠缺的能力；最欠缺的是有关教学反思和研究的能力。看来，教学反思成为教师专业发展所依赖的基本方式，在教师培养和培训中应将教师的能力和品质提升列为核心内容。

4. 专业发展分析

(1) 自主发展意识分析。专业发展在探索性因素分析后，经专业判断，被命名为自主发展意识。包括教师会阅读一些教学之外的知识充实自己、平时会读一些儿童喜欢的读物、会广泛了解各方面的知识，并经常通过网络学习提高等。反映了教师为做好小学教育工作，对于扩充自己的专业知识之外的更为广博的知识的学习意识和学习态度。

首先，自主发展意识的状况在各人口学变量上均无显著差异，但就各水平的平均数排序与教育教学能力和教学反思能力的发展状况相同，即：教龄长(20 年以上)、学历高(研究生)、职称高(特高)的教师发展水平较好；教龄在 2 年以内的新教师、低学历(中专)、低职称的教师的发展水平较差。教师的自主发展意识有随教龄、学历、职称的提高而提高的趋势，说明小学教师的自主发展意识与他们对小学教育、小学教师、小学儿童的理解和认识有关，与他们在认知与实践中形成的专业发展意愿和成就动机有关；而刚刚参加工作的年轻教师，缺乏对拓展更为广博的知识的意识，这与他们缺乏认知和体验，并由于忙于适应基本的工作要求，无暇顾及拓展知识面，不能更主动更从容地完善自己有关。

其次，在教师素质各因子得分率的差异比较中，自主发展意识也处于中间水平，发展不够突出。关注教师在专业成长中的自主发展意识，提高他们对于小学教育、小学教师、小学儿童的理解和认识，也是提高教师专业素质的重要方面。

(2) 专业发展途径分析。在六类关于专业发展途径重要性及其欠缺的排序中，教师们认为自己的学习提高最重要，其次就是大学专家的帮助和指导，校内比赛活动最不重要；被认为最欠缺的专业发展途径是外出接受培训学习，最不欠缺的是校内比赛活动。这说明教师的发展过程是一个主动“成长”的过程，教师更看重自己的理解、反思和内化，也需要在此基础上来自大学专家的帮助和指导，渴求外出培训学习的机会，希望通过实践中的理论学习不断提升实践理性。因而，关注教师自我学习提高能力的培养，建立大学和小学的合作共同体，为教师创造学习提高的机会尤为重要。对于提高教师的自学能力、自我成长和自我发展的能力应成为教师培养与培训的重点。而校内比赛活动也应从教师专业成长的角度予以重新审视和改造。

5. 小学教师专业素质发展的影响因素分析

从问卷调查结果的统计与分析中发现,以下几种重要因素影响着小学教师素质的发展状况。

(1) 教学实践年数。调查表明,小学教师的专业素质发展在各个方面的表现水平,总体上随着教学实践年数,即教龄的提高而提高,实践是教师获得实际工作经验的前提,也是教师深刻体认小学教育的意义、认识小学教学和小学儿童,形成成熟而稳定的教育信念和教育责任等专业精神的基本条件,更是教师获得综合的专业知识和专业能力,特别是形成关于教育实践中的有效的实践性知识和教育实践能力的重要保障。有教学实践经验的教师比新手教师或初任教师的专业素质发展水平高。

教师专业经验的累积与成长,对于具有良好专业素质的教师而言确有其不可或缺的价值,而实践是教师专业经验累积、专业发展与成长的根本条件和有效途径。

(2) 学历水平。调查表明,随着学历水平的提高,教师在专业精神、专业知识和专业能力的各项素质方面均有较高的表现水平。所以,接受高等教育,提高教师教育的学历层次和质量标准是教师专业素质提高的必要因素。

提升小学教师本科教育的内涵和质量是保障高品质卓越师资培养的关键。

(3) 教学反思能力。调查表明,教学反思能力表现水平较高的教师,在其他专业素质中也有良好的表现水平,教学反思能力既是教师的基本专业素质,也是影响教师专业发展和自我成长的核心因素。教师的教学反思是“教师对自身的教学行为与行为决策的有效性作出分析和评价的过程,目的在于提高行为决策和教学行为的效率,促进有效的教与学”①。实践中的反思是教师专业成长的基本途径,教师的专业实践行为如果能够建立在反思之上,就容易使经验与经验之间产生有意义的连接,一方面可以丰富经验,另一方面能够更好地知觉自己的专业角色和专业行为,省察自身的教育实践,累积教育实践经验,并在经验中学习,拓展作为专业者的思考视野,进而在实践中能够有效改进。教学反思能力能够使教师表现慎思、有意图的知性行动,促进教师成为有思想的专业教育者。

培养反思型的教师,使未来的教师具有反思性实践品质,应是小学教师教育

---

① 教育部教师工作司.《教师教育课程标准(试行)》解读[M]. 北京:北京师范大学出版社,2013:19.

的人才培养目标之一。

(4) 自主发展的意识和能力。调查表明,教师自主发展的意识和能力不仅是教师的专业素质,更是影响教师专业发展的重要因素,具有较高自主发展意识和能力的教师,均为教龄长、学历高、职称高的教师,而这些教师在教师专业素质的各因素方面均有较高的表现水平。教师自主发展的意识和能力是教师专业素质提高的内在因素,具有较高的自主发展意识和能力的教师,在终身的专业发展和成长过程中会保持清晰的自我和方向感,在理论与实践的学习中主动积累、反思和改进。

对教育教学工作具有高度的认同、责任与使命感,具有追求自我成长与专业发展的意愿和行动,是教师专业发展影响因素中最可宝贵的内在动力,也是小学教师教育人才培养的重中之重。

(5) 合作交流的意愿和能力。合作交流的意愿和能力,能协助并发展教师之间的专业互动关系。教师通过合作交流、与同行进行专业讨论及专业对话,分享心得,互相关心、鼓励并给予支持,建立彼此的信任感与关心的情谊,激发并强化教师专业发展的感应性动力,激励提升专业意识,提升自信心;同时获得来自不同教师的见解、想法与解决的建议,从中学习到有价值的替代性经验,促进自我反省与批判思考,获得改进教学的对策与方法,获得促进成长的资源。

合作交流的意愿和能力是教师重要的专业素质,也是影响教师专业素质发展的重要因素。小学教师教育应注重以合作学习促进准教师的专业成长,着重培养师范生的合作交流意愿和能力。

三、"卓越"专业素质视域下的小学教师教育课程设置

培养具有"专业素质"的小学教师,需要专业化的小学教师教育课程设置。"教师的立身之本是专业素养,教师教育课程在形成教师专业素养方面具有不可替代的作用。"[①]"卓越"视域下小学教师专业素质结构的研究与诠释、卓越小学教师专业特质的凝练、小学教育实践对小学教师专业素质的现实诉求、对小学教师专业素质发展现状的分析,为我们在"卓越"视域下明确小学教师教育课程设置的理念和思路提供了重要的导向。

---

① 钟启泉. 我国教师教育制度创新的课题[J]. 北京大学教育评论,2008,6(3):46－59.

（一）为未来教师的专业发展奠基：理性认识职前培养目标

教师的专业发展是持续一生的漫长过程。职前教师教育不可能伴随教师一生的专业成长。教师教育是在终身教育理念的指导下，按照教师专业发展的不同阶段，对教师的职前培养、入职训练和职后培训的一体化设计，体现了对教师的教育应具有阶段性、连续性和发展性。小学职前教师教育，只是教师培养、教师成长与发展的一个阶段，是教师教育的重要环节，职前的预备性教育与职后的发展性教育应是互动共生的。

依据教师的发展与成长规律，职前不可能培养一个具有卓越特质的小学教师。而且调查表明，教师职后工作的实践经验会更直接有效地为具有潜能的准教师成为成熟、卓越的教师提供专业发展的空间。小学职前教师教育课程应当明确其在整体的小学教师教育体系中的地位与作用，明确培养目标，在“准教师培养阶段”要为未来的小学教师的卓越成长和发展奠定基础，拓展发展的潜能，培养他们的专业态度、专业心性和专业知能，培养他们在专业发展中的自主意识和终身学习的能力，培养他们从实践中学习的意识、方法和信念，使他们成为具有一定的专业理想、专业认识和认同、扎实的专业知能和实践潜能，具有自主成长与发展的意愿和能力的准教师，为他们终生的专业发展积蓄学习和发展的潜力。因而小学职前教师教育应秉持以未来教师的终生专业发展为本的理念，为未来的小学教师具有可持续发展的知能奠基。职前课程应围绕如何培养合格的具备专业素质的教师做准备，追求的应是培养具有卓越发展潜质的合格教师。

（二）将“儿童发展”作为课程设置的逻辑起点：表现课程设置的独特价值

“儿童是教育的起点与归宿，教师专业归根结底是儿童研究的专业。因此，认识何为儿童，何为儿童的学习，何为儿童的发展，应当成为教师教育研究的主题。”①小学教育价值的实现需要具有能够“走向儿童的成长视界”的专业特质的小学教师。促进小学儿童的身体健康发育，培育小学儿童具有良好的学习品质、心理品质、智慧品质和社会品质，是小学教育和小学教师的重要任务，能够解决儿童发展过程中出现的问题以及知晓如何促进儿童的全面健康发展是小学教师职前培养的重要目标。因此，小学儿童的发展以及对小学教育的诉求，应成为小学职前教师教育课程设置的主题和逻辑起点。即小学职前教师教育课程设置应当能够引导未来的小学教师深刻认识到“育人”是自己的重要职责，“儿童发展

① 钟启泉．我国教师教育制度创新的课题[J]．北京大学教育评论，2008，6(3)：46－59.

的促进者”是小学教师的重要角色定位，“为儿童创建（营造）发展的快乐体验”是小学教育重要的价值旨归和小学教师的职业使命。基于儿童发展的小学教师教育及其课程设置，应以研究小学儿童和小学教育的任务与价值为逻辑起点，满足其对小学教师专业培养的小学教师教育的诉求，形成具有自身的立场、理念和独特价值的教育思路和课程设置的价值导向，即以“儿童为本”。

为此，基于儿童发展的小学教师教育课程的设置，应具有“儿童为本”的价值导向，彰显实践的品格，即小学教师教育课程要以“实践”的理念，实现从关注概念和原理到关注儿童的转向，将专业的培养目标和课程的学习内容导向对儿童和儿童的学习的关注，将培养未来的教师树立“关注儿童”“尊重儿童”“研究儿童”“教育儿童”的理念，作为不断提升专业学习水平和专业发展的基础，并作为课程设置的出发点和归宿。这样，在专业学习的过程中，师范生才能够专注于课程学习的核心内容，找到专业成长的落脚点，在专业学习的过程中，通过理论学习研究儿童的身心发展特点，研究儿童如何学习，如何建构知识、发展技能，树立正确的儿童观、教师观、教育观和学习观，形成热爱儿童的专业情操、促进儿童全面发展的专业知能，并能够结合课程的理论学习，在真实的教育情境中学习观察儿童、理解儿童和融入儿童的生活世界与精神世界中，思考怎样帮助儿童实现有意义的学习以及怎样为每一个儿童提供适合的帮助和教育，真正为“引导小学生体验学习的乐趣”，“积极创造条件，让小学生拥有快乐的学校生活”，践行基础教育课程改革倡导的“为了每一位学生的发展”的理念以及“儿童为本”的课程发展观，做好充分的专业学习与专业成长的准备。由此，对课程目标、课程结构、课程内容和课程实施的方式都应提出相应的指向与要求，引导未来的小学教师关注教育实践中的儿童，达成培养热爱和研究儿童的反思性实践者的培养目标。

（三）着力培育师范生的专业精神：呈现课程设置的育人本质

小学教师专业素质现状的调查表明，小学教师的专业精神在教师素质的各因子中处于最低水平。而小学教育又恰恰是需要小学教师具有高度的教育伦理和充满情感而从事的事业，教师的专业精神关乎小学儿童的快乐健康成长，也关乎小学教师自身的专业成长。访谈中，可以看到小学校长和名师对小学教师应具有一定的专业精神具有强烈的诉求，将其摆在了小学教师专业素质的首位，又特别强调小学教师专业精神中应当首先具有的爱心、耐心和责任心，以及坚定的教育信念和教育理想、阳光健康的专业心性（个性特质）等。为此，小学教师教育课程担负着培养和塑造师范生专业精神的重任，通过职前的学习和体验，他们应有对小学教育事业的美好憧憬、理性认识和积极态度。在具体的课程设置中，要增加能够培养专业理想、专业信念和专业态度类的课程。“在小学教师职前教育课程中，专业态度的课程设置明显不足，具有很大的随意性，收效甚微，课程难以自成体系。”①所以，要研究培育小学教师专业精神的路径、策略和支撑科目，以利于师范生形成教育理想和信念，并发展积极的教育专业态度，形成优良的专业精神。关于专业精神的培养，在课程设置中不仅要关注和不断优化显性课程，也要关注和开发隐性课程。显性课程在师范生形成职业理念和认同、具有职业理想和信念，以及形成科学的教育观、教学观和儿童观等方面具有不可替代的作用。但是隐性课程在内化师范生的认知，铸造师范生的教育情怀、教育品性和个人修为等专业精神品质方面，具有无与伦比的潜在的教育影响。为此，开发隐性课程应纳入职前小学教师教育课程设置的视野，以此呈现小学职前教师教育课程的育人本质和专业亮色。

（四）重视建构师范生复合的知识结构：凸显课程设置的综合化特点

小学教师专业素质现状的调查表明，教龄长（20 年以上）、学历高（具有研究生学历）、职称高（小学特高）的小学教师的专业知识发展水平最高，他们具有宽广的教育视野、系统的学科专业知识、丰富而富有灵性的教育心理学知识，包括关于学生的知识、一般教学法和学科教学法的知识以及与小学教育相关的更为广博的人文、自然类知识。要求小学教师具有广博的知识结构是小学教育教学的基础性、启蒙性和综合性的要求，是小学儿童对世界的整体化、生活化的认识特点的需要，也是当今世界小学教师专业化发展的普遍趋势，更是小学教学实践的根本诉求。小学职前教师教育课程设置应顺应这些要求，跳出单一的学科专业人才培养的框架，坚持教师专业综合培养的特色，加强对课程的综合设计和有机统整，特别是学科课程与教育课程以及与教育实践的有机、有效融合。

在综合设置课程的基础上，要加强教师们最感欠缺的教育类课程，除加强课程比例外，更要加强其内部知识的整合，特别是关注教师专业发展的核心知识，即区分学科教师和学科专家的学科教学知识（Pedagogical Content Knowledge，简称 PCK），研究其在课程设置中的有效呈现。适当增加通识类课程的设置，使师范生能够涉猎广博的知识领域，知晓自然科学知识，富有人文科学的功底和人文情怀，具有一定的艺术修养，为准教师建构合理的知识素养结构，成为小学儿童教育的专家奠定坚实的知识基础。

与此同时，由于职前培养是为教师终生的可持续发展奠基，所以，可持续发展能力应成为小学教师职前培养的重要目标。调查结果表明，自主发展的意识

---

① 李丰米，季旭峰．面向实际构建小学教师职前教育课程[J]．教育与职业，2010(23)：62－63.

和能力、反思的意识和能力，以及善于合作的态度和能力，是影响教师素质发展水平的重要因素，是教师可持续发展的基础。为此，小学教师职前培养阶段关注未来教师的可持续发展能力，首先要重视培养师范生自主学习的意愿和能力，为他们创造自主学习的实践机会和条件，并引导他们在自主学习实践中形成学习的积极愿望，具有“学会学习”的能力；其次要将师范生作为“反思性实践者”，培养他们的反思意识和反思能力，不仅要学会对教育教学实践进行反思，更要学会对自身的教育信念、教育行为进行反思；最后，要创造更多的合作学习解决问题的机会，营造合作学习的专业文化氛围，培养师范生善于对话、交流与合作的意识和能力。

（五）突出培养师范生的实践能力：体现课程设置的实践取向

小学教师专业素质现状的调查表明，教育教学能力在任职后随任职时间的增加而增长，实践中的历练和积累会使教师的知能素质更为成熟和优秀；新教师的教学反思能力、沟通交流能力都处于最低的发展水平；同时，教师认为在专业发展的途经中自我的学习和提高是最重要的，认为教学反思和研究能力是最欠缺的专业能力。而教学反思能力、研究能力、沟通交流能力和自我成长的能力恰恰是教师专业成长与发展的关键要素，能够使教师不断进行自我调整和自我建构，从而不断改进和创新自己的教育教学行为，获得持续的专业成长。而教学反思能力和研究能力、沟通交流能力和自我成长的能力是在实践情境中获得和提高的。为此小学职前教师教育课程设置需要改变传统的课程设置思路，明确课程的实践取向，基于实践设置专业化的课程，以实践统整各类课程，注重理论认知与实践体验的交融，增加与小学教育实践直接相关的课程，转变师范生的专业学习和生活方式，重视理论课程的实践化建设，增加课程实践，加大教育体验、见习和实习的效力，加强师范生在实践中的体认、理解、反思、建构与积累，进而使他们形成专业的思考态度和思维方式，培养具有一定的理论底蕴和研究能力，具有反思性的实践行动力的专业化小学教师。

（六）满足小学教育的现实需要：课程设置要关照小学教育实践

小学职前教师教育课程设置的终极目标是培养满足小学教育实践需要的具有良好的专业素质的小学教师。所以，课程设置要关照小学教育实践，满足小学教育实践的现实需要。本研究通过对小学校长和名师的深度访谈，更加明确了小学教育实践对小学教师专业素质的现实诉求，为本研究基于反思现实课程设置的人才培养效果，科学审视现实的课程设置的薄弱环节，探索小学教师教育课程设置提供了重要的现实依据，为明确小学教师职前培养的思路和重点，建构有效的课程等系列问题提供了突破点和立足点,并以此为切入点重构小学职前教师教育课程,努力增强课程设置的适应性和针对性,彰显小学职前教师教育课程的效能。这也使本研究更加明确了“实践取向”是小学职前教师教育课程设置的必然选择,不仅具有深刻的学理基础,更有来自小学教育实践的根本诉求。小学教师职前培养课程应当达成培养符合基础教育需求的具有合格的专业素质,具有成为卓越教师潜质的准教师的目标,满足小学教育事业改革和发展的需要。

总之,对小学教师专业素质的研究,更加坚定了小学教师培养的实践取向以及本研究对小学职前教师教育课程设置的实践取向的研究信念,明确了研究的理性,充实了研究的内涵,提升了研究的境界,为实践取向小学职前教师教育课程设置能够基于小学教育实践,为促进培养知 - 能融合的专业化的符合小学教育事业发展需要的未来的小学教师指明了方向。

第三章 理论基础：实践取向小学教师教育课程设置的合理性探究

理论是思考的根本，也就是说，是实践的精髓。

——波尔茨曼

没有科学理论来指导实践，就犹如航船行驶没有舵和指南针一样。

——雅斯贝尔斯

“实践取向”不是凭空产生的概念，对“实践取向”小学教师教育课程设置问题的探讨，需要相关理论的支撑。本章认为，实践取向作为小学教师教育课程设置的基本价值取向，有其存在的必然性和合理性。有关课程的理论、教师专业化发展的理论以及教师知识的理论研究等，为实践取向小学教师教育课程设置提供了基本的理论基础。

本章主要探讨课程的相关理论、教师专业化发展的理论以及教师(学习)知识的理论观点，其目的是挖掘课程设置中应有的实践元素，使实践取向小学教师教育课程设置研究建立在坚实的理论基础之上。

一、课程的理论分析

课程理论是建立在“课程”概念的基础之上的。由于对课程概念众说纷纭，有许多课程理论流派。几乎所有的课程理论都要“回答斯宾塞提出的一个既简单又复杂的问题:‘什么知识最有价值?’”①。究竟什么样的知识对未来的小学教师最有价值?究竟什么样的课程对于培养未来的专业化的小学教师最有实效?这里选取典型的课程理论,从中归纳出课程设置中应有的“实践”元素,并尝试回答在小学职前教师教育中怎样的课程设置和课程教学最有价值。

(一)杜威的经验课程论

实用主义课程与教育思想的代表人物杜威曾用三句话来概括教育——教育即生长,教育即生活,教育即经验的持续不断地改造。虽然,杜威的课程思想主要集中在基础教育方面,但作为一种培养人的教育哲学观念,杜威关于课程目的、课程内容和课程实施的论述,对小学教师教育来讲仍然具有重大的影响力和独到的启示。

关于课程目标的设计,杜威认为:一是要促进儿童的生长。他十分重视儿童的价值,认为儿童是教育的起点,是教育的中心,儿童的发展和生长是教育的目的,决定学习的质和量的是儿童,而不是教材。正是在这个意义上,杜威认为课程的组织应以儿童为出发点,围绕儿童的经验和需要,课程的设计要符合儿童的心理发展特点,并通过这种课程使儿童能够自我发展,自由发挥自己的主动性和创造性。二是要促进直接经验的获得。杜威提出“一盎司经验胜过一吨理论,因为任何理论只有在经验中,才具有活力和可以证实的意义。一种经验,哪怕是一种非常微薄的经验,也能够产生包括一定分量的理论,但是,离开经验的理论,甚至不能肯定被理解为理论”②。三是要积极适应社会生活的需要。杜威认为,学校本身必须具有社会生活的全部含义,他认为:“一个课程计划必须能够适应现在社会生活的需要;选材时必须以改进我们的共同生活为目的,使将来比过去更美好。”③为此,在进行课程目标设置时,要时刻关注社会生活和社会职业。这深刻地影响着小学职前教师教育课程的设置观念,即课程目标设置一要以学生的发展为出发点和归宿,这里的“学生”可以指小学儿童,也可以指接受职前教育的师范生。二要以社会需要为出发点和基础,使社会需要的实现建立在尊重学生并关注其成长的基础上。这表明,小学职前教师教育的课程目标设置,应当满足师范生成长和发展的需要,设置对师范生的专业发展、对未来基础教育发展真正有意义的课程,满足社会对卓越师资培养的需求。

关于课程内容,杜威认为要以儿童的经验为根基来组织,要根据社会需要进

① 王泽农,曹慧英.中外教师教育课程设置比较研究[M].北京:高等教育出版社,2003:230.

② 约翰·杜威.民主主义与教育[M].王承绪,译.北京:人民教育出版社,1990:

③ 约翰·杜威.民主主义与教育[M].王承绪,译.北京:人民教育出版社,1990:204.

行课程设置。特别强调把各门学科的教材或知识引入儿童的生活，变为个人直接的经验。他还认为个体与社会是统一的，紧密结合的，个人只有适应社会，才能够成为社会中的一员。由此，他提出改造学科课程的观点，认为学科课程必须与社会生活发生联系，反对把科学和有意义的经验隔离开来。这表明，小学教师教育课程设置，应满足基础教育事业改革的需要，课程内容应紧密联系学生的教育生活体验和教育实践经验，使理论学习与经验学习有机融合。

关于课程实施，杜威基于"课程即经验"的观点提出了以经验为本质的课程观，认为学习即"经验的重组"，强调直接经验的重要作用，主张"从做中学"，即"从经验中学""从活动中学"的课程实施思想。另外，他提出"活动课程"的思想，强调在活动中建构学习经验，学校教育要为学生提供充分的机会去反省和解释经验，如果没有将内容学习转化为学生个人经验的经验过程，就不可能有真正意义的学习，只有通过经验的不断改造，才能逐步达到学科中所蕴含的逻辑经验的高度。因此，小学教师教育实践需要明确学生与课程的关系，将师范生作为课程学习与专业发展的主体，课程的实施应当强调师范生在教育实践与体验中主动学习如何做教师，并在实践学习中逐步达到对儿童、对教育、对教学的理性认识。

杜威的教育思想不仅是关于基础教育的，他还在密歇根大学期间，参与并领导了该校的课程改革，提出了大学课程观。在《大学课程，我从中可以期待什么》一文中，杜威提出："一所大学的教育的永恒目的，应是对一个人的人性所进行的富有成效的训练。""大学应做到：第一，大学课程要能为学生提供一种意志训练（training of will），以助其性格的养成；第二，要能培养学生对真理的尊重；第三，要有助于学生摆脱地方主义（provincialisms）的狭隘观念，拥有真诚、开放的胸怀，具有同情心，习惯运用新的观点和视角，善于转换思考问题、判断问题的方式。"①在芝加哥大学和哥伦比亚大学，杜威分别讨论了美国大学课程脱离实际问题，让学生丧失从社会生活中学习的机会，造成了学生社会参与精神的缺失等问题。"在杜威的课程观中一条一以贯之的主线，即杜威总是从社会生活和知识发展的高度看待课程设置的意义"，"他并不忽略学术性课程的价值"，"坚持学生的视野要宽阔"，主张将学术性课程与"实用"性课程统一。② 由此，关于实现教师的教育实践与教育理论融合的问题，杜威认为"理论"与"实践"的二元对立是"教师职业的主要恶弊之一"，"理论与实践之间倘若不是相互一体，基于教

---

① 丁永为．杜威的大学课程观及其启示[J]．现代大学教育，2008，387(4)：108－114.

② 丁永为．杜威的大学课程观及其启示[J]．现代大学教育，2008，387(4)：108－114.

师个人的经验求得成长，那么，教师的个人经验终究也不可能成长”①，并提出教师应进行“实践性学习”，克服理论与实践割离的问题。对于小学教师教育的课程设置而言，按照杜威的观点，做到教育理论与教育实践相结合是割除“恶弊”的必然选择。教育实践是师范生获得知识经验的主要途径，也是培养师范生的人格品质，包括思考力和判断力、合作精神和服务态度的主要方法。

（二）布鲁纳的“发现式学习”和“适切性课程”观

布鲁纳（Jerome Seymour Bruner）作为当代美国著名的认知心理学家和课程改革家，以建构主义思想为指导，推动课程教学改革并提出了著名的“发现式学习”理论和“适切性课程”观。

布鲁纳认为知识来源于经验，学习是一种过程而不是结果。学生的学习不是被动地接受知识的过程，而是通过积极主动地发现来获得知识的过程。所以，他提倡发现式学习。所谓发现式学习，就是教师不是把学习的内容直接呈现给学生，而是学生在教师的指导下，在学习情境中，通过自己的观察和思考，发现事物之间的内在联系，把同类事物联系起来，赋予它们意义，达到对所学知识的理解和掌握，从而形成一定的认知结构；把现象重新组织或转换，使人能超越现象进行再组合，从而获得新的领悟。发现式学习是一种情境性的探索学习，学习的过程是学生主动探索的过程，最重要的特点是学生运用自己的头脑主动学习，学生获得的知识是在积极地参与活动中主动建构的知识，是自己的知识。他主张教学要帮助学生超越所给予的信息，要有利于学生对知识的迁移。布鲁纳的发现式学习带有明显的建构主义色彩，这种突出学生主体地位、重视学生主动建构知识的教学方式和思想，在小学教师教育中具有深远的意义。

布鲁纳在《教育的适切性》著作中，论述了课程设置的问题，“课程设置必须面对社会所面临的问题，展现了人本主义课程设置的转向”。“适切性课程”的观点，是“课程必须面对我们所面临的问题，要将社会事件和社会问题引入课程，甚至每一周的课程都可以分为两个部分，即单数日安排学科结构课程，双数日安排面向社会问题的课程”。②

基于布鲁纳的思想，小学职前教师教育课程设置要有基于问题的学习，应培养师范生“发现式学习”的意识与能力。培养他们学习的主动性、积极性和创造性，使他们能积极地探索和发现新的观点和认识，形成正确的教育信念，对儿童、教师、教育有正确的理解，富有良好的教育思维习惯和方式，成为优秀的问题解

---

① 佐藤学．课程与教师[M]．钟启泉，译．北京：教育科学出版社，2003：280－284.

② 马学斌．布鲁纳课程理论的人本主义转向探析[J]．云梦学刊，2003，24(1)：98－100.

决者，所以，小学职前教师教育的课程内容应具有发现、探索和反思的性质。就课程设置而言，布鲁纳的"适切性课程"观启示我们要紧跟社会发展和基础教育发展的实践与需要，满足社会发展和小学教育发展的需求。小学教师教育需要对社会发展及基础教育事业发展的要求做出应答，所以课程设置必须随着基础教育的发展对教师提出的要求做出适时的调整和更新。

（三）施瓦布的"实践模式"课程开发理论

对传统的课程理论颇具有挑战性的美国课程论专家施瓦布（Schwab Joseph），于1969年在《实践：课程的语言》一文中，提出课程的实践模式，并在随后陆续发表的《实践：折中的艺术》《实践3：课程的转化》《实践4：课程教授要做的事情》三篇文章中，对此进行了详细的论述和不断完善，形成了对课程改革和建设具有深远影响的"实践模式"课程开发理论。

施瓦布受亚里士多德哲学"实践观"的影响，借鉴亚里士多德把人类行为分为"技术行为"和"实践行为"的观点，把科学探究的范式分成理论范式和实践范式，并认为理论范式和实践范式具有本质的区别。但是实践过程和理论过程是同一的，实践者同时就是研究者，实践者有资格并且能够创造理论。施瓦布还倡导课程专家既要转向实践、走向实践者，又要更加理智，走向学术化。

关于理论与实践二者之间的互惠，在威廉·F. 派纳的《理解课程》中有这样的陈述："课程理论经常地被学术工作的不自然的复杂性所污染，鄙视实践活动以维持等级优势，依附于抽象事物以提高其地位。尽管课程领域的状况提供了一个课程理论与实践彼此相遇的情境，但我们的目标不是去消除它们的差异，把一个降低到另一个的范围之中。""研究不必再去思考优势……理论禁止在不变的、傲慢的真理的永恒王国中疏离实践，而是让我们使理论与实践彼此面对以揭示彼此的局限性，并且由此扩大能量、增强各自的重点。"①

但是，由于课程理论已经超越了实践层面，理论阐述淹没和忽视了实践、现实，所以倡导绝对回归实践是其理论的本质特征，强调课程要与具体实践情境相互作用，并能够理解具体的实践情境。理论与实践的关注点是不同的，"理论往往是普遍性的、规劝性的、调查性的，从一种情况到另一种情况一以贯之，不受环境变化的影响。而实践则是需要关注具体的和特定的方面，容易受到环境的影响，因此高度依赖非预期的变化"②。威廉·F. 派纳指出："教育家们总在试图寻找新的理论（课程理论、教学理论），似乎这些理论便足以指导我们该教什么

① 威廉·F. 派纳. 理解课程[M]. 钟启泉，张华，译. 北京：教育科学出版社，2002：40.

② 汪霞. 课程研究：现代与后现代[M]. 上海：上海科技教育出版社，2011：52.

和如何教,他们应用行为科学的理论来解决实践问题,似乎这些借鉴来的理论能直接简便地加以应用。然而,教育家们自己证实了这样的事实,即最突出和最主要的问题并没有因此而得到很好的解决。当前所谓的课程理论往往在实践中难以实施。与理论相一致的教学常常不能体现实践的特征。”①由于教育所面对的对象是具体的、富有生动变化的人,要实现实践课程的复兴,就要从追求理论走向“实践—准实践—折中”的方式,所以尤其要突出课程的实践价值和动态过程,追求课程的实际情境,准确把握实践的内涵,确立实践在课程设置中的核心地位。

施瓦布的“实践模式”课程开发理论对“实践取向”小学教师教育课程设置研究具有最直接的指导和应用价值。

(四)对小学教师教育课程设置的启示

上述课程理论,只是众多课程理论中的典型代表。尽管他们都具有各自对于课程研究的不同的理论体系和研究观点,但也有极为一致的观点,即强调“学习经验”“从做中学”“从经验中学”;强调学习者应是积极主动的建构者,应当以学习者为中心;强调追求课程的实践价值,倡导理论与实践相容的课程理念。这些都为深刻领悟课程中应有的“实践”元素和“实践”内涵提供了必备的给养。课程本身就蕴含着实践的内在价值和追求,这有助于厘清小学教师教育课程设置的思想,为澄清课程设置的理念和取向提供了极有价值的理论依据。

二、教师专业发展的理论分析

教师专业发展既是教师教育课程设置的出发点,也是教师教育课程设置的主要目标。教师发展的中心是教师的专业成长。这里主要从两个方面来探讨教师的专业发展,一是教师专业发展的取向,二是教师专业发展的阶段,旨在透过教师专业发展的取向以及教师专业发展的阶段来探寻职前教师专业发展的目标与规律,为课程设置提供理论依据。

---

① 施瓦布.科学、课程与通识教育:施瓦布选集[M].郭元祥,等,译.北京:中国轻工业出版社,2008:263.

（一）教师专业发展的取向：教师职前培养课程设置的导向

教师专业有其自身的特殊性。教师的专业发展是教师内在素质不断提高的过程，是一个教师专业成长或教师素质内在结构不断更新、演进和丰富的过程。[①] 由此，教师专业发展的主要任务就是提升包括专业知识、专业能力、专业发展意识以及包括专业精神在内的专业基本素质。

哈格里夫斯和富兰（A. Hargreaves&M. Fullan）把教师专业发展分为三个取向。第一，教师专业发展作为知识和技能的发展，相信教师以外的知识和技能是教学中不可缺少的知识基础。第二，教师专业发展作为自我理解的发展。教师发展不仅改变教师的行为，而且也改变教师这个人。因此，构成教师实践性知识基础的"知识"不仅有陈述性的外显知识，而且有教师实践性知识以及教师信念。第三，教师专业发展作为生态改变，植根于所生活和工作的环境。[②] 陈琦将其归纳为教师专业发展的三种取向：理性取向、实践－反思取向和生态取向。[③] 这一教师专业发展取向的研究，揭示了如下三个方面的含义。

1. 教师专业发展从"技术熟练"转向"反思性实践"

从历史发展过程来看，教师专业发展经历了从技术熟练者到反思性实践者的历程。不同的专业发展定位，在理论基础、专业发展方式和侧重点上是有差异的。

"技术熟练者"的深层逻辑基础是科学主义和技术理性。在技术理性的视野中，教师的教学活动就是传授既定的知识，按教学程序进行简单的"技术操作"，教师的专业性体现为确定性的、技术性的、可操作性的专业知识和技能，教师的专业发展体现为理性的取向，提高教师专业水准的保障就是专业知识的精深和技能的不断熟练，教师的专业内蕴和专业力量来自学科知识、教育知识和熟练的技能。教师的专业实践被视为是学科内容知识、教育知识、原理及其技术的综合运用。由于这种理念将教师设定为"教学技术员"，简单地认为教师专业发展等同于外在思维理论的应用加技术的成熟，所以在教师的职前培养过程中，主要关注两个方面：一是对未来教师进行批量的科学知识和教学技术理论知识的传授与指导；二是对教师进行技术性训练，认为教育实践就是应用教育知识和技能解决问题。所以，将师范生的专业学习和专业活动限制在学习某一学科知识和教育知识，参加"三字"（钢笔字、毛笔字、粉笔字）、"一话"（普通话）、制作教

---

① 叶澜．教师角色与教师发展新探［M］．北京：教育科学出版社，2001：222.

② 靳玉乐．学校课程领导论理论研究与实践探索［M］．北京：人民教育出版社，2011：5.

③ 陈琦．教育心理学［M］．北京：高等教育出版社，2005：91.

具、多媒体课件等的技能培训，而将专业学习中重要的实践体验和感悟忽略在外，师范生在学习的过程中被动适应，理论学习和技能培训之后再安排教育实践，进行理论和技能的应用。这种线性的课程设置，导致理论学习和实践体验被割裂，师范生缺乏对实践的感知，难以形成实践性知识。

随着对实践理性的研究，研究者将教师的专业形象界定为“反思性实践者”，回应了长期以来人们对“技术熟练者”的质疑，契合了教师专业发展在实践中的诉求。在实践理性的视野中，教师的专业发展是在遭遇不确定的、复杂多变的实践情境中，不断累积实践性知识，不断发展实践智慧的过程。教师的专业特性绝不是表现在机械套用现成的理论规则对教育活动进行技术性应对与处理，而是表现在教育实践情境中，在没有现成的规则、程序和技术方案时，教师能够凭借自己对教育教学的理解和领悟，在复杂的教育情境中，即舍恩所说的令教师困扰的“低洼湿地”的“混乱”中，能够创造性地进行自主判断和个性化选择。所以，真正意义上的教师专业发展不是面对“高地”使用理论和技术实现直线上升，而是基于实践，教师在对自身的信念、课堂教学经验、教学行为及其行为策略进行分析和评价的基础上，重新概括、积极验证，不断生成、建构和丰富实践性知识的过程，即教师通过“经验 + 反思”，不断地促进有效的教与学，不断走向专业成熟的过程。当教师在实践中能够自觉反思时，职业实践就会成为专业的实践。在这种理念关照下的教师的职前培养，正在摒弃师范生被动地接受理论知识和技术的专业学习方式，提供给师范生更多的教育实践机会，让他们在实践中体验和感悟，通过积极的反思形成情境性、综合性的实践性知识和实践智慧，在实践中培养反思能力、决断能力和专业发展的自主性，以更好地获得专业发展。

2. 教师的自主发展是专业发展的关键

传统的教师专业发展观认为要通过外部强制手段促进教师实现专业成长，而“教师专业发展不仅仅是接受教育培训、积淀经验的过程，更是提升教师自主发展的内驱力，升华教师个人生活实践中的体验、感悟，强调教师自我反思及其与同行交流、合作的过程”①。近年来，教师的自主发展已成为教师专业发展的新视点，将教师作为实现专业自主发展主体是教师专业发展的基本理念，认为教师发展的实质是教师内在的主动性，将专业自觉、自主的实践活动和理性认识作为推动教师专业成长的根本动力。因为“教师之成为教师，更多的是‘自造’(self－made)，而不是‘被造’(bemade)”，教师专业发展“不可能仰仗‘学科知

① 龙宝新．当代教师教育变革的文化路径[M]．北京：北京师范大学出版社，2012：11.

识'的学习或'正规'的教育理论的学习，而更大程度上要依赖'自助'"①。教师的专业发展是内外需求共同驱动的。而教师的自主发展源自教师对职业愿景的规划和期待，源自内在的对自我发展的需要和追求，所以是推进教师专业发展的直接的现实的力量。具有自我发展意识的教师，一方面能够在专业发展的过程中主动实践并在实践中自觉进行经验性的反思和实践性知识的构建，把握好自己与外部教育实践的关系；另一方面更为重要的是能够将自身的专业发展过程作为反思的对象，自我设计、自我更新，不断建构和丰富自己的内在素质（内部世界）。也就是说，真正能够唤起教师生命活力和内在潜力的是教师自己，是教师的自主发展需要，教师是自己专业发展的主人。教师的这种积极向上的自主精神和意识，不仅仅是教师专业发展的前提和动力，更将展示教师向上的学习和生活态度、积极成长的人格魅力，对学生具有重大的影响力。

由此，教师的专业发展不是"被动、被迫、被卷入"的，教师成为自身专业发展的主人，是其作为专业人员的专业特征的必然要求和体现。因此，培养师范生建立职业发展的愿景和责任感，具有自主成长与发展的意识、需要和能力，使他们具有发展的动力和可持续性，应当纳入教师教育课程目标。

3. 教师的专业发展需要群体合作和教师文化

教师的专业发展不仅需要实践经验的积累、科学有效的反思与建构、自主成长的动力，也需要外部的支持与协助，教师需要在具有专业文化的群体合作中成长。这也是教师专业发展的生态取向，这一取向更为关注教师专业发展的背景、方式和途径，强调教师专业发展的合作性和文化氛围，认为教师文化或教学文化潜在地塑造着教师的专业理想、专业信念和专业能力。因为"教师生活实践是文化中的生活实践，文化是连接教师身体极其活动的黏合剂，是主宰教师实践活动的潜逻辑"②。所以，"构建教师文化生态既是突破教师专业化局限的一缕曙光，又孕育着教师教育发展的新路向"③。

优秀教师文化的主要内容就是诚信合作的对话与和谐的学术氛围。④ 在合作、对话的和谐文化氛围中的人际感应、认识交流、经验分享、批判反省和情感共融，有利于教师形成共同的价值观，产生情感共鸣和观点的纷争，形成教师群体向上的合力，并使教师个体获得感应性的发展动力⑤，以实现超越自我的

---

① 龙宝新．当代教师教育变革的文化路径[M]．北京：北京师范大学出版社，2012：11.

② 龙宝新．当代教师教育变革的文化路径[M]．北京：北京师范大学出版社，2012：22.

③ 龙宝新．当代教师教育变革的文化路径[M]．北京：北京师范大学出版社，2012：22.

④ 赵复查．现代教师文化的校本建构[J]．教育评论，2005(2)：20－23.

⑤ 王春晖．信任、批判与挑战：教师专业发展模式探索——以浙江省农村英语教师语音培训项目为例[J]．课程·教材·教法，2013，33(3)：123－127.

生涯发展和专业成长。所以，优秀的教师文化是教师专业发展的理想的外部条件。

由此，塑造教师文化、准教师的专业学习文化亦应作为转变教师教育的基本出发点，教师教育课程应思考如何建立优秀的课程文化，使师生融入课程文化，在民主平等的合作、对话与探索的学术氛围中构建良好的教师（包括从事教师教育的教师和准教师）专业群体文化，培养研究能力和研究态度，这种群体文化会成为师范生发展的坚实支撑，有利于师范生形成积极向上的，善于对话、交流与合作的个体文化，二者之间相辅相成，为师范生的专业学习和未来的专业发展奠定良好的专业品质基础。

综上，教师的专业发展是教师自己学习与反思、实践、体验、探究的活动，而不是由外而内的知识的灌输和技能的培训。教师专业发展的过程是教师成为专业的教师的过程，专业化的教师需要教师培养的专业化，即教师教育的专业化。教师的培养方式是“教育”，专业化的教师教育应成为促进准教师自觉成长、发展与自塑的过程，课程设置和实施亦应成为促进准教师专业发展的有效载体。

（二）教师专业发展的阶段：把握职前教师专业发展的特点

1. 教师专业发展阶段理论的基本观点

有关教师发展阶段的研究来源于美国学者富勒（F. Fuller），基于他的教师关注阶段论，在教师专业发展阶段的研究领域中发展出了不同的教师发展阶段论。主要可以归为五类：“关注”阶段论、职业生命周期阶段论、心理发展阶段论、教师社会化发展阶段论和综合阶段论。

在富勒的教师关注阶段理论中，将教师专业成长过程中经历的四阶段模式归纳为：任教前关注阶段、早期生存关注阶段、教学情境关注阶段和关注学生阶段。富勒等人把教师所关注的内容作为衡量教师专业发展水平的标志，认为职前的师范生处于任教前的关注阶段，是师资养成时期，对于教师角色仅是想象，由于没有教学经验，因此只关注自己，对于任教的教师常抱有观察、批判的态度。关注自我的教师发展水平较低，关注学生的教师发展水平较高，而且教师关注内容的发展顺序是固定不变的，如果早期的关注问题没有解决，那么以后的关注内容则不会出现。之后一些学者对处于不同时期的教师进行研究，逐步丰富了富勒等的研究结果。如希特尔（Sitter）和拉尼尔（Lanier）对实习期的教师进行研究，发现这一阶段的教师同时关注自我、生存、教学任务、学生学习和教学材料等，而不是像富勒等所说的，只关注自我或生存一个方面。虽然这些关注的内容与富勒等的研究结果基本一致，但是它们并不是按顺序解决完才出现另一个，而是同时出现。[①]

职业生命周期阶段论是以人的生命自然的衰老过程与周期来划分教师的职业发展过程与周期的,其阶段的划分以生命变化周期为标准。其中,著名的是费斯勒(R. Fessler)的研究。他把教师职业周期分为八个阶段:职前教育阶段、实习导入阶段、能力建立阶段、热心成长阶段、生涯挫折阶段、稳定停滞阶段、生涯低落阶段、生涯引退阶段。认为师范生是处于第一阶段即职前教育阶段的准教师,这一阶段是教师特定角色的准备期。

心理发展阶段论把教师看作一个成年的学习者,其分析是建立在认知理论、概念发展理论以及道德判断等理论的基础上的。这一研究的假设是人的发展是心理结构改变的结果,人的内部心理过程随着年龄和发展阶段的不同而有所变化,这一变化的过程有一定的顺序和层级。利思伍德(K. Leithwood)等人在这一假设的基础上,把教师的发展分为四个阶段。第一阶段的教师的世界观非常简单:坚持原则,相信权威,不赞成求异思维,课堂是以教师为主导的。第二阶段的教师主要表现为墨守成规,容易接受他人的预期,课堂规则明确,保持传统课堂的特征。第三阶段的教师有了较强的自我意识,能够将规则内化,意识到依照具体情境灵活掌握规则的必要性。第四阶段的教师较有主见,能够从多角度分析遇到的课堂情境,尊重课堂等社会情境、人际关系的相互依赖性。这一研究表明,教师的心理发展水平不同,专业行为表现也有所差异,而如果有意识地提高教师的心理发展水平,其专业行为表现则也会有所改进,这在一定程度上摆脱了教师专业发展水平与教师的生理年龄之间的对应关系,不同年龄的教师,只要心理发展水平接近,就能够达到相同的专业发展水平。格拉斯伯格(S. Gelassberg)等人为此曾提出新的教师教育计划以促进教师的认知发展,在追踪研究中,格拉斯伯格发现教师计划的确有助于教师的心理成熟,进而提高其教学技能。[②] 因而,教师教育要在促进准教师具有较高的认知发展水平上找到可靠的策略,促进他们能够采取灵活、开放和包容的态度,从多维的视角去看待学生与教学,并具有一定的应变能力和行为。

教师社会化发展阶段论,从教师作为社会人的角度,考察其成为一名专业教师的变化过程。其关注的核心集中在个人的需要、能力、意向与学校机构之间的相互作用上,是发生于教师个体的诸种亚社会化之一。[③] 这一理论的代表学者

---

① 朱旭东. 教师专业发展理论研究[M]. 北京:北京师范大学出版社, 2011:305.

② 叶澜. 教师角色与教师发展新探[M]. 北京:教育科学出版社, 2001:252.

③ 莱西. 教师职业社会化[M]//叶澜. 教师角色与教师发展新探. 北京:教育科学出版社, 2001:253.

莱西(C. Lacey)特别对职前的实习教师进行了研究。他把实习教师的专业化过程分为四个阶段。[①] 第一个阶段为“蜜月”阶段,实习生初为人师,全身心投入教学,体会到做教师的乐趣。第二个阶段是“寻求教学资料和教学方法”阶段,希望通过查找材料和方法来应付课堂中出现的问题。第三个阶段是“危机”阶段,此时由于课堂中出现的问题越来越多,新教师的压力越来也大,仅靠查找资料已难以应付这些问题,他们感到力不从心,出现“危机”。第四个阶段是“设法应付过去或失败”阶段,这也是一个动荡期,这时他们面对现实与理想之间的差距,有的能够趋于妥协和改变,不再感到内疚,能够坦然地以教师的姿态出现在课堂上,有的则可能要离开教学岗位。

以上关于教师专业发展的理论,从不同的侧面向我们展示了教师专业发展的过程,但都难以清晰、全面地描述教师专业发展的综合性与复杂性。学者利思伍德以及贝尔和格里布里特(B. Bell & J. Gillbrert)提出了教师专业发展的综合阶段论。利思伍德突破了对教师专业发展单一维度的过程模式,认为教师专业发展是一个多维度发展的过程,专业知能发展、心理发展和职业周期发展三个维度相互独立又相互依赖,有着密切的联系。贝尔和格里布里特则反对教师专业发展的刻板的阶段模式,提出了教师专业发展的演进模式,不使用“阶段”划分,而是给出了教师专业发展中所遇到的三种情境:确认与渴望变革、重新建构、获得能力。[②]

上述关于教师专业发展的阶段理论,尽管没能以教师内在专业结构的改进为标准,没能清晰地展示教师专业发展水平的内在特征的递进和提高的过程,也没能使我们看到作为未来教师的师范生不断获得教师角色的成长机制。但是,这些理论的研究,让我们清晰地认识到教师的专业发展是一个长期、复杂的过程,它循序渐进地贯穿教师的一生,并表现出一定的阶段性,每一个阶段都具有阶段特征和特定的发展核心与主题,师范生开始接受专门的职前教师教育,便构成了其专业发展的第一个阶段。本书研究职前教师,一是力求在教师专业发展的历程中探寻到师范生的专业发展特点、专业活动的基本情况,哪些经历和要素可以促进他们的专业成长,以此确立职前教师教育的目标和内容,特别是课程的设置能够在为他们获得教师角色的一系列认知及行为的变化过程中,依据专业成熟教师的发展进程,把握促进发展的时机,提供方向目标和内容支持,以便更有效地促进他们形成独特的专业特质和自我专业发展的意识;二是力求教师教

---

① 莱西.教师职业社会化[M]//叶澜.教师角色与教师发展新探.北京:教育科学出版社,2001:254.

② 叶澜.教师角色与教师发展新探[M].北京:教育科学出版社,2001:263-264.

育的课程设置富有内在逻辑与发展关联，能够有效保障师范生在职前、职后的教师专业生活过程中，保持连续的专业发展状态，获得持续的专业成长。

2. 职前教师（师范生）的专业发展特点

师范生处在教师专业发展的起始阶段，是教师专业成长的职前预备阶段。综合国内外的研究，本书将师范生的专业发展特点概括如下。

（1）实习前。实习前的师范生以学生的身份学习怎样做教师，此时他们表现出如下的特点：富有理想、有活力，乐于接纳新观念，对教师职业充满信心和浪漫的幻想；“前概念”（先前信念）影响师范生的专业学习。

师范生在接受师范教育之前，就曾经以中小学生的身份对学校、教师、教学具有一定的理解和经验，这便是他们开始教师专业学习时的“前概念”。这种先前所形成的“‘前科学’的教育教学知识、观念甚至一直迁延到教师的正式执教阶段”[①]。而这种做学生时的理解和经验常常是肤浅的甚至是歪曲的和错误的。[②] 这些“前概念”在师范生的观念中是潜在的，如果教师教育忽视了这些既存的观念，不能帮助师范生认识和反思，并加以纠正，就会限制师范生在专业学习的过程中有效地接受新的合理的教育观念，限制他们形成对教育教学的合理认识，特别是影响他们在与现实的互动冲突中重新建立教育信念，进而影响他们未来的专业成长与发展。

（2）实习期。实习期的师范生以准教师的身份学习怎样做教师。莱西从社会化的角度认为实习教师的专业化过程经历了四个阶段（见上文）；雷文（F. Reven）、卡特赖特（C. Cartwright）等人的研究认为师范生的实习经历了预期期——预期幻灭期——重新界定期——转型期——专业投入期——预期更新期六个阶段。[③] 此时他们在经历与发展的不同过程中表现出如下的主要特点。

一是产生“现实挫折”感。实习生多半满怀活力与憧憬开始教育实习工作，但是当他们需要独自面对富有挑战的真实的教学情境时，往往会感到喜忧参半，当他们精心准备的教学内容在真实情境的运用中变得支离破碎的时候，当他们面对学生不知该温和还是严厉的的时候，更是茫然无措，此时的他们会质疑自己已经学到的专业知识和技能，质疑自己的教育信念。他们开始惊叹、失望、困惑

① 叶澜. 教师角色与教师发展新探[M]. 北京：教育科学出版社，2001：278.

② 比如，他们会认为课堂上就是教师管理学生、传授教学内容，与学生进行一些交流，他们认为这些很容易做到，看不到教学的真正意义和目标，也看不到教师对专业学科知识、对学生学习知识的把握，更看不到教师为当前的教学情境所做的专业的机智的应对。所以他们在实习之前，在独自承担教学任务、面对真实的教育情境之前，常常对自己处理课堂问题的能力保有“不切实际的乐观主义态度”。

③ 叶澜. 教师角色与教师发展新探[M]. 北京：教育科学出版社，2001：287.

和迷茫。温曼(Weinman,1984)将实习教师经受的“在教师培养过程中建立起来的传教式的理想因为严峻的、残酷的日常教学生活而坍塌”,称为“现实挫折”[①]。这种理想与现实之间的落差是具有创伤性的。

二是渴望支持、指导和信任。由于实习的任务就是在实践中学习怎样教学、怎样当教师,所以,当实习生经历了现实挫折和震撼之后,就会重新调整自己,特别是随着实习时间的延长,他们的实践视野会不断拓展,在努力寻找对教师、教学和儿童的新的理解和解释的同时,不断地赋予它们新的意义,也形成了对自己作为一名专业教师的初步的界定。在这个过程中,他们会积极寻求指导教师(大学、小学)的帮助、建议和支持。指导教师的情感支持、信任和鼓励,能够帮助他们减轻不适合或不胜任的感觉,而对教学、对课堂的具体明确的分析和策略指导,会帮助他们在广泛的意义上认识教学和学生、认识自己,能够在面对现实问题中学会灵活运用原理反思和重建信念体系与实践知识体系。

三是期待新的专业成长。实习生在经历了现实冲击,对教学、教师和儿童,特别是对自己有了重新的体验、感悟和认识之后,对自己的实习经历会有更为理性的分析,对今后的专业活动有了新的预期,期待新的专业成长。当然,这依赖富有体验、反思和实践收获的有效的实习安排和实习指导。

3. 促进职前教师专业发展的策略

(1) 尽早地在实践情境中获得经验。贝蒂(Betty)在《教师的职业生涯周期》中指出,“即使是一位具有很多早期实践经验的职前教师,伴随着其教学实习实践的延长和投入程度的增加,总是会暴露出课堂现实与教师教育计划适切性(relevance)之间的紧张状态”;“尽管近年来开展了许多改革,但是教师教育仍然严重地依赖所谓的‘假定性知识’(propositional knowledge)——以相对被动的方式传授大学本位课程和关于教学方法的信息……但是知识被传达给未来教师的方式经常会妨碍该知识与课堂教学的整合”;而“直接经验作为教育的手段和内容获得绝对的信赖,它是‘实事求是的’、个人性的、感性的和实践性的。而书本中的观念相对而言却是苍白的”,所以要“提供理论联系实际的经验与活动”。[②] 特别是由于“前概念”的作用,职前教师教育应尽早“引入新的与现有个人图式相关的教与学的观念”,让师范生“尽可能早地在模拟探究、同事合作、信任、冒险、相互支持的情境中获取经验”,帮助他们“读取”并能够正确处理“前概念”,“改变和提升信念结构的精致性”[③];而如果教师教育不能提供更多的在实

---

① 贝蒂·E. 斯戴菲. 教师的职业生涯周期[M]. 杨秀玉,译. 北京:人民教育出版社, 2012:29.

② 贝蒂·E. 斯戴菲. 教师的职业生涯周期[M]. 杨秀玉,译. 北京:人民教育出版社,2012:30,32.

③ 贝蒂·E. 斯戴菲. 教师的职业生涯周期[M];杨秀玉,译. 北京:人民教育出版社,2012:32,34.

践情境中获取经验的机会,就会无意识强化职前准教师的“有限视野”。

(2)运用“熟虑术”和“折中术”。日本学者佐藤学认为,教师教育既有以新知识生成为目的的理论样式,又有以解决问题为旨趣的实践样式。在此基础上,施瓦布提出了第三种教师专业发展方式——“熟虑术”和“折中术”:前者强调依据情境与语脉多视角地解读已知知识,后者强调为问题解决而综合多样理论,从而有效缓解教育理论与实践的冲突。① 由此,在职前教师教育中,就要变革先接受理论学习,再进行教育实践的呆板的、理论与实践分割的块状培养模式,尽早进入实践情境中,师范生不仅仅是获得实践经验,也要在实践情境中不断获得对理论的解读、反思和新的建构。

(3)建立小学与大学之间积极的伙伴关系(教师专业发展学校)。在教师专业发展的研究和实践中,诸如教师专业发展学校这样的在中小学与大学之间建立积极的伙伴关系的模式,已经成为当今国际教师教育的发展潮流,目前也有了多样的发展变化。这种伙伴关系为向教师职业更有效地发展和过渡提供了专业发展的场所,这是一种独特的环境,是有效实现理论与实践的整合,促进教师专业发展的有效途径。“在这种环境中,专业发展过程中的教学法能够适合中小学课堂中所期望的教学法。”②“通过伙伴关系提供的校本经验能够使职前教师沉浸于彻底的学校环境之中,并能够比传统大学为本的教育计划更有效地使他们进入教师专业。”③

(三)对课程设置的启示

倡导以专业化为主旨的教师教育改革,是当代世界教师教育改革的主流。教师教育的课程设置亦应以促进培养专业化的教师为目标。有关教师专业发展取向的研究和教师发展阶段的理论,特别是关于职前教师发展的机制的研究,为教师的职前培养、专业训练提供了基本的导向和内容,对职前教师教育的课程设置具有非常重要的意义。

1. 按照教师专业发展的特征和诉求培养教师

职前教师教育阶段是教师职业生涯发展的第一步,应当按照教师专业发展的特征和诉求培养准教师。教师发展阶段的研究表明,职前教师教育阶段是“跨越教师生涯的连续体的一端;实际上,它就是整个渐进过程的第一步”④。所

---

① 佐藤学.课程与教师[M].钟启泉,译.北京:教育科学出版社,2003:50.

② 贝蒂·E. 斯戴菲.教师的职业生涯周期[M].杨秀玉,译.北京:人民教育出版社,2012:35.

③ 贝蒂·E. 斯戴菲.教师的职业生涯周期[M].杨秀玉,译.北京:人民教育出版社,2012:35.

④ 贝蒂·E. 斯戴菲.教师的职业生涯周期[M].杨秀玉,译.北京:人民教育出版社,2012:37.

以，职前教师教育是教师专业发展的一个阶段，而不仅仅是一个特殊的准备期。尽管在发展的连续过程中，不同的发展阶段有不同的专业发展水平、需求、心态和信念，有不同的特定发展的核心问题等，但职前学习的准教师同样具有教师专业发展的基本特征，特别是教师学习的基本特征、教师知识的基本特征，并且具有发展的同样的基本诉求，所以，“职前教师对专业发展的追求与定位已经不再仅仅是一种职业准备与职业发展，而是一种生涯发展，从而使专业发展有了更高的价值欲求性”①。即教师的专业发展要以实践为核心，对职前教师具有同样的意义。职前教师教育的课程设置和课程学习，要以教师专业发展为依据，基于教师专业发展理论提升小学教师教育课程的专业化水平，把握职前阶段的特定的发展主题，为准教师顺利地走好职业生涯奠定基础。

2. 将培养“反思性实践者”作为培养目标

教师作为“反思性实践者”的专业形象定位，呼唤着小学职前教师教育课程设置理念的转变，也指向致力于教师获得实践性品质的专业培养目标。由于教师专业化的基本指向以及对教师的多元要求，“在未来教师身上培育的特征，必须要超越教学技巧，深入到能够影响整个职业生涯的心性或性情”②。所以，小学职前教师教育课程不能仅仅是关注基本技能的形成、教育理论的授受和学科知识的深度，课程目标应当根植于教师专业发展的目标要求，指向培养“反思性实践者”，改变师范生的专业学习方式，摒弃师范生单纯被动地接受理论知识和技术训练的模式，提供给师范生更多的教育实践机会，让他们在实践中体验和感悟，在实践中与教学情境对话，通过在体验中的反省和学习对缄默知识进行思考与建构，学习如何教学，发展获取新知识和能力，并着重培养他们形成对教育、对教师、对儿童和对学科的基本态度、基本观念，养成专业化的思考习惯与思考方式，特别是要促进他们在教学实践中学会反思教学信念和行动，学会对自身进行反思，从而培养具有“批判型反思实践者”的特质。

3. 培养师范生自主学习与合作学习的意愿和能力

教师的自主发展是专业发展的关键，合作与交流的意愿和能力是教师良好的专业品质。教师应当成为自身专业发展的主人，这样才能在终生的专业发展和成长中保持自我和方向感，这是教师获得可持续专业发展的前提和动力，也是教师应当具有的积极向上的学习和生活态度。“被动、被迫、被卷入”的教师不具备专业人员的专业特征，也不会成为一个具有发展可能的教师。而在合作与

① 刘新成，蔡春．教师专业发展：大学的责任[M]//刘新成，等．教师专业发展：大学的责任——创设合作共同体，构建实践取向的教师教育模式．北京：首都师范大学出版社，2008：8.

② 贝蒂·E. 斯戴菲．教师的职业生涯周期[M]．杨秀玉，译．北京：人民教育出版社，2012：37.

交流中获得良好的外部支持并生发感应性动力，将促进教师发展。所以，小学职前教师教育应重视帮助师范生建立职业发展的愿景和责任感，培养自主学习与合作学习的意愿、需要和能力，将此纳入课程目标，并注意营造专业文化，使他们获得发展的动力和可持续发展的基础。

总之，改善教师教育观，意在弥补教师专业成长中所存在的现实教学问题与缺陷。无论是克服"前概念"，减少"现实挫折"，还是关注师范生的教育信念、教育思维方式和习惯等，以及培养自主学习与合作的意愿和能力，都需要将师范生作为"反思性实践者"，依据教师专业发展的要求和所蕴含的实践指向，设置小学职前教师教育课程，将师范生的专业学习和专业生活植根于教育实践。

三、教师知识的理论分析

教师知识是教师专业素质的核心部分，也是教师研究中较早开始的一个研究领域。早期的关于教师知识的研究，尤其是在 20 世纪 80 年代以前的研究，只注重寻求与学生成绩或成绩提高之间具有统计意义相关的教师知识，而不关心教师知识的结构与维度。80 年代以后，关于教师知识的研究，一方面指向具有分类依据的教师知识的结构框架的研究，另一方面以教师的实践性知识为研究的立足点和热点。

（一）课程设置的指导框架：教师知识的构成理论

关于教师知识的构成，不同的学者从不同的角度进行了分类，但至今为止，仍然没有一致的认识，这与教师的知识结构这一问题本身复杂有一定的关系。

1. 国外的观点

（1）美国卡内基促进教学基金会主席舒尔曼认为，教学要成为一个专业，教师应具有理解和推理、转化和反省的教学理念，教师的专长是知道如何把学科的知识转换为学生能理解的表征形式。在这一理念的支配下，舒尔曼认为教师必备的知识应该包括以下几个方面。① 学科内容知识：是学科本位的知识基础，指的是具体学科的概念、规则和内容等，是教师对所任教的学科的专业的和深刻的认识。② 学科教学法知识：是教师教授学科知识所需要的教学技巧，即教师能够将学科内容和教育学原理有机融合，将具体的课题、问题或论点转化和表征为能够被学生理解和接受的形式进行教学的相关理解。③ 课程知识：教师应具有的课程的基本理论以及对学校课程的认识。④ 一般教学法知识：是指那些超越具体学科的教师针对教学设计、课堂管理与组织以及激发学生学习动机的理念、原则与策略。⑤ 有关学习者的知识：教师具有的认识学习者的发展及其特征的知识，如教育心理学、发展心理学和学生辅导的知识等。⑥ 有关教育情境的知识：教师要了解教师群体的文化特征、学校、社区及政府政策之间的关系。⑦ 其他课程的知识：教师要具有包括目的、价值、哲学和社会背景知识，即教育哲学、教育社会学、教育价值的知识。[①] 在这些知识范畴中，舒尔曼认为学科教学法的知识对于教师来讲特别重要，不能只关注和训练教师的具体的教学行为，而应当涉及具体的教学内容，注重内容与方法的融合。舒尔曼同时指出，教师获得上述知识有四个主要来源：一是学科领域的学术研究；二是教育材料和结构，如教科书、学习组织等；三是正规的教育学术研究；四是实践。

（2）舒尔曼提出学科教学知识（pedagogical content knowledge，简称 PCK）的概念。舒尔曼认为，要推进教师专业化，就必须确定保障专业属性的“知识基础”，阐明发挥作用的专业知识领域和结构。他认为松散分离的“学科知识＋教育知识”的教师知识结构不足以成为教师专业的知识基础，因为两者的简单叠加，形成了两类知识的“两张皮”，各自按照各自的学科逻辑和学科思维来开展和组织，学科知识不因教育知识而更加具有适切性，教育知识也没能在学科知识的教学中展现魅力，两者不因对方的加入而形成更为融合有效的知识结构，亦不因各自知识的增加而展现教师的教学能力，所以，它们并不构成教师的专业知识基础。教师的专业知识基础应是教师所特有的学科教学知识。而既往的研究忽视了教师的学科教学知识，教师学科教学知识成了“遗漏的范式”（missing paradigm）。[②] 他首次提出学科教学知识的概念，认为“确认教学的知识基础之关键就在于学科知识和教育知识的交互作用（intersection），就在于教师拥有的下面这种能力，即将他知晓的学科知识改造成（transforn）在教学意义上（pedagogically）有力的、能够适应学生不同能力和背景的形式”，并倡导将教师的学科内容知识与教学知识融合起来，这才是教师专业知识的核心领域，是教师专业所必须具备的知识。根据舒尔曼的观点，学科教学知识是区分学科教师与学科专家的知识领域，是教师教学专长的一个重要特征，教师专业发展的核心问题就是他们的学科教学知识。正如科克兰（Cochran）等所言：“教师区别于生物学家、历史学家、作家和教育研究者不在于他们掌握专业知识的质量和数量，而在于他们如何组织和使用上。例如有经验的教师的科学知识是从教学的角度组织起来的，并

① 教育部教师工作司.《教师教育课程标准（试行）》解读［M］. 北京：北京师范大学出版社，2013：23.

② 朱旭东. 教师专业发展理论研究［M］. 北京：北京师范大学出版社，2011：59.

成为帮助学生理解具体概念的基础。而一位科学家的知识则是从研究的角度来组织的,是作为建构本领域新知识的基础。"①

学科教学知识是在学科知识、教育知识和情境性知识相融合的基础上产生的,但它又具有不同于原来的知识成分,它关注的是在具体的情境中,具体的学科、具体的内容与问题,如何根据学生的年龄、发展水平、态度、学习兴趣和能力、学习动机和知识基础等情况,有效地传授知识,它关注的是如何有效地呈现知识,而不是知识本身。所以,"有人将学科教学知识看作能够帮助人们把学科知识传授给其他人的一套特质"②。

其他学者有关教师知识结构的研究有很多,本文将其中有代表性的研究连同舒尔曼的研究归纳如表 3-1。

表 3-1　国外几种有代表性的教师知识分类和结构的研究③

研究者	教师知识分类
舒尔曼	1. 学科内容知识;2. 学科教学法知识;3. 课程知识;4. 一般教学法知识;5. 有关学习者的知识;6. 有关教育情境的知识;7. 其他课程的知识
斯滕伯格	1. 内容知识;2. 教学法的知识(具体的、非具体的);3. 实践的知识(外显的、缄默的)
伯利纳	1. 学科教学知识;2. 学科教学法知识;3. 一般教学法知识
格罗斯曼	1. 学科内容知识;2. 学习者和学习的知识;3. 一般教学法知识;4. 课程知识;5. 情境的知识;6. 自我的知识
博科和帕特南	1. 一般教学法知识;2. 教材内容知识;3. 学科教学法知识
考尔德黑德	1. 学科知识;2. 机智性知识;3. 个人实践知识;4. 个案知识;5. 理论性知识;6. 隐喻和映象

从表 3-1 可以看出,尽管学者们对教师知识结构进行了不同的划分,但都以学科知识和学科教学知识作为最基本、最主要的部分。

---

① 刘小强. 教师知识基础与教师教育改革:来自 PCK 的启示[J]. 外国中小学教育,2005(11):5-8.

② 刘小强. 教师知识基础与教师教育改革:来自 PCK 的启示[J]. 外国中小学教育,2005(11):5-8.

③ 表格内容根据叶澜的《教师角色与教师发展新探》(教育科学出版社 2001 年版)和教育部教师工作司组织编写的《〈教师教育课程标准(试行)〉解读》(北京师范大学出版社 2013 年版)整理而成。

2. 国内的观点

(1) 从知识功能出发的教师知识结构。林崇德、申继亮等人认为,教师的教学活动是一种认知活动,教师知识作为教师认知活动的基础,从其功能出发分为本体性知识、实践性知识和条件性知识;教师的教学效果主要取决于教师的实践性知识。本体性知识是指教师所具有的特定的学科知识,如语文知识、数学知识等,这就是舒尔曼所说的学科内容知识。教师扎实的本体性知识是取得良好的教学效果的基本保证,它影响着教师教学的内容、教学过程以及对教学法的选择。但教育心理学的研究表明,教师的教学效果与教师本体性知识不成正比,当教师的学科知识达到一定的程度,本体性知识的增加就几乎不再影响教师的教学效果。即教师要有本体性知识,而且要达到一定的水平,但达到某种水平即可,再高了对教师的教学并不会再有作用。教师的实践性知识是指教师在面临实现有目的的行为中所具有的课堂情境知识以及与之相关的知识,这种知识是教师教育教学经验积累的结果,具有明显的情境性。条件性知识是指教师所具有的教育学和心理学知识。①

(2) 从知识实际存在方式出发的教师知识结构。根据教师知识实际存在方式的不同,陈向明把教师知识分成理论性知识与实践性知识两类。她认为,理论性知识包括学科内容、学科教学法、课程、教育学、心理学和一般文化等原理类知识,通常呈外显状态,具有系统性和可表述性,比较容易把握。实践性知识通常呈内隐状态,基于教师的个人经验和个性特征,因其具有隐蔽性、非系统性、缄默性,很难把握。她还认为,两者都是教师专业发展中必不可少的知识,而且二者相互影响、相互补充,密不可分。但是,实践性知识比理论性知识更重要,处于主要位置,发挥的作用更大,它是教师真正信奉的,并在其教育教学实践中实际使用和(或)表现出来的对教育教学的认识。教师实践性知识对教师教育的一个启发是:开发教师的实践性知识也许比灌输学科知识、教育理论以及模仿教学技艺更重要。②

(3) 教师的复合型知识结构。叶澜等学者突破了"学科知识 + 教育学知识"的平面化的知识研究的传统模式,认为教师的知识类别应是多样化、多层次复合的;把教师知识分为普通文化知识、专业学科知识、一般教学法知识、学科教学法知识和个人实践知识等几个方面;认为作为一名专业教师,首先应具备相当水平的普通文化知识,这是教师维持正常教学和不断自我学习的基本前提。她强调教师要具有所任学科的专业知识以及教学法知识,而且要实现二者的融合

---

① 林崇德,申继亮,辛涛. 教师素质的构成及其培养途径[J]. 中国教育学刊,1996(6):16-22.

② 陈向明. 实践性知识:教师专业发展的知识基础[J]. 北京大学教育评论,2003,1(1):104-112.

并体现出个人的特征，这不能仅仅依靠脱离具体教学内容、学生和课堂情境的教学"技能"训练；认为要设法帮助教师在教学实践过程中不断完善自己的知识体系，形成个人的实践性知识。①

近年来我国学者对教师知识的研究，更加看重教师的实践性知识，强调教师的专业知识与教师实践相互作用的重要性。

关于教师知识的构成理论，为小学职前教师教育课程设置提供了基本的思路和具有指导意义的直观架构。

（二）揭示课程的关键元素：教师个人实践性知识的理论

教师个人实践性知识是教师知识的实践维度。近年来，随着教师专业化研究的不断深入，教师实践性知识的研究也成为一个热点问题。对教师个人实践性知识的研究，是基于研究者对教师知识的某种特定的认识，教师知识的这一特殊的维度，是对教师知识研究的另一条路向。

加拿大学者埃尔巴兹（F. Elbaz）、康奈利和克兰迪宁（F. M. Connelly & D. J. Clandinin）等较早地对教师的实践性知识进行了研究。他们从教师知识的情境性、实践性和个人化性质的理解出发，提出了教师个体实践性知识的概念，并认为教师的知识不是被传授获得的，主要来源于个体实践，教师是以实践的方式拥有特别的知识。这种知识是教师以其个人的价值、信念统整他所有的专业理论知识，并且依照实际情境为导向的②，是由教师在教育教学实践中积累的经验而形成的，并体现于教师的工作实践之中。他们认为这种知识是情境化的，要根据实际的教育情境的需要以灵活多变的形式出现，以特定的情境为特征；同时这种知识是个人化的，是教师在教育实践中对过去经验自我建构与重组的结果。这种在实践中形成的高度经验化、情境化和个人化的知识，就是"实践性知识"。埃尔巴兹认为教师的实践性知识包括：关于自我的知识、关于学校背景的知识、学科知识、课程知识、教学知识五个方面，它们之间相互联系。实践性知识的五个来源是：情境性的、理论性的、个人性的、社会性的和经验性的。它的关键特点是默会。他们认为，"当教师与学生相处时，相对于条条框框和死记硬背的专门知识，教师的默会知识更胜一筹"③。教师的个人实践性知识是改进教学实践的

---

① 叶澜．教师角色与教师发展新探[M]．北京：教育科学出版社，2001：237.

② 李利．职前教师的实践性知识形成：基于实习的个案分析[J]．教育发展研究，2011(24)：69－74.

③ 许世静，F. 迈克尔·康内利．叙述探究与教师发展[J]．北京大学教育评论，2008，1(1)：51－69.

根本因素。①

我国对教师实践性知识的研究多源于对教师教育和教师专业发展的反思和改进。陈向明不仅把教师的知识分成理论性知识和实践性知识两类,而且明确提出教师的实践性知识比理论性知识更重要,是教师专业发展的知识基础,并使教师职业具有了独特性和不可替代性。因为教师的实践性知识是教师真正信奉的,并在其教学实践中实际使用和(或)表现出来的对教育教学的认识,所以它具有强大的价值导向和行为规范功能,指导甚至决定着教师的日常教育行为,切实地影响着教师的看法和行为。就实践性知识包含的内容,陈向明认为有六个方面:(1) 教师的教育信念;(2) 教师的自我知识;(3) 教师的人际知识;(4) 教师的情境知识;(5) 教师的策略性知识,包括教学内容性知识;(6) 教师的批判反思知识。②

钟启泉认为,实践性知识有五个特征:依存于有限情境的经验性知识,作为一种"案例知识"而积累、传承;以实践性问题的解决为中心的综合多学科的知识,作为一种隐性知识发挥作用,是一种有个性性格的"个体性知识",其最大的特征是不确凿性和情境性。③

叶澜认为,实践性知识对教师个人而言是一个发展、积累的过程,在很大程度上反映着教师过去的经验、现在的行为以及将来可能的表现,有价值、情感、审美等特征。④ 积累实践性知识、形成个人理论是教师职业的一个重要特征。⑤

石中英认为,教师实践性知识并非传统概念中的"知识",而是包含了教师实践智慧和实践能力的综合体。这种知识在很大程度上不能用语言清晰地表述,因此,也被称为默会知识。⑥ 这种知识只能由教师在教育情境中去领悟、体验和建构。

对教师实践性知识的研究丰富和深化了我们对教师知识的认识和理解。研究表明,主导并更新教师行为的并非是外在的"教育理论知识",而是融合了理论知识以及教师个人的经验、感悟、情感和信念的富有个人特征的教育实践知识,它蕴含了教师对普遍的"原理"或"规律"的个人理解,凸显着教师的教育实践、经验探索与主动建构的重要意义,具有实践性、经验性和个人建构性。教师

---

① F. 迈克尔·康内利,D. 瑾·克兰迪宁,何敏芳. 专业知识场景中的教师个人实践知识[J]. 华东师范大学学报(教育科学版),1996(2):5-16.

② 陈向明. 实践性知识:教师专业发展的知识基础[J]. 北京大学教育评论,2003,1(1):104-112.

③ 钟启泉. 教师"专业化":理念、制度、课题[J]. 教育研究,2001(12):12-16.

④ 叶澜. 教师角色与教师发展新探[M]. 北京:教育科学出版社, 2001:235.

⑤ 江峰. 教师专业性问题与思考[J]. 高等师范教育研究,2003,15(1):31-37.

⑥ 石中英. 知识转型与教育改革[M]. 北京:教育科学出版社,2001:222.

的实践性知识一方面来源于在实践过程中对实践情境的体验、感悟和省察,对实践经验的反思、审视与累积;另一方面,也来源于在实践情境中重新解读原理与规则等理论性知识,用以检视与建构自身的经验系统。这启示我们关注教师知识形成中实践参与的重要意义,以及教师在专业教育和专业发展中的主动性。教师教育课程将理论与实践有机融合,是促进教师累积与建构实践性知识的必然选择。

(三)对课程设置的启示

1. 关注发展师范生的学科教学知识

根据舒尔曼的观点,“学科教学知识”(PCK)是区分学科教师与学科专家的知识领域,教师专业发展的核心就是他们的 PCK,它是教师专业所必须具备的知识。所以本书认为,学科教学知识是教师专业知识的核心。事实上,教师教育真正应该教会师范生的,就是这种需要在真实的教学情境中使用的,有别于纯粹的学科内容知识和一般教学法知识的知识。而由于学科教学知识始于教师理解学习的内容及教授它的方式,所以舒尔曼认为教师的任务是将教学内容和众多不同学习者的学习经验相联系,要形成这种联系的根本是要深化学科内容知识,而这种“深化”则需要教师形成思考的能力。这样一来,面对多样的学生需求,教师才能灵活地进行教学。掌握学科教学知识需要师范生清晰地把握学科教学内容、具有教学设计的能力,以及对教学情境、对学生的理解力,需要不断地在实践中体会、领悟和建构。这一观点,揭示了小学教师教育课程应关注形成师范生最重要的知识领域——学科教学知识。

2. 重视帮助师范生建构实践性知识

实践性知识融汇着教师的教育理性和教育经验,是能够有效解决教育实践问题的综合知识。这种在教学实践中能够直接运用的知识,是否丰富、结构是否良好,直接影响到教师的教学能力和教学水平。小学职前教师教育不仅要把实践性知识的形成与发展纳入研究和实践视野,更为关键的是要为帮助师范生累积和建构实践性知识创设平台。基于实践性知识的形成特征,小学教师教育从以下几个方面着力帮助师范生主动建构实践性知识。

(1) 加强理论知识的学习、转化与运用。强调职前教师应获得“实践性知识”是因为实践性知识是教师专业发展的知识基础和关键(职前教师的实践性知识是欠缺的),但是这并不是说要忽视理论性知识的学习。首先,因为理论性知识与实践性知识对教师来说同等重要。因为“理论性知识和实践性知识都帮助我们在实践中观察、理解和反思我们遇到的新的情境和问题,预测未来的结果并参与到行动计划中去”[①]。其次，理论性知识对获得实践性知识具有重要的意义。因为实践性知识是专业理论知识在实践情境中的统整，它“既来自教师自己个人经验的积累、领悟（直接经验），同行之间的交流、合作（间接经验），也来自对‘理论性知识’的理解、运用和扩展”[②]。理论不能规约实践，理论的作用不是指导实践而是能够引导反思，提升实践者的反思水平。所以，实践者的理论背景在实践性知识的形成中具有重要的作用。理论性知识的学习是不能被忽视的，但是，如何使理论性知识的学习更加有利于内化、转化与运用是值得研究和关注的关键问题。

（2）培养师范生专业学习的自主性。无论是理论性知识还是实践性知识都需要在实践中领会和建构，需要在学习中主动探究，即专业学习的自主性对师范生获取实践性知识、促进其专业发展至关重要。所以，要重新定位小学职前教师教育课程学习者的角色，改变师范生被动接受知识的方式，强调学习过程中的自我体验与自我建构，培养师范生在体验中通过情感的投入、内在动力的激发，学会设置有效的学习目标，有效地管理和利用自己的学习资源，形成对学业自我负责的精神和内在的自我价值观，坚定教育信念，以教师的角色认识和理解自己、课程、学业、教育教学和儿童，并能够对教育实践进行有逻辑的成败归因，进而在主动的探究、反思与建构中获取实践性知识。为此，变革传统的教师知识观，教学中将“自上而下的灌输转向平等的对话”[③]是实现师范生自主学习的关键。

（3）强化师范生在真实情境中的实践、体验与建构。主体在“遭遇”到问题情境后，会主动通过探究、反思与不断建构，生发、形成与丰富实践性知识。所以，真实情境中的学习、实践、体验与建构应当成为师范生专业学习的基本方式。师范生感受真实的情境主要通过两种方式：一是在理论课程的学习中，通过案例分析、情境分析等方法，进入情境，增强教师意识，学会以教师的角色去思考、分析和解决问题，将理解迁移到真实的情境中；二是在真实的教育情境中，去经历、体验，激发主体意识和学习动机，引发对实践问题的思考，并主动建构自己的经验体系。师范生通过教育见习对教育全过程进行观察，在学会评析他人的教学之外，更要养成换位思考怎样改进教学的习惯；通过教育实习中的直接实战体验，形成与拓展实践性知识。在为师范生创造更多的实践机会的同时，采取“实践 + 体会 + 指导 + 反思 + 建构”的学习模式尤为重要。

---

① 陈向明，赵康．从杜威的实用主义知识论看教师的实践性知识[J]．教育研究，2012，387(4)：108 - 114.

② 陈向明．实践性知识：教师专业发展的知识基础[J]．北京大学教育评论，2003，1(1)：104 - 112.

③ 鞠玉翠．走向教师的生活世界：教师个人实践理论的叙事探究[M]．上海：复旦大学出版社，2004：339 - 340.

当代教师教育研究和教师专业发展的研究者一致的认识是："从实践中学习关于实践的知识是教师专业发展的主途径"①，所以，小学职前教师教育课程设置的目标之一应是构建师范生的实践性知识。"实践取向的教师知识观强调教师实践性知识在课堂教学中的重要作用，在教师教育观上主张在实践场景下，创设学习共同体，帮助未来教师形成和发展实践性知识。"②

3. 丰富师范生的科学文化知识

科学文化知识是教师知识结构中的重要组成部分。一个专业的教师，不仅能够开展学科专业教育，而且也能够给予学生深刻而广泛的科学和人文影响，这需要他们具有良好的精神品质、宽广的知识背景和学术视野。为此，小学职前教师教育课程设置也应当特别关注让师范生获得丰富的科学文化知识，即通识性知识，这也是小学教师知识结构的内在诉求，是增强其学科教学底蕴和具有教育拓展力的重要知识基础。

---

① 龙宝新．当代美国教师教育课程的概念重构及其实践[J]．教育科学研究，2015(9)：61－68.

② 倪小敏．实践取向：职前教师教育模式的重构[J]．教师教育研究，2010(1)：22－27.

第四章　借鉴与规范：实践取向小学教师教育课程设置的经验与依据

没有经验，任何新的东西都不能深知。

——培根

鉴往可以昭来。

——张九龄

实践取向小学教师教育课程设置，既需要按照小学教师教育的内在特征和教师专业化的内在诉求作为组织逻辑，也需要借鉴经验、关照现实。借鉴先进国家（地区）的（小学）教师教育课程设置的理念及架构的同时也需要遵循我国《教师教育课程标准（试行）》的要求，关照小学教育实践层面的现实需求。只有以国际的视野结合本土的实践，“实践取向”才能落到实处，实践取向小学教师教育课程设置才能有据可依。

本章探讨美国、英国以及我国台湾地区小学职前教师教育课程设置的经验，我国《教师教育课程标准（试行）》要求以及小学教育实践需求的相关问题，从而为小学职前教师教育课程设置提供借鉴与依据。

一、几个发达国家(地区)小学职前教师教育课程设置的经验

近年来,发达国家或地区教师教育专业化发展越来越制度化、规范化、科学化。基础教育是国家的义务所在,所以,很多国家政府主管部门制定了教师的质量规范并让教师资格的鉴定和证书的发放权掌握在政府手中,鼓励高等院校和其他培训机构按照政府制定的规范制定自己的课程,培养未来的小学教师。在这种情况下,单纯比较小学教师教育课程的结构、内容已经没有多少意义,重要的是分析它们对于达成培养卓越师资目标的课程设置特点即内在的思想和经验,为我们的课程设置提供国际视野,并结合本土实际加以有益的借鉴。

(一) 美国小学教师职前培养课程设置的特点

美国的教师教育在近一个世纪以来,一直走在世界的前列,对其他国家的教师教育产生着重要的影响。美国的教师培养机构主要集中于教育学院、独立学院、州属公立大学的教育系,也有许多私立的文理学院提供教师教育。美国的有关教育法规对教师标准及教师教育的基本要求有统一的规定,但在分权主义的教育行政管理体制下,美国教师教育的课程设置在不同的州、不同的教育学院仍然存在很大的差异,开设的课程内容(科目)可能完全不同,对学分总数的要求也不完全一致,所以在这种情况下试图对美国的小学教师教育课程设置做出全面、准确的描述是困难的。这里主要以密歇根州立大学、马凯特大学和阿维诺学院的小学教师教育学位课程为例,剖析美国小学职前教师教育课程设置的特点。

1. 重视开设普通教育课程(通识教育课程)

普通教育课程又称通识教育课程、教养基础科目,是塑造教师的一般素养的课程,主要包括哲学、修辞学、古典文学、伦理学、个体与社会行为;多元文化;文学与表演艺术、音乐欣赏、美术、舞蹈;科学与自然;文化与社会史、人类本质与道德规范;数学推论、地理、天文、生命科学、计算机科学等涉及自然科学、社会科学、人文科学和文化艺术修养方面的课程。这些课程是学习教师教育专业必要的知识和资格基础,占全部课程的 35% ~50% 。从开设的课程来分析,人文素养的培养成了课程设置的主要目的,反映了西方重视博雅教育的传统。

2. 综合开设学术性课程(学科科学课程或学科专门课程)

这类课程是根据师范生将来从事的教学科目而设置的,主要包括语文、社会

研究、综合科学、数学、艺术、体育等教学专业课程。美国联邦政府和各州政府对"优秀教师"①的认定特别侧重学科知识内容的掌握。此类课程充分考虑了未来小学教师学科教学的知识积累,课程的职业针对性强,以能够担任多学科教学、胜任未来在小学的包班教学为原则,实施的是合科教学,在具备小学各科教学能力后,选择一至两个领域主修,以作为未来任教的专长科目。这满足了小学教师综合知识结构的内在要求。

3. 高标准地设置并有效实施教育科学课程

教育科学课程定位于"学会教学",培养师范生的实际教学能力。该类课程开设的科目多、范围广,主要包括"学校教育导论""人类发展与学习心理学""异常儿童与青少年""美术教学初步""阅读""语言艺术和文学教学初步""社会科学教学初步""科学教学初步""教育哲学""教育心理学""基于小学背景的读写能力""学习者与学习",以及针对多样学习者的(小学)"数学"课程教学,针对多样学习者的(小学)"社会研究"课程教学,针对多样学习者的(小学)"语言和文学"课程教学,针对多样学习者的(小学)"科学"课程教学,针对小学教师的生理活动与健康教育、学习反思、实习:阅读教学初步、实习:数学教学初步、实习:小学教育原理等。

在开设的教育科学课程方面,无论是开设的科目数量还是学时比例都高于我国,在课程的实施方面,重视整合理论与实践,更重视实践中的理论学习,帮助师范生建构实践性知识,学会处理"教学的复杂性问题",对帮助师范生顺利地完成向教师角色的转变具有实用性。这在著名的美国学者达琳-海蒙等人研发的有效教师教育项目中,在"有效的教师教育项目是如何具体培养教师学会教学"的这个问题上,有相应的阐述②:

(1) 将清晰、一致、良好的教学观渗透(permeate)在所有课程和实践经验中;(2) 指导并评论理论课程学习和实地学习,界定清晰的实践和执行标准;(3) 在实践中教授课程,内容围绕儿童与青少年的发展、学习、社会背景与学科教学法(subject matter pedagogy)的知识;(4) 在理论课程与实践经验之间建立密切的关联;(5) 拥有帮助师范生的清晰策略:正视自身对学习和学生的深层信念和假设,学习他人的经验;(6) 促进中小学与大学教师团体之间的紧密合作和观念共享;(7) 通过案例研究方法、教师研究、表现评估和档案袋评价,学会解决

① 2002 年美国国会通过《不让一个孩子掉队》法案,其中对"优秀教师"的标准进行了界定:"优秀教师应通过权威的专业认证,并在相应的学科领域展现出应有的能力(必须在大学修完一门专业,或通过这一学科的测试)。"

② 鞠玉翠. 论争与建构:西方教师教育变革关键词及启示[M]. 济南:山东教育出版社,2011:213-214.

真实的实践问题。

20 世纪 80 年代以后，美国教师教育大学化成为教师教育的培养模式，以培养"专家型教师""反思型教师"为目标，强调学科专门课程与教育科学课程要有机结合，尊崇学术性，亦凸显师范性，关注从教师知识和认知出发探索各类课程的融合，注重学科专门课程的教育化和教育科学课程的学科化。

4. 强调实地经验课程

美国职前教师教育课程设置的突出特点就是重视师范生的实际教学能力和专业发展能力的培养，这除了表现在高标准地设置并有效实施教育科学课程之外，还主要表现在对教学实践(见习、实习)的重视上，强调在分散与集中相结合的教学实践中实施实地经验课程。主要表现为以下特点。

(1) 实地经验课程贯穿师范生培养的全过程。"师范生自始至终都花费大量时间进行现场的观察，参与教学过程的实施，并在实践中应用及考查他们在理论课中学到的知识、概念和教学策略。"[①]实地经验课程主要采取分散式，最早的实地经验可以从第一学期安排，即在教育专业课程之前的实地经验，以后是与专业课学习相联系的实地经验、教育实习和见习等。持续不断的实地经验，使师资培养成为一个潜移默化的过程，帮助学生逐步进入教师角色，能够以较合适的视角学习专业课程、思考教育实践问题。教育实习一般集中安排在四年级一个学期(15 周)，实习期间，实习生必须和正式教师一样，完全参与学校生活，并且至少有两周全面负责所任课班级全部教学活动的计划实施和评价工作。[②]

(2) 实地经验学习会得到有效的指导。指导教师包括经验丰富的教育学院的教师和小学教师，对实地课程进行精心设计和管理，指导学生进行课堂观察和完成反思性札记，反思问题产生的原因及解决问题的多种有效性策略，从而促使他们将实地教学经验与课程学习挂钩[③]。

(3) 实地经验课程与其他大学课程相互协调。例如，在阿维诺学院小学教育项目中，当师范生开始第一次实地经验的时候，他们也相应地上"教学指导设计原理"和"教育信息技术概论"这两门课程。[④] 以上做法对师范生实践能力的发展起着至关重要的作用(阿维诺学院小学教育项目主要课程见表 4-1)。

实地课程主要依托美国推行的一种以培养职前教师教育实践能力的教师教育模式——"专业发展学校"(professional development school，简称 PDS)。

---

① 鞠玉翠. 论争与建构：西方教师教育变革关键词及启示[M]. 济南：山东教育出版社，2011：214.

② 陈永明. 国际教师教育改革比较研究[M]. 北京：人民教育出版社，1999：47-48.

③ 鞠玉翠. 论争与建构：西方教师教育变革关键词及启示[M]. 济南：山东教育出版社，2011：214.

④ 鞠玉翠. 论争与建构：西方教师教育变革关键词及启示[M]. 济南：山东教育出版社，2011：216.

表 4－1 阿维诺学院小学教育项目主要课程①

第一至第三学期	第四至第六学期	第七至第八学期
人文艺术 自然科学 数学 社会科学 普通心理学和发展心理学 小组互动 综合沟通 人际关系工作坊 教学指导设计原理 教育信息技术概论 实地经验 1	人文艺术 美国历史 语言理论和批判思维 综合阅读课程 1、2、3 方法（分科学、社会研究、艺术、数学四个单元） 实地经验 2、3、4 异常学习者	小学综合课程 教学实习与研讨会 教育哲学 主题研究

上述美国教师教育课程的设置板块和特点在教育史上清晰可见。然而，随着课程理论的发展，当代"美国教师教育课程"概念的内涵迅速变化，"大教师教育课程"概念走向实践②。我国学者龙宝新探讨了美国教师教育课程的悄然变化，展现了美国"大教师教育课程"的宏观和微观架构。他认为，"大教师教育课程"是指在有形教师教育知识与实践中无形生成或运作的教育经验构成的知识经验总体，"它意味着一个发生在学生掌握了他所教的学科知识之后"的概念。在教师教育课程中，其具体外延包括书本上呈现的基础教育教学知识、微格教学中承载的教学技能，以及在职前教育实习或教学实践中生成的鲜活教学经验、教育体验、教学智慧与情境性行为反应图式等。进而言之，当代美国教师教育课程的完整内涵是："导致教师被教育的一切课程要素"③。在这个理念的支持下，当代美国教师教育课程体系的设计思路，表现出两个特点：一是"强调教师学习的实践性，即基于实践、在实践中、向实践学习的教师成长规律，突出了教师教育课程服务于教师教学实践能力发展的功能"；二是"强调教师教育课程的整合性"，倡导围绕"好教学"④的愿景和"好教师"的素质结构来整合所有教师教育相关

① 鞠玉翠．论争与建构：西方教师教育变革关键词及启示［M］．济南：山东教育出版社，2011：217.

② 龙宝新．当代美国教师教育课程的概念重构及其实践［J］．教育科学研究，2015（9）：61－68.

③ 龙宝新．当代美国教师教育课程的概念重构及其实践［J］．教育科学研究，2015（9）：61－68.

④ 龙宝新认为，"好教学愿景"就是预备教师在课堂体验与指导教师的引导下形成的有好教学的心智图像，它承载着教师对教学活动的根本价值与目标，并为新教师评价教学、理解教学、开展教学提供最根本的观念导引。

课程,形成灵活组合的教师教育课程模块[①],展现了融合与多元的教师教育课程建设的思想。

(二)英国小学教师职前培养课程设置的特点

20世纪90年代以后,英国将市场机制引入教育领域,对教育改革产生了切实的影响。按照市场理论的视角,教师培养的模式、教师质量的认同以及教师的评价都发生了根本性的变化。英国教育标准局与英国教师培训署从三个方面对教师进行了规划:一是以教师的教育效能作为衡量教师培训质量的中心;二是制定教师资格标准;三是对教师实施绩效评价制度。这种政策导致的根本性变化,主要表现在:教师培养模式从以高校为本位、强调师范生的理论与人文修养转变为以学校为本位的职业技能培养;从封闭的课程体系教育转变为开放的实践性锻炼;从学位教育转变为按照教师质量标准进行训练。教师资格标准主要从职业道德与价值观、专业知识与理解、教师教学能力规定三个方面进行要求。由此,英国的小学教师职前培养课程设置主要表现出以下特点。

1. 按照教师资格标准设计与评价课程

英国各大学或培训机构的小学教师教育课程尽管存在着差异,但是它们都按照教师职业资格标准来设计课程。从教师的职业道德素质、学科的知识与理解力以及教学能力(计划、期待和目标;监控与评价;教学与班级管理)等方面把全国教师的培养质量规格统一到一个尺度,加强了国家对基础教育质量的控制。从国家课程的要求来看,小学教师能力的着眼点已经从纯粹的知识传授转移到对学生精神、道德、社会和文化等方面素质的要求,这是我们需要认真关注的地方。

2. 课程内容紧密联系小学教学实际

英国的教师教育课程是紧密结合小学教学实际,基于教师教育的培养目标而设置的。[②] 英国的小学教师教育课程主要由具有内在相互联系的三个部分组成:学科专门课程、教育专业课程、教学实践。

(1)学科专门课程与小学课程相对相应。学科专门课程是英国教师教育课程的重要组成部分。英国政府规定教师任教学科的专门知识应达到大学本科——学士学位的水平,对于接受四年制的"教育学士学位"课程学习的未来小学教师,规定了至少为一年半的下限学习时间,选择国家课程中的其中一门学科

---

① 龙宝新. 当代美国教师教育课程的概念重构及其实践[J]. 教育科学研究,2015(9):61-68.

② 英国教师教育的培养目标是:通过高质量的培训课程,使每个师范生都成为自信、能胜任、善理解、高效率的合格教师。这一培养目标具体地体现在英国1998年颁布的《教师资格证书授予标准》中。

作为学习与研究的重点，从理论与实践两个方面探讨学科教学问题，突出所选学科的学术水平应适应教师职业的要求，能够理解学科原理，掌握其知识结构，明确该学科在国家小学教育课程中的地位，能够适应小学课程大纲的课堂教学和个别辅导的要求，突出学科在小学教学中的运用。

需要说明的是，英国的小学教师是不分科的，作为一名小学教师应当能够教授全国统一课程中的任一学科。这主要通过“课程研究”实施的通才教育来实现。

（2）教育专业课程真正联系并指导小学教育实践。教育专业课程的目标是为师范生的教学实践提供相应的理论框架和教育视野，真正起到指导实践、规范行为的作用，特别是要架起在学科课程的学习、课程研究和教学实践三者之间的桥梁。所以，这类课程的内容较为广泛，实用性强，面向小学教育实际，涉及“教育学”“教育心理学”“儿童心理学”“教育哲学”“教育社会学”“教育政策”“教育管理”“特殊儿童的教育”“多元文化的学校与社会”等，和涉及小学学校教育方方面面的教学技能类的课程（见表4－2），主要采用讲座或专题讨论的学习形式，边理论学习边教学实践，使师范生将通过理论学习获得的知识、技能和经验直接运用到小学教学实践中，并通过教学实践得到验证、充实和调整，许多教育中的典型而具体的问题都被置于小学特定实践背景中进行专题讨论，真正发挥了教育专业课程指导教育实践的重要作用。

表4－2　英国教育学士学位课程[①]

课程要素	课程名称（内容）	开设时间	开设方式	
			必修	选修
教育理论	儿童发展、教育哲学、教育心理学、教育社会学、课程研究、教育管理等	一、二年级	—	—
	比较教育、特殊教育、人权与教育、社区教育、多文化中的教育	三年级	—	另有一些选修课程
	教育研究课程	四年级	占年总课时的33%～50%	

① 王泽农，曹慧英．中外教师教育课程设置比较研究［M］．北京：高等教育出版社，2003：47.

续表

课程要素	课程名称(内容)	开设时间	开设方式	
			必修	选修
教学技能	学校与课堂教学中人际关系、学生个别差异与因材施教、语言交流中的问、学习的选择与准备、表达技巧、评估方式、学科单元教学	二、三年级	占总课时的30%左右	—
主要课程	中小学“国家课程”中相关学科	一、二、三年级	1~2门,占总课时30%~50%	1门
学校教育工作体验	教育见习,教学实习	一至三年级	70~75天	—
		四年级	5~8周	—

(3)教学实践分散安排在各个学期。英国的师资培养十分重视教学实践,尽管各学校每学年安排教学实践的时间不尽相同,但在四年制的学士学位的教师教育课程标准中,教育实践为32周,第一至第三学年的教育见习时间一般不少于14周,每学年的实践时间逐渐增加,第四学年的教育实习一般不少于8周。教学实践被分散安排在各个学期,循序渐进地进行,从安排理解小学教学工作实践的时间,规定观摩两所以上学校的教学,到担任实际教学工作,使师范生在接受教师教育的起始阶段就能够感受小学教育生活,通过形式多样、内容丰富的实践活动丰富并有效完成学科专门课程的学习、教育专业课程的学习,了解并熟悉小学教师的职业要求,获得实践经验,培养教育实践能力。重负荷的“教学实践”是英国师范生获得丰富的感性经验,做好知识、技能和心理的充分准备的重要途径和措施。

3. 推行“以学校为中心的教师培养”模式

英国特别重视中小学在教师培养中的重要作用,推行“以中小学为基地的教师培养模式”,大学与小学共同承担培养教师的任务,教师教育课程的实施多采用以大学为基地的学习研究(university - based work)和以中小学校为基地的教学实践(school - based work)交叉进行的方式,师范生的教育实践活动由富有实践经验的小学学科指导教师和大学指导教师共同合作负责,师范生在理论课程学习的同时,更多浸润在小学文化中体验、感悟和反思,最大程度地实现了理论与实践的有机融合,增强了教师培养的针对性,小学教育的实际需要亦成为教师教育课程设置与更新的重要依据。当然,英国的“以学校为中心的教师培养”模式也遭遇到来自理论与实践的种种问题与疑虑,如怎样的学校能够成为提供专业培训的实习基地,如何选拔和培训学科指导教师,如何建立具有理论依据的师范生教学技能发展过程的模式,等等。但是,这种模式所倡导的教师的职前培养必须有中小学的参与,课程的设置必须结合中小学的教育教学实际,课程的实施要在大学和中小学交叉进行等思想,可以作为我国教师教育课程改革的借鉴。

(三) 我国台湾地区小学教师职前培养课程设置的特点

我国台湾地区小学教师的培养归属于师范学院,或者设有教育院、系、所乃至教育学程的大学培养,培养小学师资的院校分别设置四个学系,即初等教育学系、语文教育学系、数理教育学系和社会科教育学系,负责培养小学教师;设置特殊教育学系,主要负责培养特殊教育师资;设置音乐教育学系、美劳教育学系和体育教育学系,分别负责培养小学各相关学科的科任教师。小学教师职前培养课程设置大致分为四大类,分别为:普通课程、专门课程、教育专业课程及教育实习课程。其小学职前教师教育课程设置呈现出如下特征。

1. 明确规定统一的职前课程设置规范

台湾地区教师教育课程的设置权利在政府,在《师资培育白皮书》方案二“精进师资培育课程方案”中提到,师资职前培养课程奠定师资生任教专业核心知能基础。因此,规定“以教师专业标准为依归,建立师资培育课程最基本的专业规范,涵养师资生五育融通、教师专业本位与教学实务为核心的师资培育课程”,强调“整合中小学教育专业课程与规划普通课程,兼重学科内容知识、学科教材教法与教学实务专业能力,落实教学实习课程,并培养师资生具备议题融入教学能力,符应社会快速变迁趋势,全面精进师资职前培育课程”,指出“各教育阶段因其所面对学生身心发展阶段不同,所需强化的专业能力有所差异”,未来小学教师要“具有包班能力(含各项才艺)”。按照有关法令的规定,教师教育课程总学分都是 148 学分,各级各类教育学程科目分为必修课程和选修课程,其中必修课程包括教学基本学科课程、教育基础课程、教育方法课程、教材教法与教学实习课程四种,必修课程的设置由教育行政部门统一规定,选修课程依据各校师资发展特色可自行开设。台湾师范学院小学师资培养的课程结构及学分比例如表 4 – 3 所示。

台湾中等学校、“国民”小学教师教育学程科目及学分设置,举例说明,如表 4 – 4、表 4 – 5 所示。

表 4-3　台湾师范学院课程结构表(1993 年)①

类别	初等教育学系、语文教育学系、数理教育学系、社会科教育学系		音乐教育学系、美劳教育学系、特殊教育学系、体育教育学系	
比例	学分	百分比	学分	百分比
普通课程	70	47.3%	56	37.9%
专业课程	40	27%	40	27%
专门课程	38	25.7%	52	35.1%
总计	148	100%	148	100%

表 4-4　台东大学师范学院教育学系“国小”教育师资培育课程架构表②

<table>
<tr><th colspan="5">课程类别</th><th>学分数合计</th></tr>
<tr><td rowspan="7">通识教育课程</td><td colspan="3">人文与艺术</td><td>6~8 学分</td><td rowspan="7">28 学分</td></tr>
<tr><td colspan="3">社会科学与当代议题</td><td>4~8 学分</td></tr>
<tr><td colspan="3">数学、科学与科技</td><td>4~8 学分</td></tr>
<tr><td colspan="3">语言与思考工具</td><td>6~8 学分</td></tr>
<tr><td colspan="3">成长与调适</td><td>4~8 学分</td></tr>
<tr><td colspan="3">通识教育讲座(选修)</td><td>2 学分</td></tr>
<tr><td colspan="3">国防教育</td><td>0 学分</td></tr>
<tr><td rowspan="10">专业教育课程(含共同必修6学分:“教育心理学”2学分、“教育概论”2学分、“教学原理”2学分)</td><td rowspan="10">必修科目34学分</td><td rowspan="7">教学基本学科课程10学分</td><td>语文领域</td><td>2 学分</td><td rowspan="10">120 学分~124 学分</td></tr>
<tr><td>数学领域</td><td>2 学分</td></tr>
<tr><td>自然与生活科技领域</td><td rowspan="5">5 大领域至少应修习 3 大领域</td></tr>
<tr><td>社会领域</td></tr>
<tr><td>艺术与人文领域</td></tr>
<tr><td>健康与体育领域</td></tr>
<tr><td>综合活动领域</td></tr>
<tr><td colspan="2">教育基础课程</td><td>4 学分</td></tr>
<tr><td colspan="2">教育方法学课程</td><td>6 学分</td></tr>
<tr><td colspan="2">教学实习及教材教法课程</td><td>14 学分</td></tr>
</table>

① 王泽农,曹慧英. 中外教师教育课程设置比较研究[M]. 北京:高等教育出版社,2003:109.

② 台湾台东大学教务处课程大纲网站[EB/OL]. http://www0.nttu.edu.tw/daa/daaweb.htm.

续表

课程类别			学分数合计
专业教育课程(含共同必修6学分:“教育心理学”2学分、“教育概论”2学分、“教学原理”2学分)	选修课程	10学分	
专门课程	课程内容由各学系自行规划,专门课程至少修满60学分		
自由选修课程	含本系专门课程超修之必、选修课程,超修之专业教育课程,超修辅系课程,超修各师资类科教育学程课程系专门课程,学程课程,放弃辅系资格之已修课程或校际合作远距教学课程		16~20学分
总计	148~152学分		

表4-5 嘉义大学师范学院教育学系小学师资培育课程科目及学分表①

科目	学分	科目	学分
必修科目		选修科目	至少3科6学分
一、教学基本学科课程	至少4个领域10学分	※教育议题专题	2
※国音及说话	2学分	教育研究法	2学分
儿童文学	2学分	特殊教育导论	3学分
※普通数学	2学分	资讯教育	2学分
社会科学概论	2学分	教育行政	2学分
自然科学概论	2学分	德育原理	2学分
儿童英语	2学分	发展心理学	2学分
乡土语言	2学分	人际关系与沟通	2学分
生活科技概论	2学分	生涯教育	2学分
音乐	2学分	教育法规	2学分

① 嘉义大学师资培训中心104学年度新生手册.

续表

科目	学分	科目	学分
必修科目		选修科目	至少3科 6学分
键盘乐	2学分	行为改变技术	2学分
美劳	2学分	多元文化教育	2学分
表演艺术	2学分	心理与教育测验	2学分
艺术概论	2学分	教育统计	2学分
健康与体育	2学分	教育史	2学分
民俗体育	2学分	现代教育思潮	2学分
童军	2学分	科学教育	2学分
二、教育基础课程	至少2科 4学分	教育人类学	2学分
教育哲学	2学分	环境教育	2学分
教育心理学	2学分	电脑与教学	2学分
教育社会学	2学分	生命教育	2学分
教育导论/概论	2学分	两性教育(性别教育)	2学分
三、教育方法学课程	至少5科 10学分	初等教育	2学分
教学原理		公民教育	2学分
辅导原理与实务		儿童心理学	2学分
班级经营		青少年心理学	2学分
教育测试与评量		视听教育	2学分
课程发展与设计	2学分	亲职教育	2学分
教学媒体与操作	2学分	人权教育	2学分
四、教育实习及教材教法课程	修3~4领域"国小"教材教法必修3~4领域至少8学分	比较教育	2学分
		学校行政	2学分
		班级社会学	2学分
		学校教育改革	2学分
※"国民"小学教学实习	2学分	教师行动研究	2学分
※"国小"语文领域——"国语"教材教法	2学分	教育政策与发展	2学分

续表

科目	学分	科目	学分
必修科目		选修科目	至少3科 6学分
“国小”语文领域——英语教材教法	2学分	教师专业发展	2学分
“国小”语文领域——乡土语言教材教法	2学分	教学评价	2学分
“国小”英语教材教法	2学分	课程改革	2学分
“国小”艺术与人文教材教法	2学分	写作教学	2学分
“国小”健康与体育教材教法	2学分	学习策略	2学分
“国小”综合活动教材教法	2学分	班级社会学	2学分
※“国小”数学领域教材教法	2学分	适性教学	2学分
“国小”自然与生活科技领域教材教法	2学分	和平教育	2学分
“国小”社会领域教材教法	2学分	补救教学	2学分

注:标记※为必修。

从台湾地区教师教育课程设置的情况看,课程结构比例严谨清晰,每一结构中的课程设置种类丰富,努力体现培养目标,追求教师专业化水准的提升。

(1)普通课程受到高度重视,凸显课程的“通识性”。普通课程在课程结构中的比例最高(37.9%)。在师资培育上强调达成“教学知能及专业精神的培养,加强民主法治的涵泳与生活、品德的陶冶”的培养目标,重视全人的文化基础,要把师范生培养成为有教养、有统一知识和统一人格的,具有达观的视野和知能的健全师资,以奠定其未来实践德、智、体、群、美等五育的教育目标基础。课程设置至少涉及社会科学、自然科学、人文与艺术等三个领域;课程涉及健全人格(德)、思考判断与创造能力(智)、强健体魄与体适能(体)、民主素养与法制观念(群)、美感教育与人文涵养(美)等五个能力培育的活动或科目,开设的科目门类较多,这比较适应小学教师多方面素质培养的要求,对于培养任教各学科的综合贯通能力、统整相关知识与经验的能力,以及养成专业精神、富有爱心和关怀的品格等人文素养、审美情趣等具有重要的作用。但对于学科综合化的发展趋势而言,是否有利于突出重点学科值得进一步讨论。

(2)教育专业课程得到强化,将提升师范生的教育专业素养作为课程设置的价值追求。教育专业课程既体现了教育学、心理学自身的学科知识系统,也充分考虑了当前教育的实际需求,设置实用精致的小型课程,大致包括三类:一是教育基础课程,如教育哲学、教育社会学、教育心理学等,应修至少 2 科 4 学分;二是教育方法学课程,如教学原理、辅导原理与实务、班级经营、课程发展与设计、教学媒体与操作等,应修至少 5 科 10 学分;三是教育实习与教材教法课程,包括语文、数学、英语、自然与生活科技、社会、艺术与人文、健康与体育、综合活动等各科教学法与小学教学实习,应修至少 10 学分,其中小学"国语"教材教法、数学教材教法和"国民"小学教学实习为必修课程,小学教材教法必修 3 ~ 4 领域至少 8 学分。教育专业课程修业年限至少两年,应修学分(包括必修与选修)规定至少 40 学分。不同的师范学院均不同程度地强化了教育专业课程的深度与广度,奠定师范生的教育理念,提升、拓宽他们的教育理论修养。

《师资培育白皮书》还规定,师资生应至学校场域或教育相关机构进行见习或专业实习,其做法可并入该科目实施,亦可采用弹性方式;另外教学实习科目应有一半以上时数在小学教学现场学习。

(3) 学系专门课程得到增强,并积极与教育专业知识贯通。由于"国民"小学的教学形态为包班制,所以新制师范学院的课程设置以包班制为前提,通过普通课程、专门课程、(教育)专业课程,培育任教所有学科的能力,培养全科型小学教师。专门课程一般在三、四年级开始分系授课,课程名称与小学各领域专门课程名称对应,要求了解现行"国小"课程纲要之各领域教材大纲与能力指标要求,开设的专门课程应具备适切的广度与深度,学分以 34 学分至 60 学分为原则(包括必修与选修),并积极与教育专业知识贯通,使小学教师获得专长的学科教学能力。

台湾地区对"培育具有多领域教学能力(含各项才艺)的'国民'小学师资"具有明确的要求,《师资培育法》强调:"各'国民'小学师资应以'国民'小学包班教学所需核心能力为基础,规划及实施兼含普通、专门、教育专业和教育实习课程在内的整合化'国民'小学师资职前培育课程,强化班级经营、教学辅导与多元评量专业知能。另外,因在'国民'小学需具备多项才艺能力,各师资培育之大学可于正式与非正式课程中提供师资生精炼其才艺和教学技巧的机会,以强化师资生此项能力。"

2. 确立严格的半年教育实习制度

台湾地区在师资的职前培养中建立了比较严格的教育实习制度。教育见习、实习包括四年学程期间在学科研究课中进行的参观、见习、试教等,还包括专门的全职教育实习。在 1994 年颁布的《师资培育法》第八条中明确规定:"修习师资职前教育课程者,含其本学系之修业期限以 4 年为原则,并另加教育实习课程半年，成绩优异者，得依大学法之规定提前毕业。但半年之教育实习课程不得减少。”为期半年的全职教育实习，是师范生在完成四年的修习学程之后，经初检教师资格合格后，才能从事的职前教育课程的重要环节，实习半年期满，经复检合格后，才能取得合格教师证书。[①] “实习期间，实习生由原院校安排指导教师，所在实习学校委派有三年以上任教经验的辅导教师进行实习辅导。师徒三人共同商定实习目标、重点、实习活动、方式、进度等，以作为实习辅导和评估的依据。”[②]实习内容包括教学实习、班主任实习、行政实习和研习活动。在此期间，以教学及班主任实习为主，行政实习及研习活动为辅。实习教师应每月至少参加一次座谈或研习，并全程参与教育实习机构的各项教育活动。总之，对师范生申请实习的条件、实习机构、实习指导教师、实习内容及时间、实习成绩的评定的详细、严格的规定使台湾地区的教育实习有规范、常态的制度。

（四）对我国大陆小学教师教育课程设置的启示

“他山之石，可以攻玉”。以上国家和地区的教师教育课程设置的经验，对我国小学教师教育课程设置有借鉴价值，应该批判地吸收其科学合理的成分：(1) 注重以儿童为中心，以促进儿童的学习和生活为宗旨；(2) 注重结合实践的教学和教育实践本身，具有浓厚的实践取向；(3) 注重教师终身学习能力的培养和终身的专业发展。[③] 具体来说，可资借鉴之处如下。

1. 普通教育课程：广博且综合，着眼于增强文化底蕴和教育张力

普通教育课程即通识课程。从发达国家（地区）教师教育的课程设置情况来看，通识课程作为教师教育课程体系中提高师范生综合素质不可或缺的重要组成部分普遍受到重视。通识课程的开设范围广泛、综合性程度高、课程内容丰富多彩，大多涉及社会科学、人文科学、自然科学和艺术、语言等各个方面，具有显著的广博性，注重体现文理兼容、交叉设置，必修、选修互为补充，既体现对师范生人格养成、学养培育、理性科学思维等的共性要求，也给师范生拓展知识视野、发展良好的个性和特长选择的余地，对增强未来教师的学科文化底蕴和彰显教育的拓展力将起到重要的作用。

2. 学科专门课程：主攻科目与全科培养相结合

学科专门课程为师范生提供将来所教科目的专业知识，而且有一定的广度

---

① 台湾教师资格的获得采用“检定制”，即教师资格检定分为初检和复检，教师资格初检采用学分检核的方式，修满规定学程的学分即为合格，获取实习教师证书；复检则看实习教师的实习成绩是否合格（60 分为合格标准），合格者颁发教师证书。

② 王泽农，曹慧英．中外教师教育课程设置比较研究［M］．北京：高等教育出版社，2003：109.

③ 钟启泉．我国教师教育制度创新的课题［J］．北京大学教育评论，2008，6（3）：46 – 59.

和深度，同时与小学开设的学科课程相对应，并通过“课程研究”学习涵盖初等教育学科的所有科目，进行综合培养。英、美等国家由于取消了专门的师范学院，申请者一般是在取得某门学科的学士学位后，经过 1 ~2 年的教师教育专业训练成为中小学教师。所以，他们有足够的时间完成学科课程的学习，在课程设置上，学科课程相对宽广，为学生提供了大量可供选择的课程，并且注意交叉学科的发展，更加多层次、全方位，有利于培养学生较广的学科知识面和较强的适应性。而我国的职前教师教育在有限的时间里，除了通识课程的学习之外，学生要完成学科专门知识和教育科学知识的学习，时间未免有限并拥挤。在这种机制下，学科专门课程尽管在所有课程中占据了较大的比例，但仍然远远少于英、美等国家。并且由于课程又偏重学科的系统性，就更显出学科专门课程教学的紧张和不足。面对这样的情况，就更应当深入研究学科专业课程的结构整合问题，将整合教学科目的研究作为教师教育的重要课题，有所改进和突破，以在有限的时间内实现最大化的教学效能。

3. 教育科学课程：模块化、综合化和实用化，着眼于教师的专业发展

在发达国家（地区）教师教育课程设置中教育专业课程比重大是普遍的，他们都把教师教育课程的改革和开发作为教师教育研究和实践改进的核心。该类课程一般都由教育理论（科学）课和教育方法技能课组成。各国的教育科学课程内容都比较丰富，具有多元化、弹性化和实用化的特点。教育理论课程涉及教育科学的基本理论和教学法，包含“教育哲学”“教育史”“教育心理学”“教育社会学”“教学过程”“儿童的学习与发展”“人的成长和发展”“职业道德与法律”“教育行政与管理”“教育技术以及教学方法与策略”“课程的组织设计与评价以及教学计划”“教育测量与评价”等，呈现出模块化、专题化、综合化、微型化和临床化的特点，灵活性较强，注重与教育实践的结合，将理论与实践有机融合，培养师范生的问题意识和教育实践能力。方法技能类课程既开设工具性技能科目，也开设智力性技能科目，具有可操作性和针对性，如“问题学生的教育”“表达技巧”“学习材料的选择和准备”“对班级中非正式组织的引导方法”“学校教育中的指导与协商”“教案的制定”“学生野外活动的组织”等。这些课程的内容贴近小学教学的实际，具有较强的指导作用，成为学生把理论应用于实践的中介，使教学和实际紧密联系。[①] 总之，教育科学课程的设置着眼于教师的专业发展，把促进儿童的学习和生活作为课程设置的内在追求。

4. 教育实践：多样化、有机交互化和合作化，是课程设置的核心

加强教育实践的力度已成为发达国家（地区）教师教育中提高未来教师专

---

① 王泽农，曹慧英. 中外教师教育课程设置比较研究[M]. 北京：高等教育出版社，2003：145.

业素质的重要突破口。教育实践一般包括教育见习和教育实习两种方式。对教育实践的高度重视是世界教师教育改革的中心问题。这不仅体现在教育实践的时间被普遍延长，贯穿四年学程中，更体现在实践方式的多样化（将分散与集中相结合、连续与分段相结合）、实践模式的有机化（将教育实践与教师教育课程的学习有机交互进行）和实践管理的合作化（实习指导由大学教师和实习基地的小学教师共同承担）等方面，体现出将实践以及实践中的反思置于课程设置的核心的重要特征（如表 4－6）。

表 4－6 部分国家（地区）教育实习比较

分类 国家	实习时间	实习方式	实习内容
美国	16 个月	分散与集中相结合	课堂观察—角色适应—参与学校生活—全面负责所任课班级的全部教学活动的计划和组织
英国	一年（三个学期）	教育专业理论与实践活动交互	观摩教室教学—练习基本的教室教学能力
中国台湾	① 融合在课程学习中 ② 半年集中实习	① 课程学习中进行参观、见习、试教 ② 全职教育实习	教学实习、班主任实习、行政实习和研习活动

教育实践与教育理论课程学习交互进行的模式是借鉴的重点，应成为实践取向小学教师教育课程力求突破的关键。教育专业理论与实践活动交互的模式以英国利兹多元技术学院的 PGCE 实习方案为典型，如图 4－1①。

5. 课程排列模式：接续式、并行式与并行递增式合理运行

课程设置的优化不仅体现在内容上，更体现在课程结构的科学构建和组织上。教师教育课程中的普通课程、专门课程、教育专业课程的组织方式，一般有接续式、并行式、并行递增式三种。接续式即先开通识课程，后开学科专门课程和教育专业课程。并行式即三类课程同时开设，有机平衡。并行递增式即三类课程同时开设，教育专业课程随年级的升高而逐渐增多和加深。各国课程的排列方式一般和自身的教师教育体系相适应。② 不同的院校可能会选择不同的课程设置模式。小学教师教育课程的排列顺序宜采用并行递增式，根据培养目标

① 杨深坑，欧用生，王秋绒，等．各国实习教师制度比较［M］．台北：师大书苑，1994：168－169.

② 王泽农，曹慧英．中外教师教育课程设置比较研究［M］．北京：高等教育出版社，2003：145.

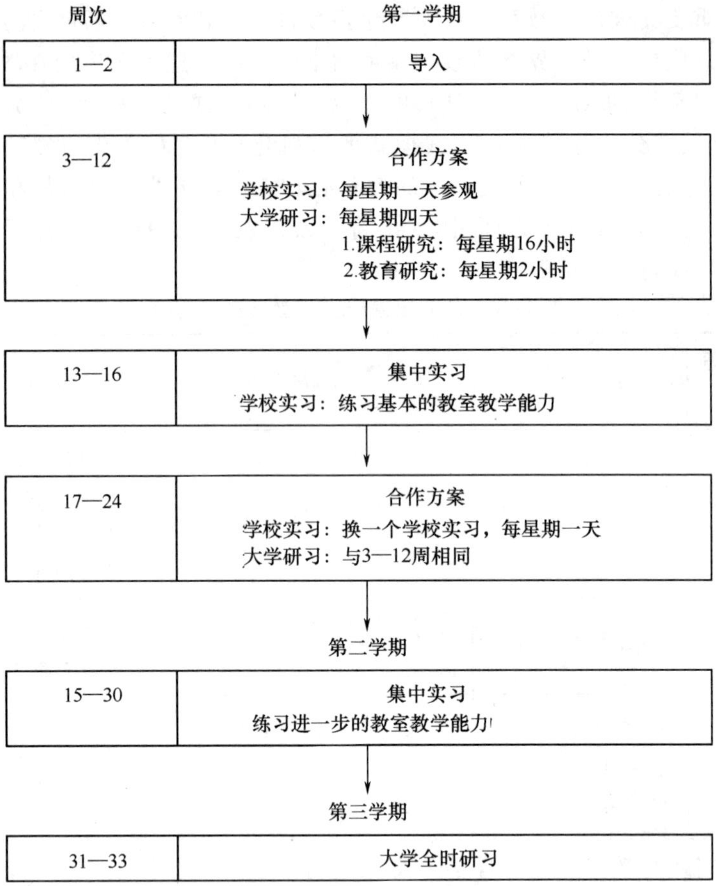

图 4－1　英国利兹多元技术学院的 PGCE 实习方案示意图

的要求，三类课程可以交叉结合，增强学习的效果，并且较早开设的教育专业课程并行递进地贯穿职前培养的始终，更有利于师范生较早地进入角色，在具有一定的文化修养和学科意识的基础上，获得对教育理论和教育实践的深刻理解，有利于形成教育实践能力。

6. 课程的表现形式：灵活多样、有弹性，满足师范生发展的需要

课程的表现形式多呈现灵活多样的特征，不仅有学科课程，还有活动课程、综合课程、微型课程。除了相对稳定的必修课程及选修课程外，还提供临时性的短期课程，如英国伦敦大学教育学院开设了小学理科教育（20 天）、科学课程的教与学（5 天）、户外的科学（5 天），以满足学生自我完善、自我发展的需要。[①]

① 王泽农，曹慧英．中外教师教育课程设置比较研究［M］．北京：高等教育出版社，2003：147.

选修课程富有个性和多样化,并且年年都有更新,这种弹性的课程设置和教学内容更好地解决了学生的职业适应问题,满足了学生个性发展的需要。这对于我国改变课程设置的学科化、理论化、体系化、呆板单一化的倾向具有重要的启示。

7. 强化伙伴合作:为课程实施提供实践场所

大学与小学建立伙伴合作关系,共同促进职前教师的专业发展,实现师资共享,是当今国际教师教育的发展潮流,也是提供高质量职前教师教育的基本保障。只有大学和小学进行有效的合作,小学教师的职前培养才能更好地把理论知识与实践能力融合,促进专业发展。

二、《教师教育课程标准(试行)》:课程设置的规范与依据

我国2011年出台的《教师教育课程标准(试行)》(以下简称《标准》)是国家对教师教育课程的统一规制,对教师教育课程提出了规范要求,“是制定教师教育课程方案、开发教材与课程资源、开展教学与评价,以及认定教师资格的重要依据”。该《标准》是小学教师专业化培养的重要保障。

《标准》专指教育类课程,其文本包括:(1) 基本理念;(2) 教师教育课程目标与课程设置(职前教师教育课程目标与课程设置);(3) 实施建议。在第二部分课程目标与课程设置中,设计了三大目标领域(教育信念与责任、教育知识与能力、教育实践与体验),每个目标领域又设计了六大学习领域,每个学习领域有具体的目标和要求,体现了一以贯之的课程理念,为小学职前教师教育课程设置指出了明确的方向和规范要求。

(一)《标准》确立了小学教师教育课程的基本理念

《标准》将教师专业发展作为教师教育课程的核心价值追求,明确提出了“育人为本”“实践取向”和“终身学习”三个基本理念,使教师教育课程告别传统的学术理性和学科本位,为小学职前教师教育课程设置提出了重要的指导思想。

1. 体现育人为本

从“教师是学生发展的促进者”的专业形象定位,《标准》将“育人为本”作为教师教育课程的基本理念之一。小学教师教育课程设置体现“育人为本”指以小学儿童的发展为本,强调应以促进小学儿童的发展作为小学教师专业实践的终极追求。这一理念,“是针对现行的教师教育课程中‘儿童缺失’的现实而

提出的”[①],强调教师教育课程要体现我国基础教育课程改革倡导的“为了每一位学生的发展”的理念,体现基础教育“儿童本位”课程发展观,实现“儿童为本”的价值转向,要求“教师教育课程要从关注概念、原理转向关注儿童和儿童学习”[②]。

“儿童为本”的课程价值追求,主要体现在以下方面。

在课程目标上,应将培养未来教师具有热爱儿童、尊重儿童、理解儿童的专业情操置于培养目标的首位,以树立正确的教育观、教师观、儿童观和学习观为出发点和归宿,充分体现培养师范生具有理解、教育和研究小学儿童的知识与能力,着力落实培养未来的小学教师具有“热爱儿童”的专业情意、“尊重、理解和关爱儿童”的专业心性,成为儿童学习和成长的促进者的课程目标。

在课程结构上,增加和丰富研究小学儿童身心发展、学习等方面的课程内容,“提供有关小学儿童认知、品德和行为发展特点的知识”,丰富关于认识小学儿童以及形成对小学儿童的情怀和师德修养方面的课程门类,设置专门的课程板块,增加有关课程科目。

在课程内容上,要吸收研究新成果,紧密结合小学儿童身心发展、学习和生活以及教育中的现实问题,基于主题和中心来组织课程学习的内容,引发师范生关注儿童和研究儿童的动机和兴趣,获得有关儿童及儿童学习与教育的鲜活的理论知识的导引。

在课程实施上,增加未来教师与小学儿童交往的机会和经历,丰富对小学儿童的生动的、丰富多彩的实践性认识,形成乐于关注儿童、研究儿童和亲近儿童的态度和情感,这是小学教师教育实现从以知识为本到以人为本的变革的要求。

2. 突出实践取向

从“教师是反思性实践者”的专业形象定位,《标准》将“实践取向”作为教师教育课程的基本理念之一。突出“实践取向”是针对现行的教师教育课程理论与实践分离,实践环节没有得到重视,职前培养的教师缺乏实践经验,忽视基础教育改革实践等问题进行的变革,是响应国际教师教育课程改革潮流的重要取向,也体现了对“教师专业”内涵和特征的深刻理解和把握,是保障“教师的专业是实践的专业”、强化对教师自身的实践的关注的重要取向。《标准》将“教育

---

① 教育部教师工作司.《教师教育课程标准(试行)》解读[M]. 北京:北京师范大学出版社,2013:77.

② 教育部教师工作司.《教师教育课程标准(试行)》解读[M]. 北京:北京师范大学出版社,2013:77.

实践与体验”定为教师教育课程的三大目标领域之一，包括观摩、参与和研究教育实践的经历与体验三个方面的递进的目标与要求，集中反映了教师教育课程要强化实践意识的要求。

为落实实践取向的理念，从课程设置到课程实施，应关注以下问题：

课程的目标应定位为培养具有反思性实践品质的未来小学教师。将发展未来小学教师的教育实践能力、形成实践智慧作为课程设置的核心价值追求。

在科目设置和内容安排上要能够充分显示教育实践的丰富性的要求，要体现对实践的关照，从小学教育的实践需要和现实问题出发来选择和组织课程内容。

在课程实施中体现课程的实践性，密切与小学教育实践的联系，强调在情境中、案例中学习，特别要注重在小学教育的实践经历中获得对小学教育、教学，对小学儿童，特别是对小学教师专业的理解与体验，将实践体验作为一种重要的专业学习和生活方式整合到课程实施中，注重在小学真实的教育实践情境中，在理论学习与实践体验的交融互动中，通过实践、体验、反思和学习构建未来小学教师的实践性知识，有效完成教师教育课程的学习。

3. 注重终身学习

从“教师是终身学习者”的专业形象定位，《标准》将“终身学习”作为教师教育课程的基本理念之一。教师的培养和专业发展是终身的，要在持续学习和不断完善自身素质的过程中经历一个由不成熟到相对成熟的专业发展的历程，这中间，成熟是相对的，发展是绝对的。所以，教师不可能通过职前的一个阶段的教育终身受用，职前阶段教育所掌握的知识和技能也难以适应学科发展以及不断发展和变革的教育工作对教师的新要求。教师的职前培养与职后培训与发展应当相互照应，体现教师成长的内在连贯性和层次性，接受了职前的预备性教育的准教师，应当具有在今后真正的教育实践中接受发展性教育的基础和能力。

为此，《标准》对教师教育事业和教师终身学习提出了新的要求：

一方面，需要我们在职前课程设置中以“一体化”的理念规划课程，在关注内容的延续性的同时，关照职前阶段师范生的学习特征和发展目标，处理好与职后的发展、提高的基础性和衔接性的关系，为职后的培训提高、拓展与延伸奠基。

另一方面，应更为关注在课程学习的过程中培养未来教师“养成独立思考和自主学习的习惯”，使他们形成终身学习和应对挑战的能力与态度，即要具有不断充实自我、构建和更新知识，不断提高自己的智慧和才能，不断提升自己的专业水准和专业表现的可持续发展的态势和能力，以实现小学教师教育课程为未来教师的终身专业发展提供基础性支持的重要功能。

（二）《标准》明确了小学职前教师教育课程的目标

“目标既是课程的出发点，又是课程的归宿。”[①]小学（职前）教师教育课程目标是《标准》的重要组成部分，体现了理想的小学教师的专业标准和专业形象，是课程设置的直接依据。《标准》按照“教育信念与责任”“教育知识与能力”“教育实践与体验”三个目标领域维度来呈现，每个目标领域又由三个目标组成，每个目标又由若干个基本要求组成，通过目标领域—目标—基本要求，建构了完整的目标体系。小学职前教师教育课程目标框架见表4－7：

表4－7 《教师教育课程标准（试行）》关于小学职前教师教育课程的目标

目标领域	目标	基本要求
1. 教育信念与责任	1.1 具有正确的学生观和相应的行为	1.1.1 理解小学阶段在人生发展中的独特地位和价值，认识生动活泼的小学生活对小学生发展的意义。 1.1.2 尊重学生学习和发展的权利，保护学生的学习兴趣和自信心。 1.1.3 尊重学生的个体差异，相信学生具有发展的潜力，乐于为学生创造发展的条件和机会。
	1.2 具有正确的教师观和相应的行为	1.2.1 理解教师是学生学习的促进者，相信教师工作的意义在于创造条件帮助学生快乐成长。 1.2.2 了解小学教师的职业特点和专业要求，自觉提高自身的科学和人文素养，形成终身学习的意愿。 1.2.3 了解教师的权利和责任，遵守教师职业道德。
	1.3 具有正确的教育观和相应的行为	1.3.1 理解教育对学生成长、教师专业发展和社会进步的重要意义，相信教育充满了创造的乐趣，愿意从事小学教育事业。 1.3.2 了解学校教育的历史、现状和发展趋势，认同素质教育理念，理解并参与教育改革。 1.3.3 形成正确的教育质量观，对与学校教育相关的现象进行专业思考与判断。

① 教育部教师工作司．《教师教育课程标准（试行）》解读［M］．北京：北京师范大学出版社，2013：85.

续表

目标领域	目标	基本要求
2. 教育知识与能力	2.1 具有理解学生的知识与能力	2.1.1 了解儿童发展的主要理论和儿童研究的最新成果。 2.1.2 了解儿童身心发展的一般规律和影响因素,熟悉小学生年龄特征和个体发展的差异性。 2.1.3 了解小学生的认知发展、学习方式的特点及影响因素,熟悉小学生建构知识、获得技能的过程。 2.1.4 了解小学生品德和行为习惯形成的过程,了解小学生的交往特点,理解同伴交往对小学生发展的影响。 2.1.5 掌握观察、谈话、倾听、作品分析等方法,理解小学生学习和发展的需要。 2.1.6 了解我国教育的政策法规,熟悉关于儿童权利的内容以及维护儿童合法权益的途径。
	2.2 具有教育学生的知识与能力	2.2.1 了解小学教育的培养目标,熟悉至少两门学科的课程标准,学会依据课程标准制定教学目标或活动目标。 2.2.2 熟悉至少两门学科的教学内容与方法,学会联系小学生的生活经验组织教学活动,将教学内容转化为对小学生有意义的学习活动。 2.2.3 了解学科整合在小学教育中的价值,了解与小学生学习内容相关的各种课程资源,学会设计综合性主题活动,创造跨学科的学习机会。 2.2.4 了解课堂组织与管理的知识,学会创设支持性与挑战性的学习环境,激发学生的学习兴趣。 2.2.5 了解课堂评价的理论与技术,学会通过评价改进教学与促进学生学习。 2.2.6 了解课程开发的知识,学会开发校本课程,设计、实施和指导简单的课外、校外活动。 2.2.7 了解班队管理的基本方法,学会引导小学生进行自我管理和形成集体观念。 2.2.8 了解小学生心理健康教育的基本知识,学会诊断和解决小学生常见学习问题和行为问题。 2.2.9 掌握教师所必需的语言技能、沟通与合作技能、运用现代教育技术的技能。

续表

目标领域	目标	基本要求
2. 教育知识与能力	2.3 具有发展自我的知识与能力	2.3.1 了解教师专业素养的核心内容,明确自身专业发展的重点。 2.3.2 了解教师专业发展的阶段与途径,熟悉教师专业发展规划的一般方法,学会理解与分享优秀教师的成功经验。 2.3.3 了解教师专业发展的影响因素,学会利用以课程学习为主的各种机会积累发展经验。
3. 教育实践与体验	3.1 具有观摩教育实践的经历与体验	3.1.1 结合相关课程学习,观摩小学课堂教学,了解课堂教学的规范与过程。 3.1.2 深入班级,了解小学生群体活动的状况以及小学班级管理、班队活动的内容和要求,获得与小学生直接交往的体验。 3.1.3 密切联系小学,了解小学的教育与管理实践,获得对小学工作内容和运作过程的感性认识。
	3.2 具有参与教育实践的经历与体验	3.2.1 在有指导的情况下,根据小学生的特点和教学目标设计与实施教学方案,经历 1 ~ 2 门课程的教学活动。 3.2.2 在有指导的情况下,参与指导学习、管理班级和组织班队活动,获得与家庭、社区联系的经历。 3.2.3 参与各种教研活动,获得与其他教师直接对话或交流的机会。
	3.3 具有研究教育实践的经历与体验	3.3.1 在日常学习和实践过程中积累所学所思所想,形成问题意识和一定的解决问题能力。 3.3.2 了解研究教育实践的一般方法,经历和体验制订计划、开展活动、完成报告、分享结果的过程。 3.3.3 参与各种类型的科研活动,获得科学地研究学生的经历与体验。

《标准》“呈现出结构化的目标体系”,为小学职前教师教育课程设置“提供了清晰的目标图景”,明确了方向和具体的要求,从各个环节为培养合格的小学教师提供了指引和保障。

1. 提出了小学教师教育课程的核心目标

“课程标准通常是指学生通过一段时间的学习后所产生的行为变化的最低

表现水准或学习水平,用以评价学生的学习表现或学习结果所达到的程度。”① 教育信念与责任、教育知识与能力、教育实践与体验三大目标领域明确了小学职前教师教育培养未来的小学教师应具有的关键的专业特征和水准,它们“既可以作为一个平面的并列关系来理解,还可以作为一个立体的序列或递进关系来理解。从中还可以看出由隐到显、由外在要求到内在提升、由国家意志到个人实践的逻辑关系”②。课程设置应充分体现在三大目标领域中,按照这三个核心目标领域的基本要求操作。

2. 明确了小学职前教师教育课程应达到的要求

目标的基本要求体现了对教师专业的基本要求,更指出了对小学职前教师教育课程培养具有小学教师教育性的未来小学教师应达到的要求。

首先,在“教育信念与责任”这一目标领域,体现为“具有正确的学生观、教师观、教育观和相应的行为”三个目标。在各项基本要求中,体现了职前教育阶段培养未来的小学教师应具有促进小学生快乐健康成长、乐于从事小学教育事业的信念和责任的特殊的专业特征。比如,在“具有正确的学生观和相应的行为”目标中,具体明确了要“理解小学阶段在人生发展中的独特地位和价值,认识生动活泼的小学生活对小学生发展的意义”的特殊要求;在“具有正确的教师观和相应的行为”目标中,提出了要“理解教师是学生学习的促进者,相信教师工作的意义在于创造条件帮助学生快乐成长”和“了解小学教师的职业特点和专业要求”的特殊要求;在“具有正确的教育观和相应的行为”目标中,提出了“相信教育充满了创造的乐趣,愿意从事小学教育事业”的特殊要求。

其次,在“教育知识与能力”这一目标领域,体现为“具有理解学生、教育学生和发展自我的知识与能力”三个目标。在各项基本要求中,体现了职前教育阶段培养未来的小学教师具有通识性和综合性的知识和能力的特殊要求,对小学教师要具有综合的知识基础及相应的教学知识、关于儿童的知识,具有符合小学儿童认知发展特点的将课程内容转化为教学内容的相应的课程的再开发能力、指导儿童学习与发展的能力等提出了特殊要求。这主要体现在“具有教育学生的知识和能力”目标中,具体明确了要“熟悉至少两门学科的课程标准”;“熟悉至少两门学科的教学内容与方法,学会联系小学生的生活经验组织教学活动,将教学内容转化为对小学生有意义的学习活动”;“了解学科整合在小学

① 胡惠闵,崔允漷.《教师教育课程标准》研制历程与问题回应[J]. 全球教育展望,2012(6):10-21.

② 胡惠闵,崔允漷.《教师教育课程标准》研制历程与问题回应[J]. 全球教育展望,2012(6):10-21.

教育中的价值，了解与小学生学习内容相关的各种课程资源，学会设计综合性主题活动，创造跨学科的学习机会”；“学会创设支持性与挑战性的学习环境，激发学生的学习兴趣”等基本要求。

最后，在“教育实践与体验”这一目标领域，体现为“具有观摩、参与、研究教育实践的经历与体验”三个递进的子目标。在各项基本要求中，螺旋递进地提出了观摩—参与—研究的经历与体验的要求，强调在教育实践和丰富的体验中，形成并深化具有正确的儿童观、教师观和教育观的教育信念与责任，建构理解儿童、教育儿童和自我发展的知识并形成相应的能力。比如提出了“观摩小学课堂教学、了解课堂教学的规范与过程”；“了解……小学班级管理、班队活动的内容和要求，获得与小学生直接交往的体验”；“了解小学的教育与管理实践，获得对小学工作内容和运作过程的感性认识”；“在有指导的情况下，根据小学生的特点和教学目标设计与实施教学方案，经历 1～2 门课程的教学活动”以及“参与各种类型的科研活动，获得科学地研究学生的经历与体验”等基本要求。

《标准》的目标设置改变了以往学术理性课程体系化、理论化、去情境化的重要导向，为“实践取向”的小学教师教育课程设置以面向小学教育实践情境为核心提供了依据和导引。

（三）《标准》规定了小学职前教师教育课程的结构与学分设置

课程目标的实现，有赖于基于目标的课程结构和学分设置。《标准》建构了小学职前教师教育的课程结构与学分结构，为科学设置小学职前教师教育课程提供了规范和依据。这里以小学职前教师教育四年制本科为例来说明（如表 4－8）。

表 4－8 《标准》关于小学职前教师教育的课程结构与学分设置（本科）

学习领域	建议模块	学分要求
1. 儿童发展与学习	儿童发展；小学生认知与学习等	最低必修学分 24 学分
2. 小学教育基础	教育哲学；课程设计与评价；有效教学；学校教育发展；班级管理；学校组织与管理；教育政策法规等	
3. 小学学科教育与活动指导	小学学科课程标准与教材研究；小学学科教学设计；小学跨学科教育；小学综合实践活动等	
4. 心理健康与道德教育	小学生心理辅导；小学生品德发展与道德教育等	

续表

学习领域	建议模块	学分要求
5. 职业道德与专业发展	教师职业道德；教育研究方法；教师专业发展；现代教育技术应用；教师语言；书写技能等	
6. 教育实践	教育见习；教育实习	18 周
教师教育课程最低总学分数（含选修课程）		32 学分 +18 周

说明：(1) 1 学分相当于学生在教师指导下进行课程学习 18 课时，并经考核合格。(2) 学习领域是每个学习者都必修的；建议模块供教师教育机构或学习者选择或组合，可以是必修也可以是选修；每个学习领域或模块的学分数由教师教育机构按相关规定自主确定。

1. 基于《标准》体现课程设置的规范性

《标准》作为国家对教师教育课程的统一要求和规定，其内在的规定性就是要求教师教育课程要达到相应的规范。《标准》对学习者应修习的学习领域和学分做出了具体的、刚性的规定，小学教师教育的课程设置应保证基于《标准》。

(1) 按照“学习领域”设置必修课程和相应的学分。“学习领域”是课程结构的第一层面，是教师应具有的合理的知识结构涉及的学习领域，《标准》设计了六个学习领域，即“儿童发展与学习”“小学教育基础”“小学学科教育与活动指导”“心理健康与道德教育”“职业道德与专业发展”以及“教育实践”。由于每一个学习领域都代表着一类重要的教师素养，《标准》规定每一个学习领域是每一个学习者都必修的。所以，课程设置一方面要遵循《标准》，确立相应的课程结构；另一方面要确保每一个领域都必须修习一定的学分，保证未来教师具有均衡、全面、合理的基本素质。

(2) 按照学分规定确保底线。《标准》规定了课程修习的最低总学分（含选修课程）（32 学分 +18 周）、最低必修学分（24 学分）和教育实践周数（18 周），对学分构成做出了明确的规定，这是国家对职前教师教育课程设置和课程实施的统一的、共同的要求，是必须要遵循的基本标准和学分底线。同时规定 1 学分相当于在教师指导下学生学习 18 课时，并经考核合格，为小学教师教育培养质量的达成提出了学习时间的保障。所以，小学职前教师教育课程设置一方面要明确学分设置的基本要求，遵循《标准》对学分要求的规定，另一方面要研究设置足够的符合小学教师教育质量和小学教师素质要求的学分认定方案，保证师范生达到学分底线，获得规定的学分数。

2. 根据需要体现课程设置的灵活性

《标准》只是从教师教育课程目标的角度提出基本要求，保证课程设置的基本规范，但考虑到课程设置的选择性和多样化也是《标准》的基本特点，所以《标准》也为小学教师教育的研究者和实践者根据自己的研究认识，特别是根据区域、学校的实际情况以及师范生的基础和需求来确定并开设课程提供了探索、研究和开发的空间，保证了课程设置一定的选择性、包容性和灵活性，这主要体现如下。

（1）模块课程具有开放性。《标准》倡导教师教育课程模块化，课程结构的第二个层面就是“建议模块”，每一个建议模块中都用“等”字强调“建议”，这就为课程设置提供了开放的空间，研究者和实践者可以根据实际情况，或者及时追踪和汲取教育科学研究的新成果、基础教育的新需求选择或者增减课程模块，保证课程的开放性，也为教师教育课程实现由学科化、理论化、单一化的倾向转向专业化、实践化、整合化提供了保障。

（2）为课程设置提供了自主性。首先，模块化的课程本身就具有灵活组合的特点，可以根据研究成果和实践需求，以多种多样的组合方式形成独立的或相互联系的课程形式，灵活地调整、组织和丰富课程名称，更新和变革学习内容，为自主选择与建构小学职前教师教育课程、形成特色提供了平台。

其次，《标准》仅统一规定了整体的学分结构，但没有规定各个学习领域以及领域中的建议模块的学分数，也没有规定必修课程和选修课程的学分及比例，为小学教师教育研究和实践者在进行课程设置时留有自主确定的灵活空间，也使学习者能够根据自己的学习兴趣和学习需要，自主选择和规划学习的课程，形成个性化的课程学习方案。

（3）鼓励课程设置具有适应性。规范的小学职前教师教育课程是小学教师培养质量的根本保障，在保证按《标准》的统一要求规范设置课程的前提下，《标准》对课程设置所提供的选择、开放和自主的空间，体现着鼓励课程设置要具有适应性，即课程设置要能够根据不同类型（研究型、教学研究型、教学型）、不同地域、不同的培养模式的需求和定位、愿景以及教育资源，和师范生的学习基础、学习兴趣及学习需求，呈现符合小学职前教师教育要求的具有适应性的多元化、个性化的课程方案。包括在达到学分底线要求的情况下，提高相应的学分比重。

3. 强化实践性课程、确保课程设置的实践性

《标准》将突出小学职前教师教育课程的实践取向作为基本理念和基本原则，并将教育实践作为一个单独的学习领域，规定了 18 周的实践时间，这不仅应

体现在课程设置的设计安排上,更应体现在对实践性课程的有效实施与管理上。①

(1) 充分认识教育实践的价值。将“实践取向”作为小学职前教师教育的价值取向,将教育实践作为小学教师职前培养的重要的学习方式和生活方式,用实践构筑知与行统一的小学职前教师教育。

(2) 制订明确的、全程、全面的教育实践规划。将教育实践贯穿职前教育的全过程,合理安排教育实践的时间和形式。

(3) 加强教育实践指导队伍的建设。明确指导教师队伍的构成、职责,并采用多种措施加强指导教师的实践指导能力。

(4) 加强实践基地建设。根据师范生的不同阶段的成长需求,做好见习、实习、顶岗实习的实践学校的选择工作,强化基地校对职前师资培养的责任,大学也要积极参与实践学校的建设,为实践学校提供必要的支持和帮助,在合作中促进师范生、在职小学教师与大学教师的专业成长与发展。

(5) 建立科学合理的实践评价制度。要发挥教育实践评价的形成性功能,拟列师范生在教育实践中的各种行为表现项目,逐项进行描述性评价,向师范生及其今后的就职学校提供其专业学习、专业发展的相关信息,为其今后的专业成长以及学校能够提供的专业支持提供依据,而不只是给予简单的等级鉴定。

三、小学教育实践层面的现实要求

面向小学教育实践,满足小学教育实践层面的现实要求,是实践取向小学教师教育课程设置的题中应有之义。关于小学教育实践层面对小学职前教师教育课程设置的现实要求,本研究采用访谈调查法,对 H 市的 10 位小学校长和 4 位名师进行访谈调查,并通过小学校长论坛,对小学职前教师教育的课程设置问题进行专题研讨和建议征询,为本书立足小学教育实践的需求,增强课程设置的针对性和适切性,提供重要的现实依据。

---

① 教育部教师工作司.《教师教育课程标准(试行)》解读[M]. 北京:北京师范大学出版社,2013:104-105.

（一）课程设置具体科目方面

见表 4 -9：

表 4 -9　小学校长和名师建议开设的课程

访谈人	建议开设的课程及要求	目标
宋校长、张校长	教育法规课（了解教师法、未成年人保护法等政策法规）	懂得教育政策法规，能够按法规行事
尚校长、张校长、崔校长、王老师、张老师、徐老师、宋老师	儿童心理学（以鲜活的案例呈现，加强情境中的学习）	了解儿童的发展特点与规律，理解和尊重儿童
尚校长、张校长、崔校长、王老师、张老师、徐老师、宋老师	教育心理学（以鲜活的案例呈现，加强情境中的学习）	把握教育教学的规律与特征，能够科学有效地开展教学
尚校长、刘校长、肖校长、崔校长、王老师、徐老师、宋老师	心理健康教育课程（对师范生心理健康教育的课程、对小学儿童心理健康教育的课程）	培养师范生阳光健康的心态和健全的人格，提高师范生的情商，使其懂得对儿童的心理辅导
尚校长、崔校长、宋校长、曹校长、张老师	中外著名教育家教育事迹及教育思想（了解教育家的教育思想，包括了解当代名师的教育思想和教学风格）	培养热爱教育事业的精神，富有教育思想和教育情怀，有教育目标和理想追求，感受教师职业的魅力，增强教师职业的吸引力
宋校长、尚校长、张校长、王老师、张老师、宋老师、徐老师	读书积累（阅读中外教育名著、中外文学名著、儿童文学著作）	养成阅读的习惯，加深文化和教育思想底蕴，便于与儿童沟通和交流
刘校长、张校长、崔校长、曹校长、王老师、张老师、宋老师、徐老师	教材分析与学科教学法类课程（熟悉所教学科的教材教法）	了解现行的小学教材的课程体系、学会教学的方法

续表

访谈人	建议开设的课程及要求	目标
张校长、曹校长、张老师	优秀教师教学课例与解析类课程(教学法要与实践接轨,明晰优质课的标准)	与实践接轨,熟悉教学的环节、内涵与标准
张校长、刘校长	新课标的解读与分析类课程(熟识课标)	了解课程改革的理念与要求
王老师、张老师、宋老师、徐老师	模拟教学训练课(职前有更多的演练和反省、改进的机会)	提供实践、反思、总结和提升的学习机会,尽快进入教学角色
刘校长、张校长	口语训练课程(加强口语表达能力的训练)	培养良好的口语表达与沟通能力
刘校长、张校长、肖校长、孙校长、谢校长、崔校长、曹校长、王老师、张老师、宋老师、徐老师	基本技能训练课程(要具有娴熟的教学技能,如三笔字、朗读、课件制作、现代资讯与媒体的运用等)	加强三笔字的规范书写、能够生动地朗读、熟练制作课件,并能够熟练运用现代资讯与媒体辅助教学
刘校长、张校长	教案的写作规范课程(要熟悉教案的写作规范并能够书写规范的教案)	具有教学规范
宋校长、张校长、曹校长、尚校长	校园突发事件的案例分析课程(能够有效处理突发事件)	具有一定的教育理性和教育智慧
刘校长、张校长、隋校长、崔校长、张老师、王老师、宋老师、徐老师	班级管理艺术课(增加典型的案例分析,与实际的演练相结合,真正学会班级的管理并具有管理的能力)	加强做好班主任工作的能力
宋校长、张校长、肖校长、崔校长、曹校长、张老师、王老师	关于人际沟通的课程(能够与家长、学生、同事有效和顺畅地沟通)	学会沟通,懂得沟通的艺术,培养沟通能力

续表

访谈人	建议开设的课程及要求	目标
肖校长、孙校长	教师礼仪修养课程(进行个人礼仪、修养及气质的培训)	培养教师气质,富有教育修养
孙校长	家庭教育指导课程(具有家庭教育的知识与指导能力)	能够有效促进家、校合作
孙校长、崔校长、曹校长	拓展训练课程(涵养教师素质,培养全面发展的人)	培养专业、创新、关怀、领导等多元的基本素养
崔校长、谢校长、王老师、张老师、徐老师	科学素养、人文素养的培养课程(具有宽泛的知识面和人文精神)	加强科学素养和人文素养,加深知识底蕴
崔校长、隋校长、王老师、徐老师	艺术课程(包括音乐、美术鉴赏课,合唱、钢琴、舞蹈、体操课等)	加强艺术修养,培养广泛的兴趣、爱好,多才多艺
崔校长、曹校长、王老师、张老师、宋老师、徐老师	学科专业知识课程(要能够准确有效地传授学科知识,培养学生智慧)	加强学科专业知识基础,要准确、扎实、系统

综上,从小学校长和名师关于职前课程设置的建议来看,多涉及能够培养职前教师的专业理念和情感、教育教学方法和思想,开拓专业视野,加强教师素养、有利于培养具有教育执行力的准教师的课程。课程设置的科目多集中在教育心理类的实用课程、教学技能类课程、素养类课程(人文科学素养、艺术素养)等方面,强烈呼吁小学教师要具有教学实践操作能力、沟通和管理能力等,并强烈建议理论教学要多联系小学的实际,增设模拟情境的教学,增加观察优秀课的教学实录、增加诸如优秀班主任工作等典型的案例分析之类的课程。这些来自小学一线的建议,比较具体和直接,使我们更加明确小学职前教师教育课程一定要改变固守"学科""学术"的理论知识学习的价值取向,要面向小学教育实践的需求,以小学教育实践的需求作为基点研究课程的设置,增加通识类课程、实践操作类课程,增加与小学教育实践相关的实用性课程;课程实施中也应采用案例教学、情境化教学等方式,增强课程学习的实践性、可操作性和适切性。

（二）教育见习、实习方面

见表4－10：

表4－10　小学校长对教育见习、实习的建议

访谈人	对教育见习、实习的建议
宋校长、崔校长、谢校长、隋校长、孙校长、尚校长、曹校长、张校长	延长实习时间： 实习可以贯穿一个学期，这样可以更好地、全面地了解学校一个完整学期的情况，从开学初的准备和规划，对学生的行为训练到期末的整理复习，全面总结，实习教师全面参与，会更清楚地了解小学教育运行的基本过程，更多、更全面、更深入地了解小学儿童；建议实行顶岗实习
张校长、肖校长、刘校长、隋校长、谢校长、曹校长、崔校长	加大见习的密度： 见习可以从大二就开始，甚至可以在大一。每学期最好都有一次见习，每次一周左右的时间。见习的时间应当在四年的培养过程中不间断，主题式的，一周或半个月。要多给予师范生接触小学实践、接触小学儿童的机会
孙校长、崔校长、刘校长、曹校长、	见习要有主题，见习的学校也要不同： （1）见习要有主题，每次应重点完成什么任务，可以见习常规教学，也可以见习综合活动，还要跟班主任教师学习班级管理等。有主题才会在某一方面有足够的收获和感悟 （2）最好每次见习的学校不一样，每次见习要轮流到不同的学校，市区学校、近郊学校，名校、一般的学校、薄弱学校等，领略和感受不同的教育发展状况，了解有差异的学校、教师的教育教学水平、学生的发展特点和需求，以及不同的学校文化，丰富教育见识
隋校长、刘校长、谢校长	加强在教育见习、实习中的互动交流与反思： 见习、实习不只是看或者做，更应该与见习、实习学校的老师互动和交流，多参与教研活动，培养合作交流的意识；要学会反思，学会整理自己的体验、感受与收获，学会总结、概括和提升
尚校长、刘校长、张校长、孙校长、宋校长、崔校长、隋校长	加强见、实习的管理，要增强实效性： （1）见习和实习要建立管理机制，明确“双导师”各自的指导任务； （2）明确见习、实习的目标、任务，而且目标要明确，任务要具体、可操作； （3）建立规范、具体、可操作的见习、实习评价标准，不能仅仅是一般的总体评价，只是给出一个等级而已，评价应当切实具有鉴定和指导的价值

小学校长和名师对职前的教育实践活动的建议和要求，使我们更加明确了教育见习、实习在小学教师教育中的重要地位和作用，他们对见习、实习的时间、方式、管理和评价均提出了有益的建设性意见，所以，关注小学教师教育见习、实习的规范性和科学性是发挥教育实践在职前人才培养中的支柱作用、实现教育实践效能的关键。

发达国家（地区）小学教师职前培养的课程设置的基本特征和思路为本书构建实践取向小学教师教育课程提供了有益的经验借鉴，我国的《标准》是小学职前教师教育课程设置的标准性规约，小学教育实践层面的现实要求增强了实践取向小学教师教育课程设置的实践性、针对性和适切性，小学职前教师教育课程必将在其他国家（地区）的经验、《标准》与现实诉求的引导下，实现实践取向。彰显“实践取向”的课程价值，形成课程设置的实践品格是本书关于课程设置的理想追求。

第五章 审视与反思：小学教师教育课程设置的现状分析

创造始于问题，有了问题才会思考，有了思考，才有解决问题的方法，才有找到独立思路的可能。

——陶行知

课程设置始终是小学教师教育发展的核心课题。从总体上说，提高小学教师学历有助于提升小学教师教育的人才培养质量。但是，这也引发了许多问题。虽然造成小学职前教师教育培养质量不能适应基础教育和教师专业化发展要求的原因是多方面的，但是小学职前教师教育课程设置不够科学合理、不能满足小学教师专业性培养的诉求，应该说是最重要的原因之一。

本章在前面研究的基础上，通过调查研究，对我国当前（12 所院校）本科小学教师教育课程设置进行现状描述与问题简析，同时选取其中某高校的课程方案进行个案分析，以求更为深入地审视我国小学职前教师教育课程设置存在的问题，并从本研究的理论分析框架和现实依据出发，对问题进行反思和深入分析。

一、小学教师教育课程设置检视——对 12 所院校课程方案的分析

对于当前小学职前教师教育课程设置的检视，本研究采用内容分析法。通过方便抽样法抽取了 12 所院校的小学教育本科专业人才培养方案，共 12 份，

这些培养方案是12所院校在《教师教育课程标准(试行)》颁布后重新修订的,并在2012学年度以后正式实施。12所院校分布在北京、上海两个直辖市和其他7个省,分别有部属院校1所,省属院校4所,地方本科高校7所。办学类型有学术研究型、教学研究型、教学型和应用型。其中7所院校小学教育专业被评为国家级特色专业。这12所院校的本科小学教育专业在某种程度上可以反映出我国小学职前教师教育的整体情况。因此,本研究以这12所院校的课程方案为研究样本,对其进行文本分析,以描述当前我国小学职前教师教育课程设置的现状。

为遵循研究的规范与伦理,本书隐去各院校的名称,并根据培养方案实施的模式①,将其归为三种基本模式:一种为综合型培养模式(以Z代表),一种为文理分科型模式(以W代表),一种为学科分科型模式(以F代表)。其中,有5所院校为综合模式,分别以Z1、Z2、Z3、Z4、Z5代表;有4所院校为文理分科模式,分别以W1、W2、W3、W4代表;有3所院校为学科分科模式,分别以F1、F2、F3代表。

(一)课程培养目标的描述与问题分析

培养目标是课程设置的起点和归宿,它制约并影响课程的设置与实施。对12所院校课程方案中的培养目标分析如表5-1所示。

表5-1　12所院校小学教育专业培养目标

院校名称	培养目标	具体要求
Z1	培养有见识、有能力、有责任感的自主学习者,并且具有现代教育理念、较强的教育教学科研能力和高素质、专业化小学教师	1. 坚持党的路线,热爱祖国,热爱教育事业 2. 掌握科学的教育理论与方法,具有良好的职业道德 3. 具有扎实的学科专业基础知识和教育教学能力。 4. 具有从事教育科研的能力 5. 具有良好的表达能力和协调能力,具有较深厚的文化底蕴和审美修养

① 综合型模式强调小学教师素质的综合性,不分学科,重视多学科的基础和教育理论方法与技能的训练,将培养目标定位于能胜任小学多个学科的教学需要;文理分科模式实施"文理分科、综合培养",专业课程分为大文(中文与社会)、大理(数学与科学)两类;分科型模式是针对小学教育所开设的各个学科课程,分设各个学科方向,需要师范生选择某一个学科作为专修方向,培养胜任某一学科教学的小学教师。

续表

院校名称	培养目标	具体要求
Z2	培养具有广泛的教育学、小学教育教学基础知识，全面可持续发展能力的优质小学教师	1. 坚持四项基本原则 2. 较系统的教育学专业基础知识和应用技能 3. 掌握教育教学研究方法 4. 具有一定的创新意识和创新能力
Z3	培养具有小学教育理论知识和较强的实践、研究能力，能够胜任小学教育工作、可持续发展的高素质小学教师	1. 具有坚定正确的政治方向，热爱社会主义祖国，拥护中国共产党的领导，树立科学的世界观和正确的人生观、价值观、教育观和儿童观 2. 热爱儿童，热爱小学教育事业，具有高尚的师德修养和奉献精神 3. 具有较宽的知识面和一定的人文素养、科技素养以及艺术的基础知识和素养 4. 系统掌握精深的教育科学理论知识和小学多科专业的基础知识和基本技能，形成多层复合的知识结构 5. 具有从事小学语、数、外等多门主干学科教学的能力 6. 具有理解他人和与他人沟通的能力、较强的教育研究能力、创新能力以及可持续的自主发展能力
Z4	培养具有良好师德修养和从教素质，理论基础深厚，专业技能扎实，能胜任小学教育教学与科研需要的复合型人才	1. 掌握小学教育的相关理论知识，了解小学教育教学的基本规律 2. 掌握基本的小学教育教学技能，适应基础教育课程改革的要求 3. 会使用教育科研方法研究小学教育的一般问题 4. 具有广博的文化知识和综合素养，具备较强的学习能力和沟通管理能力

续表

院校名称	培养目标	具体要求
Z5	培养扎实的知识基础、较强的实践能力与较高的职业道德，并具备一定的专长，能在小学以及基础教育的其他领域从事教育教学工作的应用型高级专门人才	1. 热爱祖国、忠于中国共产党，热爱教育事业 2. 扎实的小学教育专业理论知识和基本技能，具有一定的人文、科学素养 3. 掌握查阅检索文献的方法 4. 具有一定的体育国防知识，具有健康的体魄和健全的心理素质 5. 掌握现代教育思想和科学教育理论，接受严格的教学实践和技能训练，具备从事教师教学与管理的基本能力
W1	培养热爱小学教育事业，具备文化基础知识和教育教学技能，具有创新精神和实施素质教育能力，能够胜任小学教育教学和科研的高素质师资人才	1. 宽广的文化科学知识和自我发展的能力 2. 良好的艺术修养，健康的审美观和一定的艺术表现力 3. 掌握小学教育基本理论、知识和技能，具备初步的小学教育管理和研究能力 4. 具备两门以上小学课程的教学能力
W2	培养具有现代教育理念和良好职业道德，具有小学教师的知识和技能，具有一定的教育研究能力并能创造性地从事小学教育工作的小学教师	1. 具备较高的政治素养，坚持四项基本原则等 2. 热爱小学教育事业，具有科学与人文基础素养、高尚人格和良好师德 3. 具有系统的教育理论知识和宽厚的文化科学知识，掌握小学教育的基本能力，具有一定的教育科研能力 4. 具有稳定的心理素质和健康的体魄，具有多方面兴趣和良好艺术修养，具有较强的人际沟通能力与社会适应性
W3	培养忠诚于教育事业，具备优秀职业品格、较高教育理论素养和较强的实际工作能力，并擅长小学学科教学、科研、管理的高素质小学教师	1. 坚持马克思、列宁主义，毛泽东思想，邓小平理论等重要思想，树立科学三观 2. 掌握科学的教育理论、方法和良好的育人素质与高尚的师德 3. 具有广博的学科专业知识，对小学教育的各个学科都基本涉猎，具有深厚的文化底蕴、较好的审美修养、良好的心理素质和健康体魄 4. 具有扎实的学科专业能力和教育科研能力 5. 具有终身学习能力、良好语言表达能力和组织协调能力

续表

院校名称	培养目标	具体要求
W4	培养热爱小学教育事业，具有良好的道德素养和文化素养，基础知识扎实宽厚、学有专长、教育技能全面并具有一定从事小学教育教学和研究实际能力的小学教育工作者	1. 要求学生形成坚定正确的政治思想和良好的道德品质 2. 系统掌握一门学科方向（中文与社会方向、数学与科学方向）的基础知识、基本理论和基本技能 3. 掌握小学教育学科所必需的基础知识、基本理论和基本技能，掌握并能实际运用现代小学课程与教学的策略和方法，了解有关的学科新成就和发展动态，形成较强的自学能力和一定的分析问题与解决问题的能力，具有一定的进行小学教育科研的能力和技能 4. 养成熟练的小学教师职业的专门技能 5. 掌握一门外国语和计算机基础知识，并达到相应的等级水平 6. 掌握学校体育卫生的基本知识和体育锻炼的基本技能，具有健康的体魄
F1	培养热爱小学教育事业，文化基础扎实，教育教学全面，具有创新精神，具有广阔国际视野和跨文化教育的高素质师资人才	1. 具有宽广的文化科学知识与自我发展能力 2. 掌握小学教育基本理论、知识和技能 3. 具有良好的艺术修养和健康的审美观 4. 具有两门以上小学课程的教学能力 5. 了解教育发展规律，运用知识解决实际教学中问题的能力
F2	培养热爱教育事业，具有良好的道德素养和文化素质，基础知识扎实宽厚，学有专长，教育技能全面，具有一定教育研究能力的小学教育工作者	1. 热爱教育事业，尊重关爱学生，具有高度的责任感和事业心 2. 良好的人文科学、自然科学素养，形成综合性的知识结构，熟悉 1～2 门主要学科 3. 理解小学儿童身心发展特点，掌握教学的知识，具有教学组织实施、评价等方面的能力 4. 具备小学教育工作相应的技能 5. 具备初步、规范的小学教育研究能力
F3	培养学有专长、能够胜任小学教育工作，具有现代教育观念并能从事教育科研的教学复合型小学教师	1. 具有坚定的教育信念与专业理想 2. 具有现代教育观念以及扎实的教育教学能力 3. 具有良好的从师人格品质和精神 4. 具有终身学习的理念与能力

1. 现状描述

从上述12所院校的小学教育专业培养目标的具体表述来看,总体上各院校对于未来小学教师培养目标的表述大同小异,这说明目前我国在小学教师培养方面各院校之间有较多的共识,共同点主要体现在如下方面。

(1) 普遍提出培养高素质的小学教师。各院校在人才培养目标的定位上,都普遍提出要培养高素质的小学教师。如Z2提出培养“优质小学教师”,Z1提出培养“高素质、专业化的小学教师”,W1提出培养“高素质师资人才”等。这种对于高素质小学教师培养的期待,既符合我国小学教育发展的实际需要,符合本科阶段小学教师培养的需要,也符合“卓越教师”培养计划改革项目的要求。

(2) 普遍强调未来小学教师的政治素养。在培养目标中,都普遍强调未来小学教师的政治素养。如Z2在具体培养规格提出“坚持四项基本原则”,Z1提出“坚持党的路线,热爱祖国,热爱教育事业”,W2提出“具备较高的政治素养,坚持四项基本原则等”。

(3) 普遍将职业道德、广博的知能置于人才培养的首位和重心。各院校都普遍把未来教师的职业道德放在了人才培养规格的首位,并且普遍极为重视对于小学教育专业理论知识的学习以及专业技能的掌握。这种对于“德”“智”“能”的全面强调符合小学教师职业的特点和需要。同时各校对小学教师具备广博而综合的文化知识普遍较为重视,也强调小学教师的沟通、表达等基本能力。如Z1提出要“具有较深厚的文化底蕴和审美修养”,W2提出“具有多方面兴趣和良好艺术修养,具有较强的人际沟通能力与社会适应性”。

(4) 普遍重视培养未来小学教师的教育研究能力。各院校都普遍重视培养支撑未来小学教师可持续发展的教育研究能力。如Z1提出“具有从事教育科研的能力”,Z2提出“掌握教育教学研究方法”,W2提出“具有一定的教育科研能力”,F2提出“具备初步、规范的小学教育研究能力”。这种对于小学教师教育研究能力的强调与各院校提出的高素质小学教师培养的目标是相吻合的,也较为符合教师专业化发展背景下教师成长的特点和需要。

2. 问题分析

从上述对12所师范院校的小学教师教育课程培养目标的具体表述来看,具体存在如下问题。

(1) 各院校的培养目标具体表述各异,缺乏统一的标准。虽然各院校在小学教师培养目标的表述上基本都是从一名小学教师的知、情、意、行等维度展开的,然而在具体的表述上缺乏统一性。如在具体要求小学教师的任教能力方面,有些院校没有明确要求未来的小学教师应该具有几门课程的任教能力,有些院校则要求具有适应1门学科的任教能力,有些院校则要求未来的小学教师应具备2门课程的任教能力。在小学教师的培养过程中,这个方面的分歧集中表现在是进行分科培养还是综合培养的认识上。另外,在对小学教师的其他素质要求方面,不同院校之间的目标也存在差异。如艺术审美修养方面,Z1、W1、W3、F1等明确提出要培养学生的审美意识和艺术修养,其他学校却没有提及或不明确。

(2) 各院校在培养目标的表述上总体较为模糊,缺少可操作性。按照布卢姆教育目标[①]的观点,为了增强目标的指导性和针对性,在进行表述的时候应该做到尽量具体和明确。但是上述院校在小学教师具体培养规格的表述上,总体显得较为笼统和模糊,缺少明确的指导性和可操作性。如F1的表述:"1. 具有宽广的文化科学知识与自我发展能力;2. 掌握小学教育基本理论、知识和技能;3. 具有良好的艺术修养和健康的审美观。"什么情况才叫掌握,掌握的程度如何,如何对掌握进行评价等问题,都缺少相应的可操作的规范要求,从而容易使得目标流于形式而难以在实践中真正贯彻。

(3) 在具体的培养目标表述中,普遍缺少对儿童的关注。小学教师是儿童发展的促进者,开展教育工作的逻辑起点应该是对于儿童的了解和认识,这也是作为一名小学教师所应该具备的基本素质。然而从上述12所院校的小学教师培养目标的具体表述来看,普遍缺少对于儿童的关注,缺乏对关于儿童的知与情的关注,忽略了小学教师最重要的角色和使命。这种培养目标,容易在小学教师的培养实践中只关注作为小学教师的"教"的一面,而忽视对"学"的关注,从而更难形成"以学定教,以教导学"的教学关系。

(4) 各院校对于培养目标的定位普遍过高,难以真正实现。小学职前教师教育,是培养未来优秀的小学教师的,通过职前教育,只能培养具备未来成为优秀教师发展潜质的小学教师。小学教师的专业发展和成长是伴随教师职业生涯终身实践的过程,不可能在职前教育阶段,通过短暂的四年学习就能够造就出一个完全合格甚至优秀的小学教师,这是不符合教师培养和发展规律的。上述院校对于小学教师的培养,普遍提出"培养优质小学教师""培养高素质师资人才""培养专业化的小学教师"等,这种培养目标的表述不够严谨,夸大了职前教育阶段小学教师培养的目标和任务,从而在实践中也难以真正落实。

---

① 布卢姆的教育目标分类理论具有两大特征:一是具有可测性,认为制订教育目标不是为了表述理想的愿望,而是为便于客观地评价;二是目标有层次结构。

（二）课程结构、学分、比重的现状描述与问题分析（见表5－2）

表5－2　12所院校小学教育专业课程结构、学分比重（比例大多为约数）

课程类别		学时・学分分配											
		Z1	Z2	Z3	Z4	Z5	W1	W2	W3	W4	F1	F2	F3
总学分		150	158	171	162	160	166	170	160	189	168	196	170
通识教育课程	必修课程	40（26.7%）	47（29.7%）	39.5（23.1%）	36（22.2%）	40（25.0%）	46（27.7%）	37（21.8%）	33（20.6%）	48（25.4%）	47（28.0%）	30（15.3%）	35（20.6%）
	选修课程	10（6.7%）		6（3.5%）				6（3.5%）	13（8.1%）	12（6.4%）		18（9.2%）	8（4.7%）
博雅教育课程			8（5.1%）								8（4.8%）		
学科基础课程	必修课	25（16.7%）	44（27.8%）	41（24.0%）	45（27.8%）		47（28.3%）	12（7.1%）	10（6.3%）		31（18.5%）	22（11.2%）	25（14.7%）
	选修课								10（6.3%）			4（2.0%）	
专业教育课程	必修课	29（19.3%）	12（7.6%）	26.5（15.5%）	12（7.4%）	38（23.8%）	17（10.2%）	54（31.8%）	46（28.7%）	44（23.3%）	36（21.4%）	23（11.7%）	13（7.7%）
	选修课	36（24.0%）	33（20.9%）	30（17.5%）	52（32.1%）	48（30.0%）	38（22.9%）	39（22.9）	31（19.4%）		16（9.5%）	9（4.6%）	

续表

课程类别		学时·学分分配											
		Z1	Z2	Z3	Z4	Z5	W1	W2	W3	W4	F1	F2	F3
专业方向课程	必修课					16 (10%)				25 (13.2%)		58 (29.6%)	18 (10.6%)
	选修课									25 (13.2%)			
教师教育课程(F3·教师素养、教学技能、学科教学)											13 (7.7%)		25 (14.7%)
素质拓展课程								4 (2.4%)					8 (4.7%)
创新教育(Z4)·专题实践(W3)					3 (1.9%)				3 (1.9%)				
综合实践课程		10 (6.7%)	14 (8.9%)	28 (16.4%)	14 (8.6%)	18 (11.3%)	18 (10.8%)	18 (10.6%)	14 (8.8%)	35 (18.5%)	17 (10.1%)	32 (16.3%)	38 (22.4%)

1. 现状描述

从上表来看,不同的院校在小学教育专业的课程结构设计方面总体上呈现出如下一些特点。

(1) 从课程设置的板块来看。不同院校的小学教育专业的课程设置总体上分为通识教育课程、学科基础课程、专业教育课程和综合实践课程四大板块。其中通识教育课程是根据教育部对高校专业设置的要求开设的,其中有政治、外语、计算机、大学体育等课程,这类课程的设置权限往往在学校或者更高的主管部门,二级学院和小学教育专业自身往往对这一类课程的自主性很小。学科基础课程是针对小学教育专业的特点而开设的基础课程,是小学教育专业学习的基础和保障,体现了是一个多学科融合的小学教育专业特点。学科基础课程一般由教育原理、教育心理学、课程与教学论等教育类课程和语文、数学等学科课程构成,各个院校对此类课程的理解有差异。专业教育课程主要是在学科基础课程的基础上,针对小学教育专业自身的特殊性而开设的更为深化的课程,以培养学生具有未来小学教师的特质和潜能。综合实践课程是与理论讲授式课程相对应的,主要是针对教师教育专业的实践性特质而开设的偏向实践方面的课程,如教育见习与实习、毕业论文写作等,以此帮助学生感受实践、了解实践,增强在实践中运用理论性知识的能力。

在上述四个板块的课程之外,一些院校还设立了其他课程板块,如 Z2 和 F1 都开设了博雅教育课程。另外一些院校如 Z5、W4、F2、F3 还开设了专业方向课程,设立不同的方向课程。另外,W2、F3 均开设了素质拓展课程,Z4 和 W3 还开设了创新教育实践课程。虽然不同院校的课程板块设立的名称各异,但以上几类个性化课程板块从广义的角度来看也分别隶属于上述四大类课程板块。其中博雅课程可以归入通识教育课程,专业方向课程可以归入专业教育课程,创新教育实践课程可以归入综合实践课程。

(2) 从课程板块的学分来看。不同院校的学分设置不完全一样,总体上在学分设置以及学分比重方面呈现出如下特点。

第一,专业修习的总学分有差异。从专业所需修习的总学分来看,12 所院校的小学教育专业平均修习约 168.3 学分;其中最高的是 F2,总学分为 196,最低的是 Z1,总学分为 150。说明在小学教育专业的人才培养过程中,各个不同院校对于总学分的认定是不完全相同的。

第二,通识教育课程的学分比重不同院校有所不同。12 所院校的通识教育课程的学分占总学分的比率平均约为 27.3%;其中最高的是 Z1,其通识教育课程的学分占总学分的比率为 33.4%;最低的是 Z4,其所占的比率为 22.2%。

第三,学科基础课程的学分比重不同院校之间差别比较大。其中 Z5 和 W4

的小学教育课程中没有设置学科基础课程。其他 10 所院校的学科基础课程占总学分的比率平均约为 18.9%；其中最高的是 W1，其比率约为 28.3%；最低的是 W2，其比率约为 7.1%。

第四，专业教育课程的学分比重不同院校存在一定的差异。F2、F3、W4、Z5 将专业教育课程分为专业教育课程和专业方向课程两个子板块，其他几所学校则没有分设专业方向课程。从各个院校专业教育课程（包括专业方向课程）的学分占总学分的比率来看，平均约为 41.0%；其中最高的是 Z5，其比率约为 63.8%；最低的是 F3，其比率约为 18.3%。

第五，综合实践课程的学分比重各个院校之间的差异也比较大。12 所院校小学教育专业课程中综合实践课程的学分所占总学分的比率平均约为 13.2%；其中最高的是 F3，比率约为 22.4%；最低为 Z1，比率约为 6.7%。

2. 问题分析

（1）总体上表现为不规范、不统一。从总体来看，不同院校之间对于小学教育专业的课程板块基本能够取得共识，即认为小学教育专业的课程板块总体上可以分为通识教育课程板块、学科基础课程板块、专业教育课程板块和综合实践课程板块等四个板块，并据此来开设相应的课程。然而在各不同院校之间，无论是从小学教育专业的总学分设置上，还是从各不同课程板块之间的学分比率与结构来看，不同学校的认识和做法不完全一样。这种差异的存在，说明不同院校小学教育专业的课程设置还存在不规范、不统一的现象。

（2）缺乏对于“专业性”的统一认识。不同院校对于不同板块的认识不完全一样。如同样是学科基础课程板块，不同的学校之间所开设的课程可能完全不同。如 Z2 的学科基础课程板块，偏向教育学类课程，而 F3 主要是学科类课程。这种对不同板块课程设置的不同认识，体现出在小学教育专业的课程板块设置和课程开设方面，关于学科和专业的认识存在分歧，缺乏对于小学教师专业性和小学教师教育专业特性的统一认识。

（3）缺乏较为一致的课程价值认识。从不同板块之间的具体关系来看，理论课程（由于通识教育课程由学校统一认定，不能体现专业特点，所以这里的理论课程主要是指学科基础课程和专业教育课程两个板块）和实践课程之间的关系在各学校之间也存在着较大的认识差异。如 F3 由于是在建设应用型地方普通高校，因此其在小学教育专业建设方面应用性体现得较为明显，反映在课程设置中则是综合实践课程所占的学分比重较大。而 Z1 由于是部属师范院校，其理论研究特征较为突出，在其课程设置中则体现出重理论、轻实践的特点，表现在学分上其综合实践活动课程的比重较小。这种理论课程与实践课程之间的关系差异，反映出在小学教师教育领域，培养模式及其价值的分歧，小学教师教育课程的核心价值应当是什么,究竟应该采取“实践取向”还是“理论取向”,仍旧存在着一定的争议。

(三)“专业课程”的分类(名称)及学分的统计与问题分析

从12所院校的小学教育专业人才培养方案的文本来看,不同院校的小学教育专业所涵盖的课程板块各有差异,而且即使是同一个课程板块内容所包含的课程也有较大的不同。分析不同板块之间的课程差异,有助于我们进一步了解小学教育专业各课程板块之间课程开设的规律。

分析方法:表5-3对12所院校小学教育专业的专业课程(包括学科基础课程和专业教育课程中的必修课程与选修课程)进行了详细的统计分析,并将所有课程分为:教育心理类、学科专业类、学科教法类、教师技能类、通识教育类、艺术修养类等六个门类。

1. 现状描述

(1)从教育心理类课程的开设情况看。从上述对12所院校的教育心理类课程开设的情况来看,其在六个不同的课程板块中所占的比重是最大的,12所院校小学教育专业的教育心理学类课程所占的比率平均约为21.5%。其中Z1所占比率约为33.3%,是最高的;Z5所占的比率为10.0%,是最低的。可以见得,小学教育专业的课程中教育心理类课程总体上都受到认可,但是不同院校在此类课程的开设方面也存在着较大的差异。从具体课程看,教育心理学类课程、班级工作与管理类课程、课程与教学类课程、教育原理类课程位居前四位。这些课程总体上都是从作为一个教者的角度来理解教育的,而有关儿童研究类的课程则显得非常少。

(2)从学科专业类课程的开设情况看。学科专业类课程是12所院校小学教育专业课程中仅次于教育心理类课程的第二大板块课程,学科专业类课程学分占总学分的比率平均约为18.8%;其中最高的是F3,约占40.1%;最低的是Z1,约为5.3%;倒数第二的是W4,约为9.5%。从这种百分比的比较中能看出,不同院校在小学教师的培养过程中对于学科本位和教育本位的认识和做法存在一定的差异。从具体课程来看,不同院校都集中在中文和数学两大学科领域之内,且多选择大学中文、数学专业的核心课程作为开设科目,较少涉及小学教育领域内其他学科领域的知识。由此可见,不同院校之间对于此类课程的开设态度有同、有异。这和每所院校自身的特点和学科优势有关系,也与各个院校选择的培养模式有关(或综合、或分科)。小学教育专业关于任教学科类课程的开设,由于缺乏统一的标准加以指导,在不同的院校中课程的开设总体上呈现出各自为政的局面。

表 5－3　12 所院校小学教育专业“专业课程”开设目录与学分一览表（比例大多为约数）

类别	课程名称＼学校	Z1	Z2	Z3	Z4	Z5	W1	W2	W3	W4	F1	F2	F3
教育心理类	教育学类：教育学、小学教育学、教育原理、教育概论、教育学原理、儿童教育概论	3	2	3	3	2	3	4	3	5	3	2	2
	心理学类：（小学）教育心理学、发展心理学、普通心理学、儿童发展心理学、儿童心理卫生与辅导、小学生心理学、社会心理学、学校心理学、积极心理学、社会心理学、教师心理学	9	13	12	6	5	6	11	4	4	8	6	10
	课程与教学类：课程论、教学论、（小学）课程与教学论、小学课程与教学论、课程设计与评价、课堂教学技能、教学设计、校本课程开发、基础教育课程改革	8	3	4	2	2	2	6	4	5	3	4	5
	教育史类：中国教育史、外国教育史、中外教育史、教育思想史	6	6	5				6		6	4		3
	教育研究方法类：（小学）教育研究方法、教育测量与统计、社会科学数据分析方法、质的研究、量的研究 SPSS	6	6	8	2	2	2	6	2	6	3	6	5

续表

类别	课程名称 \ 学校	Z1	Z2	Z3	Z4	Z5	W1	W2	W3	W4	F1	F2	F3
教育心理类	班级工作与管理类：班主任工作、班级管理、学校管理学、教育管理学、课堂管理、德育原理、师生互动原理与技巧、小学生课外活动、个别差异与教育、听课评课说课、小学生团体心理学、儿童心理辅导、小学生心理健康教育、小学综合实践活动	6	7	8	5	2	5	9	2	12	6	10	5
	教师教育类：教师专业发展、教师职业道德、教师教育、教育学问题专题、小学教育专题研究			3		3		1		2	1	4	4
	儿童研究类：儿童学专题、儿童游戏										2	2	
	教育专业类：比较教育学、教育人类学、教育社会学、陶行知教育思想、特殊教育、教育哲学、教育美学、教育名著选读	12	2	6				4		2	7	6	
	政策法规类：教育评价学、学生测评、教育政策与法规、教育法制案例评析		2	2					4	4	2	2	2
	儿童卫生类：儿童生理与卫生学基础、小学生健康教育、人体解剖与儿童生理卫生、学校卫生学、儿童营养与保健		5	2				2				2	
	学分统计及其所占总学分的百分比	50学分；33.3%	46学分；29.1%	53学分；31.0%	18学分；11.1%	16学分；10.0%	18学分；10.8%	49学分；28.8%	19学分；11.9%	46学分；24.3%	39学分；23.2%	44学分；22.5%	36学分；21.2%

续表

类别	课程名称 \ 学校	Z1	Z2	Z3	Z4	Z5	W1	W2	W3	W4	F1	F2	F3
学科专业类	影视文学鉴赏、名著作品赏析、古诗词鉴赏、文学创作基础、小学古诗鉴赏与教学、《红楼梦》鉴赏、儿童文学、儿童文学作品赏析、欧美文学赏析	2	4		3		5	3		2	2	15	8
	汉字学、汉语文字规范、汉字文化、语言学概论、修辞学、逻辑学、实用汉语修辞、写作、教师文体写作、作文教学概论、小学生作文指导		2	4	10			2			3	8	5
	现代汉语、古代汉语、汉语基础、汉语专题、汉语与中国文化、现当代文学、古代文学、古代现代当代文学作品选、现当代散文导读、史传文学、外国文学(作品选)、外国神话解读、国外母语教学概况		4		16		20	8		9	20	32	28
	文学概论、文学基础、文学原理、大学语文		6	6	2	4	3	2			2	3	
	概率统计、微积分、实数与级数、大学数学、高等数学、解析几何、线性代数	3	6	6	5	14		3	12				11
	数学文化、数学与诗歌、数学思想专题、数学史、数学与数学教育、竞赛数学、竞赛指导(初级、高级)、数学建模,数学解题研究、数学思维方法、数学研究、数学分析、初等数论、小学数学理论、数学史专题、初等数学研究、数学理论研究	3	12	4	3	6		8	16	7			17
	学分统计及其所占总学分的百分比	8学分;5.3%	34学分;21.5%	20学分;11.7%	39学分;24.1%	24学分;15.0%	28学分;16.9%	26学分;15.3%	28学分;17.5%	18学分;9.5%	27学分;16.1%	58学分;29.6%	69学分;40.1%

续表

类别	学校 课程名称	Z1	Z2	Z3	Z4	Z5	W1	W2	W3	W4	F1	F2	F3
学科教法类	小学科学课程与教学、小学科学课程、小学科学实验与制作、小学科学教学、现代化学、生命科学、地球空间科学				2			2	10	2			2
	小学语文教学案例研究、语文课程教学论、语文教学研究、小学语文课程标准与教材分析	3	6	7	2		5	3		8	3	2	5
	小学数学教学案例研究、数学课程教学论、数学教材分析	3	6	4	2	3		3	8	8	1		9
	小学英语教学案例研究、英语教学研究、英语教材分析	4	2	3				1		2	2		
	小学艺术教学							2		2			
	小学品德与生活(社会)教学	4		2	2		2	1		2	2		
	小学信息技术教学									2			
	小学体育教学							2		2			
	学分统计及其所占总学分的百分比	14 学分;9.3%	14 学分;8.9%	16 学分;9.4%	8 学分;4.9%	3 学分;1.9%	7 学分;4.2%	14 学分;8.2%	18 学分;11.3%	28 学分;14.8%	8 学分;4.8%	2 学分;1.0%	16 学分;9.4%

续表

类别	学校 课程名称	Z1	Z2	Z3	Z4	Z5	W1	W2	W3	W4	F1	F2	F3
教师技能类	教师基本功、教师职业能力、教师礼仪、教师公关与礼仪	3					2	2		1			
	教师口语、语文朗读技巧、普通话训练与教师语言、小学教师语言技能、嗓音保健、教师嗓音的发声与保健、朗诵与演讲		3	2	2	5	5	2	3	2	1	2	5
	小学课堂教学技能、儿童行为观察与分析			2						4			
	多媒体课件制作、教具学具制作、网页制作、现代教育技术、课件设计与制作	4	4	4	2		6		2	5	5	4	4
	教师书法、写字、硬笔软笔书法、汉字、书法艺术、教师书写技能训练、小学教师书画技能、简笔画		3	2	2	2	3	3	2	2	2	2	3
	学分统计及其所占总学分的百分比	7学分；4.7%	10学分；6.3%	10学分；5.9%	6学分；3.7%	7学分；4.4%	16学分；9.6%	7学分；4.1%	7学分；4.4%	14学分；7.4%	8学分；4.8%	8学分；4.1%	12学分；7.1%
通识教育类	内蒙古简史、南京民俗揽胜				4		2						
	体育理论与技能类										2		
	外语应用提高类										2		

续表

类别	课程名称 \ 学校	Z1	Z2	Z3	Z4	Z5	W1	W2	W3	W4	F1	F2	F3
通识教育类	人文社会科学导论（必选）、社会科学概论、中华民族传统美德教育、中国古代史、中国思想史、中国文化概论、世界近代史、中外文化简史、西方文化、西方哲学史、国学选讲		2	4	4	2	4	2			4	9	4
	养育科学与家庭教育	3	2	2					2	2			
	人类与自然、自然科学概论、科技发展简史、科技教育、人口与环境、物理学基础、Visual Basic 语言程序设计、机器人设计与制作	3	2	8	4	9	3				6		
	学分统计及其所占总学分的百分比	6 学分；4.0%	6 学分；3.8%	14 学分；8.2%	12 学分；7.4%	11 学分；6.9%	9 学分；5.4%	2 学分；1.2%	2 学分；1.3%	2 学分；1.1%	14 学分；8.3%	9 学分；4.6%	4 学分；2.4%
艺术修养类	艺术鉴赏、艺术类、艺术与艺术教育、美学	3		2							2		2
	乐理与视唱练耳、声乐与儿童歌曲、钢琴、音乐、音乐基础、钢琴演奏与欣赏	2	5	4	2	2	2	4	2	3	5		2
	手工、折纸艺术		2				4	1		1	1		
	美术、素描与简笔画、国画、校园实用美术	2	2	4	2	3	4		2	1	4		2
	儿童舞蹈、体操、形体训练		2					2	2		2		4
	摄影、儿童剧创作与表演			1			2						
	学分统计及其所占总学分的百分比	7 学分；4.7%	11 学分；7.0%	11 学分；6.4%	4 学分；2.5%	5 学分；3.1%	12 学分；7.2%	7 学分；4.1%	6 学分；3.8%	5 学分；2.7%	14 学分；8.3%	0 学分；0%	10 学分；5.9%

（3）从学科教法类课程的开设情况看。学科教法类课程是小学教育专业中非常重要的一个板块，而且日益被重视。从上述12所院校小学教育专业教法类课程开设的情况看，其所占总课程学分的比率平均约为7.3%；其中最高的是W4，比率约为14.8%；最低的是F2，比率约为1.0%。它在小学教育专业六大课程类板块中学分比重排名第三。具体课程总体上涉及了小学所有学科。其中有10所院校均开设了小学语文教学与研究和小学数学教学与研究课程。其他学科如小学英语、小学科学、小学品德与生活、小学信息技术、小学体育等的教法课开设得相对偏少，各院校之间有较大的差异。总体上看，不同院校的教法课程所占的比率相对于学科专业类课程而言较小。

（4）从教师技能类课程的开设情况看。各院校教师技能类课程所占总学分的比率平均约为5.5%，其中最高的是W1，其比率约为9.6%；最低的是Z4，其比率约为3.7%。具体课程看，语言表达类课程和汉字书写类课程是所有院校都开设的，这说明传统的"三字一话"在小学教师培养中始终受到高度的重视和关注。另外，随着信息技术的发展，教师的多媒体信息技术运用能力也受到普遍关注，12所院校中有10所院校设置了多媒体信息技术方面的课程。同时，个别院校开设了教师礼仪课程、课堂观察技能课程等，这是对教师技能培养的拓展和深化。然而总体上看，教师技能类课程各院校总体上都多关注工具性技能的培养和训练，忽视了教育智力技能的培养和训练。

（5）从通识教育类课程的开设情况看。小学教师的知识应当广博，通识教育类课程的开设不仅能使未来的小学教师的学科教学具有一定的底蕴和张力，也是培养具有人文精神和科学理性思维的具有全面素养的小学教师的需要，是小学教育专业综合性培养特点的体现和要求。从上述12所院校的情况看，通识教育类课程所占总学分的比率平均约为4.5%，其中比率最高的是F1，约为8.3%；开设最低的是Z4等，比率约为1.1%。从具体课程看，自然科学类和人文社科类的课程开设的比重最大，一般分别占据通识教育类课程的半壁江山。同时个别院校开设了体育类、外语类通识教育类课程，另外Z4和W1分别开设了地方课程作为通识教育类课程，是一个有益的探索和尝试。

（6）从艺术修养类课程的开设情况看。艺术修养类课程在小学教育专业中也有其重要的地位和作用，多才多艺是对小学教师素质的基本要求。从上述12所院校的情况看，艺术类课程所占总学分的比率平均约为4.6%；其中最高的是F1，约为8.3%；最低的是F2，没有开设任何艺术修养类课程。这表明不同院校之间开设此类课程的差异较大。在开设的具体课程中，音乐和美术所占的比重最大，其他如舞蹈、手工和表演类课程也占有一定的比重，说明艺术修养类课程在传统的音乐课和美术课的基础上有所拓展。

2. 问题分析

（1）教育心理类课程缺少独立的体系，难以体现小学教师教育的特性。首先，缺少儿童研究类的课程。小学教师是儿童发展的促进者，这一重要的角色定位，决定了小学教师的重要任务和使命。了解并热爱小学儿童是对小学教师的专业要求。因此在小学教育专业课程设置中，应该开设有关儿童研究类的课程。从上述对 12 所院校的小学教育专业课程的梳理中可以看出，以儿童研究为主题的课程只有 F1 和 F2 两所高校有所涉及，其开设的课程分别是“儿童学专题”与“儿童游戏”。而其他院校除了“小学生心理学”（或“小学儿童心理学”“儿童心理学”）之外，并没有直接以儿童为研究对象的课程。儿童研究课程的缺失，在一定程度上导致未来的小学教师在关于小学儿童的态度与行为、关于小学儿童发展的知识与教育能力等专业理念与专业知能发展方面的欠缺，进而影响小学教师整体专业素质的提升。

其次，开设的课程缺少与小学教育实践的联系，没有小学教师教育的体系特征。课程门类多为高校教育系开设的传统课程，课程多以“学”来命名，如教育学、心理学、教育心理学、教育社会学、儿童心理学等，讲求学科完整的逻辑体系，最多加上“小学”字样，但仍然缺少对于小学教师教育课程的纵深设置，忽视知识之间的横向联合，缺乏体现小学教师教育特性的综合性课程，不能关照小学教育实践，联系小学教育教学实际的案例性课程以及板块式、实用性的小型课程也几乎很难看到。

（2）学科专业类课程的开设较随意且难以与教育心理类课程有机融合。学科专业类课程开设或不开设、开设的多与少，均表现出各个院校课程设计者的“个人化知识系统”，具有较大的随意性。更为重要的是，与教育心理类课程各行其是，互不相关。从小学教育的基础性和综合性特点看，作为一名小学教师需要有整合不同学科知识的能力以及转化学科知识使其心理学化的能力，这种整合和转化的能力是由小学教育的特点所决定的，也是小学教育专业所应该重点培养的专业能力。学科专业知识只是小学教师开展教学的原材料，其只有在教育心理类课程的统领下，才有可能真正做到对知识的整合和转化。因此从学科专业类知识与教育心理类知识的关系来看，二者应该是相互联系的，并且应当用教育心理类知识统领学科专业类知识。在小学教育专业中学科专业类知识与教育心理类知识普遍存在两张皮的现象，显然不利于二者之间整合与转化，学科专业类应该与教育心理类课程有机融合。

（3）学科教法类课程相对薄弱且不能全面关注小学各科教学。学科教法类知识在教师的知识结构中的重要性正越来越被认识。这类知识是将理论知识运用到实际的教学中的桥梁，是形成教师教育教学能力的直接的知识，其在小学教育专业课程中应该受到充分的重视。从12所院校的学科教法类课程学分所占总学分的比率来看,平均约为7.3%,与学科专业类课程约占总学分的18.8%相比相差11.5%。在小学教育专业课程中,应该进一步加强学科教法类课程的比重,从而让学生获得运用知识、提高教育教学的能力。同时,应该进一步关注小学教育中除语文、数学之外的其他学科教法课,从而全面关注小学教育中的各门学科。

(4) 教师技能类课程较为单一,不能满足教师专业化发展的需要。教育教学技能是形成有效的专业行为、从事教学活动的前提和基础,因此在小学教师的职前培养阶段,各个院校对于教师的技能培养都十分重视。如果把教师的技能分为工具性技能和教育智力技能的话,那么传统的"三字一话",即粉笔字、钢笔字、毛笔字以及普通话,只能说是一名教师适应小学教育教学工作必备的工具性技能的一部分。当今小学教育事业的发展对小学教师的专业发展提出了更高的要求,小学教师只有不断地掌握课程设计、班级管理、活动组织以及进行自我反思与教育科研等教育智力技能,才能不断适应以及引领当下教育的发展。从12所院校开设的课程来看,教师技能类课程只局限于传统的"三字一话"、现代教育技术、多媒体课件制作等工具性技能培养,表明对教师(师范生)技能培养的认识狭隘。决定师范生培养是否有效的关键是其能否适应真实的教育教学情境,因此教师技能类课程应该突破工具性技能培养的局限,进一步多元化;应加强教育智力技能的培养,真正培养具有反思意识、实践智慧与可持续发展能力的专业化的教师。

(5) 通识教育类课程所占比率低且结构单一。不同院校的通识教育类课程所占比率仅有1.1%~8.3%,且结构单一,综合程度不高。除去政治、体育等国家规定的课程之外,有限的通识教育类课程限制了师范生接受自然科学、社会科学、人文科学以及艺术等思维的训练和熏陶,难以全面培养未来小学教师的基本素养,难以为未来的小学教师的从教提供宽厚的文化素养和丰富的知识滋养,不利于培养具有多学科知识的综合化的小学教师。

(四) 实践课程设置的状况与问题分析

表5-4呈现了12所院校小学教育专业教育实践课程的总体情况。

1. 现状描述

从12所院校的教育实践课程形式看,呈现多样化的特点,除了教育见习、实习和毕业论文写作之外,一些院校还开设一些个性化的实践课程形式,如创新实践、读书活动、技能考核等。然而总体来看,见习、实习、毕业论文仍是各院校实践课程的主要形式。

表 5-4　12所院校小学教育专业教育实践课程设置情况

院校名称	实践课程的形式						实践课程总学分	实践课程占总学分比	其他实践课程形式
	教育见习		教育实习		毕业论文				
	学分	学期	学分	学期	学分	学期			
Z1	1	机动	5	7	4	8	10	6.6%	—
Z2	3	3、4、5	6	6、8	5	7、8	14	8.8%	—
Z3	3	3、4、5	11	6、8 分教育实习、毕业实习	8	6、7、8	22	13%	教育调查第7学期；技能培训1—6学期，2学分；创新教育，2学分。
Z4	2	1—6学期，全程分散，每月一次	8	7	6	8	16	10%	教育调查、科研训练、创新教育（含第二课堂）2学分
Z5	6	全程	6	8	6	7	18	11%	—
W1	2	3—6	6	7	6	8	14	8.4%	研习第8学期，1学分；技能考核，3学分
W2	与实习一起	2—5	10	6	6	5—8	16	9.4%	技能考核，2学分
W3	与实习一起	4	8	6、7	4	7、8	12	7.5%	专题实践（教育市场开拓与产品策划专题、职业生涯设计、讲座等），3学分
W4	3	2、4、6	18	7	8	8	29	15.3%	社会调查，4周，4学分
F1	1	3、5	10	6	6	8	17	10%	另有野外实习，不计分

续表

院校名称	实践课程的形式						实践课程总学分	实践课程占总学分比	其他实践课程形式
	教育见习		教育实习		毕业论文				
	学分	学期	学分	学期	学分	学期			
F2	2	3、4	10	6、7，分远郊和城区	6	7、8	18	9.2%	科研实践活动，2学分；学术前沿讲座，2学分；小学教师技能实训，3学分；小学学科课程与教学技能，1学分
F3	4.5	2—6	18	7	8	8	30.5	17.9%	创新实践，2学分；读书实践，1.5学分；学年论文，1学分

注：实践课程总学分只包括见习、实习、论文等学分，不包括其他实践课程形式。

（1）从教育见习看。教育见习是12所师范院校小学教育专业教育实践所共有的形式。从见习的学分看，12所院校见习活动的学分平均约为2.3；其中Z5的见习学分为6，最高；Z1和F1各1学分，最低。见习多采用分散的方式开展，且较为灵活和机动。其中Z4前三年（第1—6学期，每学期）每月分散见习一次，W3则集中安排在第4学期，F3分散在第2—6学期。总体来看，12所师范院校对小学教育专业见习普遍较为重视。

（2）从教育实习看。教育实习是师范生教育实践课程的主要形式，也是12所师范院校均采取的主要形式。从实习的学分来看，12所师范院校的实习学分平均约为9.7；其中最高是W4和F3，均为18学分；最低为Z1，5学分。多集中在大学后期，多为第6、7、8学期，且以第6、7学期为主，这样安排主要是为了避免影响第8学期的毕业论文写作以及学生应聘就业。多采用集中实习方式，也有些院校采取阶梯式实习方式，如Z3在第6学期开展教育实习，第8学期开展毕业实习。

（3）从毕业论文看。毕业论文是检验大学阶段学生的理论学习成果以及将所学理论运用于教育实践解决问题的能力的重要形式。从毕业论文的学分来看，12所院校小学教育专业毕业论文的学分平均约为6.1；其中最高的是Z3、W4以及F3，均为8学分；最低的是Z1和W3，均为4学分。多采用相对集中的方式进行，多数院校集中在第7、8学期进行，且大多集中在第8学期，其中W2

和 Z3 采用分阶段完成的方式进行。

(4) 其他实践课程形式。除了上述三种基本的教育实践课程形式之外,一些院校在开展实践课程的过程中,也采用其他一些形式。如 F3 的实践课程形式还包括读书活动和学年论文,并且计入学分统计之中。F2 的实践课程形式还包括科研实践活动,2 学分;学术前沿讲座,2 学分;小学教师技能实训,3 学分;小学学科课程与教学技能,1 学分。这些不同类型的实践课程形式是对师范生实践课程的创新,也可以在一定程度上弥补传统的见习、实习以及毕业论文实践课程形式的不足。

2. 问题分析

(1) 从实践课程形式看,各校的实践课程缺乏统一的标准。虽然各院校普遍重视教育实践,但是在采取的形式以及学分设置上存在较大的差异。如 F3 的教育实践无论是在学分设置上还是在开设形式上,与 Z1 的教育实践都有差异。这种差异,一方面源于不同院校校情的差异以及对于实践的不同理解;另一方面,也反映出由于缺乏统一明晰的指导性文件,各院校在具体开展教育实践活动时呈现出各自为政的局面。小学教师教育的实践课程有其自身的规律和特点,需要通过研究来进一步规范各院校在教育实践方面的做法,使其尽可能体现出小学教师教育的实践要求,满足小学教师职前学习与专业成长的需要。

(2) 从实践课程的内容看,需要统筹安排不同形式的教育实践课程。虽然各院校的教育实践均有见习、实习以及毕业论文等课程形式,但是从这些不同实践课程形式之间的内在关系来看,往往存在着相互割裂、互不相关的局面,内容上缺乏统一的逻辑关系。这种对于教育实践的割裂的安排,在一定程度上削弱了教育实践的总体效能。从见习到实习到毕业论文,应是层层递进、不断深入的,在具体的安排上,可以采用阶梯式的螺旋递进的方式进行,从而使不同的教育实践课程形式相互联系、相互促进,发挥教育实践的总体效能。

(3) 从教育实践教学与理论教学的关系看,需要进一步增强二者的有机联系。教育实践教学只有与理论教学相互促进,才能真正发挥各自的作用。从现有的教育实践课程形式的安排来看,实践教学与理论教学还存在着一定的脱节现象。这种现象一方面导致教育实践中学生难以运用理论性知识指导自己的实践;另一方面也使理论性知识由于脱离了实践场景,难以转化。因此,如何统筹安排理论教学和教育实践教学之间的关系,使理论与实践相互融合,是应认真研究的重要课题。

二、小学教师教育课程设置的适切性调查
——以某院校课程方案为个案进行分析

了解课程方案是否适应基础教育对教师培养的需求,是完善和优化课程设置、改进和提高小学教师职前培养水平和质量的重要突破口。

这里以某院校小学教育专业课程方案为个案开展研究,通过问卷调查以及对名师和校长访谈的形式,了解小学一线教师对于该课程方案的认可程度,以此探讨以该校为代表的小学教师教育课程方案对小学教师专业发展需求的适切性问题。只有当小学职前教师教育的课程方案真正适应基础教育一线的实际需求,才能够在教师培养的过程中真正避免理论脱离实际的弊端,培养出优秀教师。

(一)研究方法

主要采用个案研究法和问卷调查法开展研究,希望通过实证的方法增强研究结论的有效性。

1. 个案研究法

本研究以某院校的小学教育专业课程方案为具体个案进行研究。该校的小学教育专业前身是中等师范学校相关专业,有着悠久的小学教师培养历史(1934 年建校)和优良的小学教师培养传统与办学经验。2000 年并入该校,2003 年开始培养具有本科学历的小学教师,现为省重点专业,入选国家级特色专业、教育部"卓越教师"培养计划改革项目实施单位。其办学理念和办学质量得到了社会的普遍认可,具有较强的典型性和代表性。因此选择该校的小学教育专业课程方案作为个案开展研究,具有一定的代表性。

2. 问卷调查法

主要采用自编问卷进行调查。问卷主体部分为两大部分,第一部分主要是以该校 2013 年小学教育专业课程方案中所规定的专业课程名称为问卷题目(辅之以国内其他几所院校的小学教育专业课程方案中规定的共同的课程,共计 70 门),按照每一门课程对小学教师开展教育工作的重要性程度划分为五级,分别采用"非常重要、一般重要、无所谓、不重要、非常不重要"的等级划分,并相应地赋以分值"1、2、3、4、5"。由参与问卷调查的一线教师根据每一门课程的重要性程度在五级量表中进行选择,以反映其对某门课程的认可程度。第二部分是开

放性问题，主要是想了解除了以上所列举的课程之外，对于小学教师的成长和发展来说，一线教师认为还需要开设哪些补充性的课程。参与问卷调查的小学教师可以在此以开放的方式补充自己认为重要的课程。

（二）调查对象

调查的对象是在小学教育中从事教学与管理的一线教师。主要通过分层抽样的方式选择调查对象，按照办学质量与办学条件的差异将不同小学分为优、中、差三类，并以此为分类标准平均抽取了 H 市 6 所小学的 350 名小学教师参与此次问卷调查。剔除问卷中的无效问卷，共有 316 份有效问卷进入统计与分析。

（三）调查结果

1. 总体情况介绍

问卷分析的方式之一是描述统计，按照问卷中所列的各门课程的总体得分和平均得分来了解被调查的小学教师对于课程方案中各门课程的认可程度。由于有效问卷是 316 份，每门课程的赋值按重要性程度下降的顺序均有“1、2、3、4、5”五个分值，因此每门课程的实际分值之和应该在“316—632—948—1224—1580”五个依次递减的认可程度之间，总分分值越高，说明被调查的小学教师对于该门课程的认可程度越低。根据对问卷调查结果的数据分析，总体来看所有课程总分的平均值为 450 分，说明参与调查的小学教师对于该课程方案中开设的各门课程总体上是较为认可的，认可程度介于“非常重要”和“一般重要”之间。单门课程中最高分值是 694 分，课程名称为“大学数学”，依次递减的课程分别是“高等代数”（693 分），“中外教育比较研究”（645 分），该分值介于“一般重要”和“无所谓”之间，说明参与问卷调查的小学教师对于这些课程的认可程度相对较低。单门课程中赋值总和最低分值是 369 分，课程名称为“小学教育心理学”，依次递增的分值分别是“小学儿童心理学”（395 分），“小学班主任工作”（396 分），“儿童心理卫生与辅导”（423 分），说明参与调查的小学教师对于这些课程的认可程度相对较高。

2. 各课程板块间的比较分析

有学者认为教师教育的课程结构应该包括普通教育课程、学科专业课程、教育专业课程、教育实践课程四个板块。[①] 关于不同类课程知识对于教师成长的作用，长期以来存在着“学科本位”和“教育本位”之争。前者认为对于教师成长而言学科专业知识最重要，在现实的教师培养过程中侧重学科主导型的培养模

---

① 冯建军. 从教师的知识结构看教师教育的课程改革[J]. 中小学教师培训，2004(8)：3－6.

式。后者认为对于教师成长而言教育专业知识更重要,在教师培养过程中侧重教育主导型的培养模式。本研究主要选择教师知识结构的教育专业知识、学科专业知识和学科教学知识三个板块来进行比较分析,试图了解被调查的一线教师对于这些知识板块在教师成长中各自的认可程度。

从调查结果看,问卷中的教育专业知识类课程包括“小学教育心理学”(369分)、“教育基本理论”(430分)、“儿童心理卫生与辅导”(423分)、“小学班主任工作”(396分)、“小学教育科研方法”(443分)、“课程与教学论”(549分)、“小学德育原理”(489分)、“基础教育改革专题研究”(542分)、“中外教育史研究”(594分),各科目得分的平均分值约为470分,介于“非常重要”和“一般重要”的316与632之间,偏“非常重要”。问卷中的学科专业知识类课程包括“大学语文”(583分)、“大学数学”(694分)、“高等代数”(693分)、“文学概论”(572分)、“空间解析几何”(636分)、“数学思想研究”(623分)、“初等数学建模”(595分)、“英美文学选读”(553分)、“英语词汇和写作”(610分)、“英语语音和语法”(539分),各科目得分的平均分值约为610分,介于“非常重要”和“一般重要”的316与632之间,偏“一般重要”。问卷中有关学科教学知识类课程包括“小学语文教学与研究”(433分)、“小学数学教学与研究”(440分)、“小学英语教学与研究”(535分)、“微格教学与设计”(574分)、“小学数学教材分析”(490分)、“小学语文教材分析”(469分)、“备课说课评课专题研究”(435分)、“小学生作业设计研究”(448分)、“小学生考试专题研究”(489分),各科目得分的平均分值约为479分,介于“非常重要”和“一般重要”的316与632之间,偏“非常重要”。可以看出,在被调查的一线小学教师看来,对于教师的成长而言,重要的首先是教育专业知识类课程,其次是学科教学知识类课程,最后才是学科专业知识类课程,如图5-1所示。

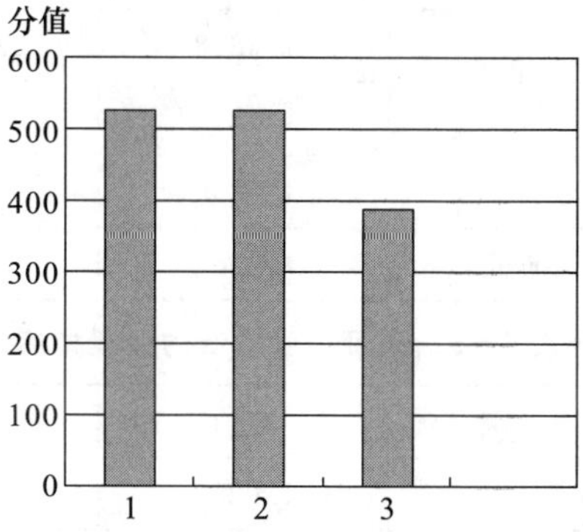

说明:1. 教育专业知识类课程;2. 学科教学知识类课程;3. 学科专业知识类课程

图5-1　不同课程板块的重要性图示

3. 最低与最高分值课程比较分析

在调查的数据中，寻找获得最高分值的课程和最低分值的课程并对其进行比较，将会帮助我们进一步认识被调查的小学教师对于小学教育专业课程方案中各板块知识的认可度。在所调查的70门课程中，总分得分最低的前10门课程如表5－5所示。其中7门课程属于教育专业知识类课程（小学教育心理学、小学班主任工作、小学儿童心理学、儿童心理卫生与辅导、小学教育案例解析、教育基本理论、小学教师心理健康问题研究），其他3门分别是教师素养、教师技能等方面的课程。总分值越低，说明一线小学教师认为这些课程在比较意义上越重要。总分值最高的前10门课程如表5－6所示。其中6门课程属于学科专业知识方面的课程（高等代数、大学数学、英语词汇和写作、数学思想研究、空间解析几何、初等数学建模），2门课程属于研究方法层面的课程（教育统计与测量、文献检索与利用），2门课程属于教育专业知识方面的课程（中外教育史研究、中外教育比较研究）。总分值越高，说明一线小学教师认为这些课程在比较意义上越不重要。

表5－5　认可程度较高的课程排序

课程名称	均值	标准差	得分值
小学教育心理学	1.2178	0.55	369
小学儿童心理学	1.3069	0.63	395
小学班主任工作	1.3079	0.64	396
儿童心理卫生与辅导	1.3267	0.65	423
教师口语和礼仪	1.3851	0.66	423
小学教育案例解析	1.4053	0.75	428
教育基本理论	1.4238	0.75	430
多媒体课件设计与制作	1.4272	0.70	431
小学语文教学与研究	1.4290	0.76	433
小学教师心理健康问题研究	1.4362	0.73	433

表5－6　认可程度较低的课程排序

课程名称	均值	标准差	得分值
中外教育史研究	1.9212	0.91	594
初等数学建模	1.9241	0.91	595
英语词汇和写作	1.9422	0.97	610

续表

课程名称	均值	标准差	得分值
教育统计与测量	1.9966	1.08	615
数学思想研究	2.0136	0.92	623
空间解析几何	2.0204	1.07	636
文献检索与利用	2.0906	1.13	638
中外教育比较研究	2.1196	1.02	645
大学数学	2.3056	1.17	693
高等代数	2.3255	1.18	694

通过对最低分值和最高分值的课程进行比较分析可以看出,被调查的一线小学教师对于教育专业知识类课程的认可程度普遍高于学科专业知识类课程,这种高低分值之间的比较再一次印证了上面提到的各知识板块之间的重要性程度排序的可靠性。另外,有关教师教学基本素养和技能方面的课程也较受小学教师的欢迎,而对于中外教育史研究、中外教育比较研究等纯理论的、与小学教育实践缺少直接联系等方面的课程小学教师的认可程度也较低。

(四) 研究结论、讨论与建议

1. 研究结论

基于上述对于问卷数据的描述统计分析,可以初步得出如下结论。

(1) 在调查问卷中提出的所有课程门类中,小学教师对于各门课程的总体认可程度都处在“非常重要——一般重要—无所谓”之间,没有哪门课程被认为是“不重要”或者是“非常不重要”。这说明一线小学教师对于该课程方案总体上处在一个认可程度较高的水平。由此可以得出一个结论,不同类型知识的课程对于小学教师的成长都有一定的价值。因此课程设置中课程的取舍并非基于各门类课程知识是否有价值,而是基于各门类课程知识对于未来小学教师发展而言的比较价值。

(2) 在教师知识结构板块的比较分析中,一线小学教师对于教师知识板块中的三个板块的认可程度由高到低分别是教育专业知识类课程、学科教学知识类课程、学科专业知识类课程。在教育专业知识类课程中,排在最前面的是小学教育心理学、小学儿童心理学等课程。由此可以得出结论,在一线小学教师看来,了解小学儿童的心理发展特点并以此开展教育教学活动是十分重要的,也是职前教师教育所应该重点关注的地方。而在学科专业知识类课程方面,那些精深的学科知识如大学数学、高等代数等课程在小学教育中的作用并不十分明显。由此可见,在小学教师的培养过程中,应该坚持教育本位而非学科本位的培养模式。

(3) 在问卷的开放性部分,被调查的一线小学教师提出的补充性课程中出现频率较高的是:人际沟通课程、小学生心理健康指导、"三字一话"训练、演讲与口才、班级管理、教师礼仪、校本课程开发、手工技巧课、教师心理健康与保健、小学教材分析等课程。从这些课程的性质来看,都是一些偏重小学教育教学实际技能获得的技能性、操作性课程。而问卷中所涉及的"小学教育科研方法"以及"文献检索与利用"等课程(这些课程重点关注研究性和反思性教师的发展问题,可以称之为发展性课程)受关注的程度并不高。这说明:一线小学教师对于技能性课程的认可程度要高于对于发展性课程的认可程度。这种现象符合教师发展从"生存关注"到"任务关注"再到"自我更新关注"的发展阶段规律①,说明教师的成长和培养需要遵循一定的顺序,技能性课程是教师从教和发展的基础,教师只有在获得了基本的从教技能之后,才有可能进一步涉及发展问题。

2. 讨论与建议

教师教育课程的设置总体上要考虑到大学课程的价值选择,既要有所适应,有所保留,又要有所批判,有所超越。② 因此,在讨论小学教育专业课程方案优化、重构的过程中,需要考虑两个方面的因素:一方面我们需要从小学教育发展的现实需要出发,适时调整小学职前教师教育课程方案以不断适应小学教育发展的需要,这是教师教育课程设置中的适应性原则;另一方面,作为高等院校的教师教育专业,小学教师教育需要培养具有能够引领未来基础教育改革和发展的高素质、有卓越潜质的教师,因此在课程的设置过程中需要考虑到小学教师教育自身的规律性和教师专业可持续发展的需要,这是教师教育课程设置中的超越性原则。基于上述两个基本原则,对小学职前教师教育的课程设置提出如下观点。

(1) 从开设科目来看,一些科目需要增删,部分科目需要改造。一方面需要删除或者变更总分值得分最高的课程。学科专业类课程如"大学数学""高等代数""空间解析几何""数学思想研究"等课程建议适当删减课时,并且在开设形式上抛弃单纯的高等院校数学专业类知识的讲授,可围绕小学数学教育自身的实际需要来重组此类课程。"文献检索与利用"以及"教育统计与测量"等研究方法类课程建议适当地做出形式上的变更,可以在"教师成为研究者"以及"校

---

① 叶澜. 教师角色与教师发展新探[M]. 北京:教育科学出版社,2001:288-299.

② 伍运文. 适应与超越之间:大学课程的价值选择[J]. 江苏高教,2003(4):72-74.

本行动研究”的指导下来重组此类课程,使其能够更好地服务于小学教师做研究的需要。另一方面需要增设或者补充总分值最低的课程。教育专业类课程如“小学教育心理学”“小学班主任工作”“小学教育学原理”“儿童心理卫生与辅导”等课程需要进一步加大开设的力度,另外可增设“儿童学”“小学生认知与学习”等以儿童为研究对象的学科,以便在小学教师教育中让未来的小学教师更多地了解和认识儿童,这是小学教育活动得以开展的前提。

(2) 从课程性质来看,应当既有基础适应性课程又有发展性课程。一线小学教师普遍比较认可的是与基础教育联系较为紧密的实践操作性课程,即基础适应性课程,而对更高级的发展性课程的认可程度较低。但是小学职前教师教育的目标是培养具有引领基础教育能力、具有卓越潜质的教师,所以在加强技能性及应用性课程的基础上需要开设教师发展性课程,以促进教师持续不断地实现自身的专业发展,并最终成为具有反思型、研究型教师发展品质的高素质教师。在问卷的开放性部分提到的课程如“人际沟通课程”“小学生心理健康指导”“‘三字一话’训练”“演讲与口才”“手工技能课”“教师心理健康与保健”等课程都可以纳入小学教育专业课程方案之中,以增强课程的针对性与实用性,同时继续开设教育研究方法、教师专业发展等课程,为高素质的研究型教师的培养奠定基础。

(3) 从课程实施来看,改变较为单一的专业学习方式势在必行。课程实施对于实现课程方案的培养目标起着至关重要的作用,任何课程改革最终都需要落实到具体的教学变革中来。传统的教师教育培养模式,从其教学方式上来看主要采用教师讲、学生听的课堂教学模式,难以调动学生学习的主动性和积极性。教学改革应该利用多种教学形式,充分调动学生的学习主动性和积极性,使学生在实践体验和感悟的过程中不断养成作为优秀教师所应该具备的品质。在对校长及名师访谈过程中,多位小学的校长和名师都普遍提到了活动教学、案例教学、情境教学的重要性,并召唤“实践”,认为学生只有充分实践、体验和感悟,才能获得优秀教师应有的专业品质。另外,他们从自身学习与成长的体会中建议开设第二课堂,如组织学生专业社团、学生活动比赛、学生才艺展示等活动形式,让学生在活动中提高自己。同时还应该进一步沟通第二课堂与第一课堂之间的联系,以便共同营造教师教育的良好氛围,促进师范生获得专业自主,为形成优秀教师的基本素质奠定基础。由此看来,增强课程的实践元素,改变“坐而论道”的专业学习方式,是保证师范生获得良好的专业知能的重要保障。

需要说明的是,本研究主要是通过自编问卷的形式开展,以下因素可能影响问卷的效度:一是本问卷主要是以某院校小学教育专业课程方案中规定的课程名称作为题目,让被调查者根据五级量表的形式对某门课程的重要性程度进行判断。由于被调查者仅仅看到的是某一门课程的名称,不一定十分熟悉此门课程的探讨内容以及课程性质,因此在重要性程度的判断方面可能存在着一定的主观性和随意性。二是由于问卷中的课程名称都是该校课程方案中所列举的课程,这可能会给被调查者一种"专家权威"的印象。虽然问卷填写的导语已经对此做出说明"请抛开专家权威,根据自己的实际情况作答",但是由于被调查者缺乏小学教师教育课程设置的专业知识,因此在作答问卷的过程中可能会受此影响。被调查者对问卷中的课程都给予了较高的评判,不排除有专家权威对小学教师在问卷填写过程中的影响。这些影响问卷效度的因素,提示我们在解释问卷的过程中应慎重。

三、我国现行小学教师教育课程设置的主要问题

通过上述对 12 所院校的小学教育专业课程方案的分析,以及对某院校小学教育专业课程设置的适切性的个案分析,可以看到,尽管不同的地域、不同的院校有不同的课程设置,这些课程设置在表面上是相异的,但在进行本质内涵分析时,又可见它们之间有着较高程度的相似。这些相似包括对小学教师教育有共同的理解和认识,对小学教师教育特性和课程独特价值的认识也有共同的缺失,更表现出对小学教师教育课程设置的规范性诉求。

(一) 课程价值观模糊:忽视小学教师教育特性

在小学职前教师教育课程设置中,很难发现明确的课程价值观,没能突出小学教师教育的"反思性实践"、凸显"教育实践能力"的培养,在理念上缺少对教师教育,特别是"课程是育人、成就人的实践过程"的充分理解,在课程的设置和实施中缺少对师范生在实践经历中的体验、理解与反思的关注。

"教师培养是一项高标准严要求的任务,在很大程度上是因为教学作为一种专业实践形式,其自身所具有的极其复杂性。"①这种复杂性决定了教师的专业发展不是线性的知识和技术的累积,而是通过"反思性实践"获得实践能力和实践智慧。"教师教育在本质上是一种专业教育",小学教师教育更应通过实践构筑知与行统一的培养方式。然而,现行的小学职前教师教育课程设置,多体现

① 苗学杰. 融合的教师教育:教师职前教育中理论与实践关系研究[D]. 长春:东北师范大学,2012.

为以理性的、技术的知识和技能的获得的理性取向的课程价值，更为关注的是理论课程的体系化和学术化，技能类课程和教育实践的工具化与技术化，将知识与技能置于“人”之外，忽视了知识和技能的价值和意义，不能体现小学教师教育的根本特性，难以观照小学教育实践及其需求，难以实现培养“反思性实践者”的根本目标。所以，确立“实践取向”为小学教师教育课程设置的价值取向，才能真正设置体现小学教师教育内在价值和专业性的课程体系，沟通理论与实践，改变二者的二元分离状态，培养具有实践性知识、教育实践执行力和教育智慧的未来小学教师。

（二）课程培养目标过高：脱离小学教师的成长规律

教师的专业发展是终生的。“职前教师教育是长期的专业发展进程的开端”，“合格教师资格标准仅仅是连续的专业发展过程的第一阶段的要求，专业发展还要贯穿在入职教育和整个从业生涯中。”①所以，作为教师专业发展开端的小学教师的职前教育是教师专业发展的准备阶段，是“准教师”培养阶段，其培养目标应是具有一定的专业素养和卓越潜质的准教师，而不是成熟教师。本书中关于小学教师素质发展的调查表明，职后的实践和实践中的反思是教师专业发展的重要影响因素，实践经验为一名准教师成长为成熟和优秀的教师提供了专业发展的条件和空间。现行的小学教师教育培养目标定位于培养“优秀的小学教师”、培养“高素质的小学师资”等，未免脱离了教师成长的基本规律，将职前培养作为教师专业发展的终结性教育亦违背了教师教育的内涵，违背了职前的预备性教育和职后的发展性教育互动共生的基本规律。这种过高的培养目标，导致小学教师教育人才培养规格发生了极大差异，且缺乏可操作性和指导性，致使培养目标不能真正成为课程设置的起点和归宿，不能与课程设置合理融合而被束之高阁。

（三）课程结构各异、核心不明：疏忽“小学教师专业”特性

现行的小学教师教育课程设置，表现出结构各异，核心不明，缺少促进“专业发展”的小学教师专业课程灵魂的问题。其主要原因是没能将小学教师的培养专业作为“教师专业”，特别是疏忽了“小学教师专业”的特质来进行培养方案设计和课程设置。

教师专业具有实践性，小学教师作为“反思性实践者”，更应体现其专业发

---

① 教育部教师工作司.《教师教育课程标准（试行）》解读［M］. 北京：北京师范大学出版社，2013：39.

展的方向。美国《教师专业化基准大纲》规定的五个命题反映了教师专业的属性。其命题一“教师接受社会的委托负责教育学生,照料他们的学习”,表明教师第一位的责任不是消化课程,而在于参与帮助儿童的学习与成长,有力地证明了本研究将小学教师定位于“儿童成长的促进者”、小学教师的专业特性应在儿童的成长视界中探讨和凝练的观点。命题二“教师了解学科内容与学科的教学方法”和命题三“教师负有管理学生的学习并提出建议的责任”表明教师教学的专业内容及其知识基础,特别是要关注知识的生成性理解与知识的整合性逼近,即本研究倡导的小学教师要有综合的知识结构,能够将学科知识与教育知识等知识有机整合,实现任教学科知识通过多学科知识,特别是教育知识进行有效整合与转化,生成易于被小学生理解和接受的知识,这应是小学教师专业性的突出表征。命题四“教师系统地反思自身的实践并从自身的经验中学到知识”与命题五“教师是学习共同体的成员”①,凸显了教师作为“反思性实践者”在实践中反思、在共同体中成长的重要意义,确立了职前的课程设置要利于形成小学教师“实践性知识”的重要命题,关注在课程设置和实施中注重教育实践本身,并结合小学教育实践设置课程科目和实施教学,凸显坚持小学教师职前培养“实践取向”的价值。

由于疏忽了“教师专业”,特别是“小学教师专业”特性,现行的小学教师教育课程设置的结构各异,重点不明,课程比例不合理。一方面,尽管各个培养院校尽力表现着“综合”“实践”“发展”的人才培养思路,但课程的“拼盘式”和罗列相加的倾向明显,形成了体系庞大的粗放型的“多学科群”,没能以独特的“小学教师专业”特质为核心和主线设置和融通课程,没能形成小学教师教育的课程核心。特别是关于“学科基础课程”“教育专业课程”两个板块课程中子板块的认识不清,或偏于教育类课程的设置,或偏于学科类课程的设置,且二者泾渭分明,处于分离的平行状态,缺少有机整合,二者之间的比例失衡,设置随意。另一方面是重点不清,教师教育性、实践性、人文性不足,特别是忽略了对儿童研究的课程,导致师范生促进儿童发展的知识和技能欠缺,忽视学科教学知识课程的设置,且偏于课程自身的学科体系的完整表达,缺乏结合小学教育实践的课程设置,缺乏结合课程学习的实践中的体验和反思,没有形成培养小学教师专业特性的课程体系和专门内容。

(四)课程设置固守“学科本位”:遮蔽了实践性

综观小学职前教师教育课程设置,能够努力凸显“实践”在课程设置中的重

---

① 佐藤学.课程与教师[M].钟启泉,译.北京:教育科学出版社,2008:245.

要性，比如有些院校增加教育实践的时间，设置较为丰富的技能类课程，力争满足小学教育实践的需要。但是总体上仍然不自觉地固守"学科本位"，从学科理性的逻辑出发，按照学科体系来架构课程，不能有效关照教育实践的需求和逻辑，导致理论与实践严重疏离，课程之间缺少内在的逻辑关联和有机整合（学科知识类课程与教育知识类课程各自独立，互不关照；两类课程的内部缺少关联；教育实习和毕业论文之间也缺少内在联系），缺少与小学教育实践相联系的实用性课程，课程设置遮蔽了教育实践的丰富性。这主要表现如下。

1. 教育实践课程形式化且效能偏低

从现行的课程设置来看，仅仅通过延长教育实践的时间来实现教师职前培养的实效，未免显得过于简单。以作为教育实践活动的基本形式的教育实习为例，在现今的职前课程设置中尽管被重视和强调，但"仅仅是将实习作为教学实践的一个环节，而不是作为一门课程，忽视了个体对知识接受的渐进过程和个体从学生角色到教师角色的转变过程"[①]。就教育实习的时间和方式安排来看，时间仍然较短且方式单一。教育实习一般采用集中方式，将实习集中在学程最后，作为理论学习的"相继"形式，与理论学习在空间上被割裂，并不能与理论课程的学习形成有效的衔接、交融与互动，更不能与毕业论文形成有效的关联，实践中的体认与反思难以形成有效的建构和提升，实习仅仅作为准教师入职前对教学实践的简短尝试，缺乏有效的指导，导致理论学习与实践体验、实践中的反思割裂；就实习的评价而言，也缺乏具体的标准，多是笼统的，凭借总体印象予以评价，随意性大，缺乏指导性，难以对师范生未来的专业发展提供有价值的指导。改进教育实践课程的组织方式并有效管理与评价，使之与理论课程有机融合，发挥理论与实践融合的最大效能，是"实践取向"小学教师教育课程设置的关键之一。

2. 以学科体系为基础设置分科课程

小学职前教师教育的课程基本上还是以学科逻辑体系组织的分科课程。分科课程是一种单学科（single - subject）的课程组织模式，它强调不同学科门类之间的相对独立性，强调一门学科逻辑体系的完整性。[②] 它明显的局限性就是由于只关注学科自身知识体系的独立性和完整性，以学科逻辑行为特征，以基本概念、原理、规则和策略为主体，其一是造成了课程缺乏实践价值，忽视了对小学真实的教育实践问题的研究和阐述，是职前的教育理论学习"乏味空洞""脱离实际"

---

① 廖红．从国外教师教育现状看我国教育实习模式的构建：以内江师范学院的"三段四模块"教育实习模式为例[J]．教育理论与实践，2010，30(2)：43－45.

② 张华．课程与教学论[M]．上海：上海教育出版社，2000：276.

“玄而高阁”“没有实用价值”的主要原因。其二是造成了不同的学科门类之间的严重疏离，特别是教育知识类课程和学科知识类课程基本上没有关联。教育知识类课程按照纯教育的思维逻辑展开，学科知识类课程按照学科知识的理论思维来组织，二者不因彼此的存在而更加适合教学或彰显彼此的魅力，导致师范生不能形成有机整合的专业理论知识，更难以关照到个人的经验与体验，他们不能真正内化和习得这些知识，进而影响其在教育实践中获得实践性知识，形成分析和解决复杂的情境性问题的实践能力。其三是造成了理论学习和实践训练的分离状态。教学实践运行的事实证明，二者的“相继式”模式是其中最主要的原因，但也有遵循宏大的学科体系逻辑设置课程所带来的根本问题，即这样的课程设置必然导致在有限的学时背景下教师的单向灌输，教师和学生将大多数时间和精力都用在了教学生涩的学术概念、理论流派以及阐释各种原理和原理框架下的策略上，没有深入思考教育问题的时间，更缺少对教育实践中生动丰富的情境和案例的介绍与剖析，缺少对问题思考与解决能力的训练和培养。总之，课程设置如果重视某一学科知识的理论化和系统化，会遮蔽教育教学实践的丰富性，造成知识之间的隔离、理论与实践的隔离，使职前的课程只能“坐而论道”。变革小学职前教师教育课程设置，体现实践取向的课程价值，努力使课程从分科化、体系化、理论化转变为能够满足职前教师专业化发展需要、适应小学教育实践要求的具有统整性、实用性和可操作性的课程，应当成为课程研究和重构的核心课题。

3. 课程设置忽视师范生个人实践性知识的建构

教师实践性知识是教师专业发展的知识基础，主导并实质性地影响着教师的教育教学行为。但由于受传统认识论和技术理性的影响，人们一般认为教师只要拥有学科知识和教育知识就能够以概念、原理的规定和固定的操作程序从事复杂的教学工作，教育实践是教育学知识、心理学知识和学科教学原理与技术的合理运用。教师的专业性需要依靠专业知识、原理和技术在教学程序上的熟练操作来保障。所以，在小学教师的职前培养过程中，只重视公共知识的传授与掌握、外在的技术化教学技能的训练，忽视作为未来教师对教育的感悟和内在的体验，忽视未来教师的知识结构中对于情境性的、个体的实践知识的构建，这体现在师范生的理论学习与实践体验处于分离和分散的状态，课程设置中缺少能够统整学科知识、教育知识等公共知识与融合师范生的个人经验、体验、信念、情感以及对当下教育情境的直觉把握的知识，还缺少有利于形成综合的知识体系的课程科目和课程组织形式。课程的实践性不够，导致师范生难以建构个人的实践性知识。因而，促进实践性知识的建构是小学教师教育课程改革要迫切解决的问题。

（五）课程设置失范：缺少完善的标准体系

尽管我国在2011年颁布了《教师教育课程标准(试行)》，明确了教师教育课程的理念，对小学教师教育课程设置具有导向性的作用，但这一课程标准只是教育类课程的标准，只为教育理论课程的设置提供了清晰的目标图景和具体要求，虽然对小学教师教育的其他课程设置具有相应的指导作用，但是其他类别的课程设置，比如通识课程、学科课程(专业方向课程)、技能性课程、艺术类课程、实践课程等还缺少具体明晰的规范，即还缺乏针对小学教师教育职前培养的总体课程设置的规范要求，课程标准中内容的缺失是导致小学教师教育课程设置各异的重要原因。

在对小学教师教育课程设置的描述统计中发现，由于缺少像英国、美国和我国台湾地区教师教育课程那样的结构和比例标准，以及对于各类课程设置的相应要求，各个培养院校多从自身对小学教师教育的理解和院校自身的实际情况出发设置职前培养课程，多多少少都偏离小学教师素质的培养要求，主要表现为课程开设的随意性较大，课程门类、课时数、学分数、各类课程比例存在较大的差异，实习周数、学分数的规定也不一致。有些院校虽然突破了教育学、心理学、学科教学法、大学数学、大学语文等传统课程的框架，尝试开设新的各种新课程门类，删减了一些已有课程的内容(学时的体现)，但是这种增加或删减，都带有一定的主观性、盲目性和随意性。具体来说有如下问题。

1. 专业核心课程不统一

现行的课程设置中多半从“小学教师职业具有综合性特征”“小学教师教育由多学科支撑”的理论假设出发，小学教师要能承担多学科的教学任务，强调任教学科专业课程的设置和教育类课程的设置。根据小学的实际情况，语文、数学是主要的核心课程，小学教师必须能同时承担这两门课程的教学，因此小学教育专业按照大学汉语言文学专业的核心课程来设计中文类课程，如“现代汉语”“古代汉语”“现代文学”等，以保证师范生未来能承担小学语文的教学工作；按照大学数学专业的核心课程来设计数学类课程，如“数学分析”“高等代数”“解析几何”等；然后，再按照大学教育类相关专业课程来设置教育类课程，如“教育概论”“教育哲学”“中外教育史”等，不同的是照顾到小学儿童这一教育对象的特点，将有些课程设置为“小学教育学”“小学生心理学”等，就其内容而言并没有针对小学教师教育自身的结构体系与专门内容，不同的培养方案表现出对这些课程的不同选择，且课程归属门类也有较大的差异，很难看到规范统一的小学教师教育核心课程。这种罗列拼盘式的课程设置，并不能真正有效体现小学教师教育的“综合性”“多科性”，明显落后于小学教师专业发展和小学教育事业改革对小学师资的要求,也背离了小学教师教育特性和教师专业化对课程设置的基本诉求。因而,亟须加强小学教师教育核心课程的研究,明确标准与规范。

2. 任教学科课程开设“主观化”

小学教师任教学科课程的开设,在小学教师教育课程的设置中表现得最为参差不齐,有的院校完全不涉及此类课程,有的院校对此类课程的开设相当“饱满”。此类课程的开设科目、门数和学时在不同院校的课程设置中存在相当大的差异,表现出各个院校课程设计者的“个人化知识系统”。小学教师的任教学科知识结构、深度和广度究竟怎样,需要开设哪些课程对其进行支撑,应有专门的研究,也亟待国家层面提供关于此类课程的基本结构、课程科目、内容范围、学时分配的纲领性规定,以规范小学教师职前培养课程的设置。

3. 实践课程缺少相应规定

关于小学职前教师教育实践课程的内涵、结构和规定,还缺少具体、完善的统一的纲领性文件,导致实践课程难以成为课程设置的核心,其时间与学分的设定随意,实践基地的筛选与建设、实践课程的标准以及实施的质量监控都缺少科学的规范,更难体现通过“实践体验”形成理论与实践交互融合的理想的小学教师教育课程结构。制定国家层面的相关标准是解决该问题的有效途径。

总之,要以理性的态度、科学的视角审视小学教师教育的课程设置,在对其合理定位、尊重多元化的前提下,呼唤规范力量的介入,使之科学、有序并富有成效。

第六章　解构与重构：实践取向小学教师教育课程的设置样态

最好的一种教学，是牢牢记住学校教材和实际经验二者相互联系的必要性，使学生养成一种态度，习惯寻找这两方面的接触点和相互的关系。

——杜威

教育是人们灵魂的教育，而非理智知识和认识的堆积。教育的本质意味着：一棵树摇动另一棵树，一朵云推动另一朵云，一个灵魂唤醒另一个灵魂。

——雅斯贝尔斯

建构实践取向的小学教师教育课程，要充分体现小学教师教育的特性，满足小学教师专业性的诉求，综合考虑课程设置的多种要素，满足小学教师专业化发展和小学教育实践的需要。本章针对小学教师教育课程中存在的问题，基于“实践取向”，解构学科体系的课程设置样态，力图建构“实践取向”小学教师教育课程体系。

实践取向小学教师教育课程设置，主旨是面向小学教育实践情境，重视未来教师在教育实践情境中的经历、体验与感悟，以帮助他们形成教育实践性知识、发展教育实践能力和提升教育实践智慧，即以培养具有“反思性实践者”的教育实践品质的未来小学教师为最终目标。

一、实践取向小学教师教育课程的重构原则

（一）系统设计的原则

按照“教育专业”（教师专业）的要求，体现小学教师教育特性，对课程设置进行重构，应当是一个系统工程，而不仅仅是增加、删减或调整一些课程。在进行课程重构时，应在科学的教师专业发展观、教师知识观和课程观的基础上，以促进小学儿童的发展为课程设置的逻辑起点，从培养小学教师“卓越”的专业素质出发，以对小学教师教育所要求的小学教师“应知”“应会”“应能”的专业素质的研究为基础，借鉴发达国家（地区）小学教师职前培养的课程设置经验，以《教师教育课程标准（试行）》的要求为依据，从“实践取向”视角，系统地设计富有小学教师教育独特价值和形态的课程体系，对各类课程进行统整并优化设置，确定课程体系中的内部结构，以及各个要素在课程整体结构中的地位、比重，并充分考虑各个课程要素之间联系，使各要素在课程体系中实现有机组合。整体上要“形散而神聚”，结构上要“丰富而有序”，充分体现小学教师教育的特性和教育价值。

（二）统整性与关联性原则

“综合性”是小学教师教育课程的特性，但是，如何“综”并且“合”，即如何统整课程是小学教师教育课程设置的难点和关键。课程的统整是“在课程当中各种不同的学习经验与课程内容之间，建立适当的关联，以统合课程分割所造成的知识支离破碎的状态，以企图达到最大的学习累积效果。换言之，统整性是指课程经验‘横’的联系之水平组织，包括认知、技能、情意之统整与科目之统整”。① 所以，在课程建构的过程中，不仅应关注开设哪几类课程、哪些课程以及各类课程所占的比重，而且应关注课程的统整性和关联性，将重点转向调整课程的组织结构，整合人文课程和科学课程、理论课程和实践课程、教育专业课程与学科方向课程、显性课程和隐性课程，加强课程类别（板块）之间以及课程内部的融会贯通。即：宏观上统整不同类别的课程、统整不同学科之间的组织关系，微观上统整课程内容之间的组织关系。重点是实现课程学习中理论与实践的交融共生，达成“实践取向”的课程设置目标，即“实践中有理论、理论中有实践”，

① 黄光雄，蔡清田．课程设计：理论与实际[M]．南京：南京师范大学出版社，2005：107.

体现强化综合素质教育、加强文理渗透、注重科学素养、体现人文精神、加强综合性教育、着重培养具有实践能力的小学教师教育特色。

（三）突出实践的原则

“实践取向”是小学教师教育变革的价值追求，亦是小学教师教育课程设置的基本价值取向，因此，基于“实践”、突出“实践”、为了“实践”应是课程建构的基本理念和重要的导向，主要应体现在以下三个方面。

一是要突出实践课程的核心地位，并贯穿全学程，与理论课程交叉融合。将教育实践贯穿师范生培养的全程，即通过教育实践与体验，解构课程的学术理性，将课程的焦点转向生动鲜活的实践，形成理论课程与实践课程的交叉融合，展现富有生气的课程设置的理想形态，以有效地促进未来教师在实践中反思，培养“反思性实践者”的品质，使其获得不断成长与发展的潜在力量。

二是要突出师范生的实践经历与体验，改变师范生的专业学习方式。重构的课程应力求变革师范生追求完备理论体系的专业学习方式，使实践成为其学习的特征与方式，使准教师在真实的教育情境中获得丰富的实践经验，积累实践性知识，在实践中学习怎样做教师并获得专业发展，形成教育理解和反思能力以及应对复杂教育情境的实践能力，充分做好教育教学的入职预备。

三是要突出课程内容和课程实施的实践性特质，摆脱课程内容的纯理论性与课程实施的课堂化的局限。重构的课程应当带动和推进课程内容和课程实施的实践化建设与变革，通过精简与变革不必要的纯理性内容，“软化”由概念、原理、原则、范畴等架构的理论知识的呈现方式，改变“灌输式”的课堂教学方式，多以专题、课题、案例、情境研究等方式呈现课程内容，增加师范生研讨、思考、分析等互动的机会，突出实践性内涵。

（四）促进持续发展的原则

“教师教育”意味着将教师的职前培养、入职教育和职后成长连为一体，体现连续性、一体化和阶段性，将教师的成长视为一个可持续的终身发展的过程。因而，实践取向的小学教师教育课程设置，要从教师终身专业持续发展的角度，科学定位具有专业发展方向的职前培养课程，建构以促进持续专业发展为目标、终身学习为导向的课程体系，设计满足职前阶段教师专业发展的课程，突出职前阶段教师教育课程的教学重点，即为职前教师构筑起深厚的理论知识体系基础，培养其实践的意识和潜质、终身学习的态度和能力，为未来教师能够在不断变革的教育实践中，实现良性的持续专业发展奠定基础。

（五）规范与开放相统一的原则

钟启泉认为，在教师教育的制度创新中，“编制以开放、选择、规范为特色的课程架构”是需要解决的理论和实践课题之一。我国 2011 年颁布的《教师教育课程标准（试行）》是教师教育的纲领性文件。规范是指要符合《教师教育课程标准（试行）》，要体现小学教师职前培养课程的刚性要求；开放是指在符合标准的刚性要求的基础上，要有自主开发的课程，实现课程的包容性，既体现不同学校自身的特色，也使课程结构处于动态发展和课程内容保持先进性的状态之中，亦即在共性与个性之间求得适度的均衡，在规范有序的前提下尊重多元。[①] 所以，对于小学教师教育课程设置而言，在小学教师职前培养的基本思路和课程设置的基本理念下，各个培养机构应根据自身内在条件和实际情况，在科学研究和分析的基础上，在培养专业化小学教师的课程设置中找到自身的突破口和生长点，使课程设置具有个性化、多样化发展的开放空间。

（六）国际化与本土化融合的原则

教育的国际视野与本土情怀融合已成为人们的共识。实践取向的小学教师教育课程设置也应处理好国际化与本土化的关系，要秉持国际化为本土化服务的理念，立足本土化，通过国际化，生成与构建具有中国特色的实践取向小学教师教育课程体系。[②]

（七）效能优先的原则

在课程设置中，存在着学时有限，而课程设置“超载”的矛盾。为有效解决课程设置中“超载”的问题，在课程设置中要本着效能优先的原则。联合国教科文组织曾在“第二个中期规划（1984—1989）”中提供了一条可行线索，“面对复杂的需要，为了避免使课程超载，解决的办法不是在现行内容中增加新的因素，而是应考虑有关学科的补充性和计划中的教育目的，把所有因素有机地整合成一个新的、复合的整体”[③]。所以，解决不断丰富和增多的课程容量与有限的学习时间的矛盾，一方面要在课程设置中，依据培养目标和效能要求安排课程，并适当减少必修课程而增加选修课程和学生自主学习的时间；另一方面也对教师

---

① 钟启泉．我国教师教育制度创新的课题［J］．北京大学教育评论，2008，6（3）：46－59.

② 金忠明在其所著的《教师教育的历史、理论与实践》一书中阐明：真正的国际化不是盲目地照搬或输入，而是理性地吸纳和辐射，真正的本土化是合理地转化与深化。

③ 周海涛．大学课程研究［M］．北京：中国社会科学出版社，2008：178.

在有限的教学时间内，如何有效提升其教学的有效性、均衡课程内容的深度与广度提出挑战。

二、实践取向小学教师教育课程目标

实践取向作为小学教师教育及其课程设置的价值取向，通过课程目标、课程结构、课程内容以及课程实施等对整个课程设置进行定位和调控。

课程目标是课程设置的起点和归宿。小学职前教师教育的目标定位和目标体系的建构是课程设置和实施的导向和依据。

（一）实践取向小学教师教育课程目标的特征

实践取向小学教师教育课程目标应以培养实践能力为指向，体现全面性、发展性与适应性的基本特征。

1. 目标的全面性特征

全面性特征是指要着眼于未来小学教师素质的全面发展，在目标内容上涵盖专业理念与师德、专业知识和专业能力三个维度，突出专业精神中专业情意和个人修为的培养，特别是专业情意中对小学教师的专业认同、爱心和童心的培养、个人修为中对从师的良好的人格品质和心性的培养，专业知识与专业能力培养中对实践的经历与体验，对形成专业实践性知识和实践能力的关注。

2. 目标的发展性特征

发展性特征是指在目标的设计和达成的过程中，既要根据职前教师发展与成长的规律和特点、校情与学情等“适应”师范生发展的要求，满足小学教师成长与发展的基本要求，更要根据小学教师终身发展的需要，着眼于以“促进”师范生能够适应、胜任未来教师工作和未来专业的持续发展为目标，培养具有卓越发展潜质的合格的小学教师。

3. 目标的适切性特征

适切性是指目标的定位要充分考虑小学职前教师教育的所处阶段，考虑到职前教师在教师专业发展过程中所处的专业发展阶段和自身的成长条件与规律，对未来小学教师的培养目标的预期结果既要高站位，不能忽视小学教师职前培养的高水准，又不能盲目偏高，脱离教师的成长规律，而使课程目标空置。所以，目标应该是培养能够胜任小学教育教学工作的有卓越发展潜质的合格教师。如此才能保证目标有效。

（二）实践取向小学教师教育课程目标的设计与表述

这里探讨的职前小学教师教育主要是本科层次的小学教师职前培养专业（本科小学教育专业）。明确高校本科教育的培养目标，是制订本科小学职前教师教育课程目标的基础。我国《高等教育法》中对本科教育的培养目标规定为："本科教育应当使学生比较系统地掌握本学科、专业必需的基础理论、基本知识，掌握本专业必要的、基本技能、方法和相关知识，具备从事本专业实际工作和研究工作的初步能力。"对于小学教师的职前培养而言，培养大学本科层次的小学教师是本专业的培养目标。

从培养本科层次的小学教师的宏观目标出发，依据实践取向的小学教师教育的内涵及客观要求、小学教师的专业素质结构，特别是我国2012年颁布的《小学教师专业标准（试行）》，充分考虑到小学教育的特点和小学教育事业发展的需要、小学儿童身心发展的需求以及小学教师专业发展的规律与特征等诸多影响因素，按照目标定位的基本原则，小学教师教育课程目标的基本定位可做如下表述：培养具有卓越发展潜质的合格的专业化小学教师。

以此定位为基础，借鉴培养目标建构的多种范式，采用领域建构的范式①，从职前教师的专业理念与师德、专业知识、专业能力三个方面来建构课程目标。将实践取向小学教师教育课程目标表述为：培养能够适应小学教育事业发展、小学教师专业化发展和小学生身心健康发展需要的，具有良好的师德情操和从师精神品质、复合的专业知识和综合的专业实践能力，具备良好的社会适应性和教育研究能力的具有卓越发展潜质的合格的专业化小学教师。

培养规格是培养目标的具体化。以总体的培养目标为导向，从三个领域中的基本素质培养出发，以从师的精神品质和专业情意、实践性知识和实践能力为核心的专业素质的培养为重心，这里将具体的培养规格表述为：

（1）具有一定的教育信念与专业理想，热爱小学教育事业，认同小学教师的专业性和独特价值，具有良好的师德修养和正确的儿童观、教师观与教育观。能够贯彻党和国家的教育方针政策，遵守教育法律法规。

（2）具有从师的良好的人格品质和心性，富有爱心、责任心和童心，阳光向上、心态平和并富有亲和力，具有良好的沟通与合作精神和能力。

---

① 我国学者李宝强概括了目标建构的五种经典范式，领域建构是其中的一种。领域建构范式突出体现在布卢姆所主持的教育目标分类研究之中，以一种平面认识的视角，将目标的形成方式表现为学习行为解剖，目标体系的构成元素是认知领域、情感领域和动作技能领域，目标的关联性主要是领域与领域的差异。这种建构范式的理论特征具有指导性和可操作性。

(3) 具有现代教育理念、复合的专业知识和教育实践能力。具有广博的文化底蕴以及艺术审美的基本素养,具备小学两门以上学科教学的能力和课程开发的潜能,在某一学科教学领域有所专长。

(4) 具有扎实的教学基本技能,能够流利而生动地进行口语表达、正确而规范地书写汉字,并能够利用信息技术辅助教学,具有一定的教学整合能力,胜任班主任工作。

(5) 具有终身学习的理念和能力,养成独立思考和自主学习的习惯,具有主动获取知识和开拓创新的精神,具有基本的小学教育研究能力,能够在教育情境中提出问题、分析问题和解决问题,具有应对挑战和不断发展自我、完善自我的能力。

三、实践取向小学教师教育课程结构

对"课程结构"的理解和界定就如同对"课程"的理解和界定一样纷繁复杂。综合各个观点,本研究认为,所谓"课程结构"是指在一定的课程价值观的指导下,课程体系的各个组成部分及其相互之间合乎规律的组织形式。课程结构是课程的价值观念在课程实践中的具体体现。课程结构有"形式结构"和"实质结构"。课程的"形式结构"只决定课程的外部存在形式,是课程的躯壳,如课程的类别、比重;课程的"实质结构"是指课程内部的实质性构成要素及其相互关系,决定课程的价值取向和性质,是课程的"精、气、神"。① 本研究关于课程结构的建构问题,探讨的是小学职前教师教育的课程构成、各类课程间的比例以及课程如何进行组织。在同时关注形式结构和实质结构的基础上,将课程实质结构的优化作为课程重构的核心和关键。

(一) 建构实践取向小学教师教育课程结构的基本思路

实践取向的小学教师教育课程结构的建构,以"实践取向"为价值引导,针对现行的课程设置存在的问题,突出小学教师专业性的内涵诉求,体现实践性、统整性与交融性,对小学教师教育课程进行合目的性重构,为未来的小学教师提供具有独特价值和"专业性"的课程结构。

1. 体现小学教师教育特性与价值

重构小学职前教师教育的课程结构,是以"教育专业""专业教育"为本位

① 罗尧成,胡弼成. 大学课程结构:改革的目标及其优化[J]. 高等理科教育,2004(1):26-31.

的，要着力体现小学教师专业性的内在诉求，应是具有小学教师教育特性和价值的独立的课程体系。基于“教育本位”和“专业教育”的理念，既不以简单意义的传统的“教育学”专业为架构设置课程，也有别于中学教师教育的以单一的学科课程为主体设置课程；既要突破“学术专业”的课程特征，也不简单运用“技术专业”的课程模式，而是以小学教师教育的内涵把握课程结构的设置，突破以单一学科课程为主体的课程设置思路，融合理论与实践，将小学教师的职前培养课程作为一个独立的、具有自身内在逻辑的体系。

2. 凸显实践特色

重构的课程结构要充分体现“实践”的价值理念，具有明显的实践特色。这主要表现为突出“实践课程”的核心地位和重要作用，以实践中的体验、理解和建构作为师范生专业课程学习与专业生活的主要方式，在满足文化基础知识的学习和专业教育课程学习的基础上，侧重实践课程的开发，设置基于情境、基于问题、与小学教育实践密切相关的课程，改造教育实践的模式，使师范生在理论学习与实践体验的交叉融合中增强职业认同与职业认知，形成教育实践性知识和专业实践能力。

3. 具有综合性特征

小学教师教育以综合性人才培养为其显著特色。目前国内现行的课程方案，大体可以归为三种基本模式：一是分科培养（如首都师范大学），对应小学教育所设课程，相应设立语文、数学、英语、科学、信息技术、音乐、美术等专业方向，除设置必要的文化基础课程和教育心理课程之外，主要实行与某一专业方向相对应的以学科专业知识为核心的分科教学；二是综合培养，不分学科方向（如东北师范大学、南京师范大学），具有鲜明的综合教育特色，主要以培养师范生具有宽广的文化知识和全面的小学教师教育理论为目标，不分学科（专业方向），同时开设与小学教育课程相对应的相关学科的课程，主要以中文和数学为主；三是分为大文、大理两个专业方向（如上海师范大学），按照传统的文理分科的方式划分为中文与社会、数学与科学两个方向，分别以中文、数学和教育专业核心课程为主，辅之以文理相通的若干课程进行分科教学。这三种有代表性的模式，尽管各有特色，但均基于对小学教师教育综合性特征的共同认识，只是课程的选择模式和侧重点不同，在一定程度上仍取决于培养院校的前身基础、观念定位与教学资源（特别是师资），是课程设置者“个人化的知识系统”的表现。分歧的焦点集中表现在综合性培养与专长性培养（学科知识教学）这两个维度的矛盾，究其深层原因主要是对小学教师的专业性、小学教师教育的特性以及培养目标与规格的认识存在差异，对培养模式与课程设置为培养目标服务的表现方式的认识有分歧。

“综合性”是小学教师专业性的内在诉求,小学教师教育的综合性特质是其内在要求,不应当存在“综合”与“分科”的矛盾。课程设置在有限的学时内,要有所为有所不为,所以,课程结构的重建应基于“教育本位”,使未来的小学教师具有综合性的知识结构,而学科知识的“专长性”亦应在服从“综合性”的前提下被合理融于专业教育课程中作为专业方向课程开设,设置与专业基础课程和专业核心课程相当的学分。“综合性”并不是牺牲“专长性”,而是从小学教师的专业性出发,科学认识小学教师的专长是教育知识不可替代的;“综合性”也不是课程的拼盘,应以小学教育专业特性和小学儿童的成长发展作为课程设置的理论基点,以适应小学儿童成长发展和小学教育的需要,架构统整的复合的多学科的具有自身专业特色的课程结构。

4. 突出“儿童为本”的价值导向

以“儿童为本”,即以小学儿童的发展作为课程设置的逻辑起点,将“基于儿童发展”,促进儿童的学习和生活作为课程设置的价值追求,这应成为小学职前教师教育课程设置的立场和理念。所以,建构的课程体系,要明显体现对小学儿童的发展、教育和研究的课程,加大有关儿童的课程。如在通识课程中开设儿童哲学、儿童游戏、中外儿童文学作品选读等课程;在专业基础类课程中开设儿童学研究专题、儿童的个别差异与教育、舞蹈与儿童舞蹈创编、声乐与儿童歌曲、美术与儿童简笔画等课程;在专业核心课程中开设小学儿童发展、小学生认知与学习、小学儿童生理与卫生保健、小学生心理卫生与辅导等课程;在各专业方向课程中也要有不同程度地设置相应的课程,如中文方向课程中有儿童文学、儿童文学名著(经典作品)赏析、儿童影视剧欣赏等课程;在教师职业技能类课程中,增加儿童行为的观察与分析;在教育实践课程中,增加对儿童的认识、交往的观察、认知与体验的专题和以此为主题的反思,以有利于形成系统的关于小学儿童发展的认知、形成关注儿童、研究儿童和亲近儿童的态度、情感和积极的行为。

5. 表现“统整与交融”的特征

所谓“统整与交融”主要指调整课程的组织,一是针对以往的小学职前教师教育课程结构中的各个门类课程的“历时性”或“继替性”而言的,在建构的课程结构中有机统整与融合课程的各个门类,特别是理论课程与实践课程(教学现场、情境)的统整与融合、教育类课程与学科专业类课程的统整与融合;二是针对课程开设科目内容的相对“体系化”和“独立性”而言的,在课程开设的科目中体现课程内容内在的有机统整与融合,特别是教育专业课程的内在统整与融合、任教学科课程(专业方向课程)的内在统整与融合。当然,这种统整与融合要依据小学教育的实际需求和小学教师培养的需要,依据教育实践的完整性和教育教学内容的内在逻辑与内在联系进行关联与整合,通过有机联系、相互配合的课程模块来组织，防止将内容分离解组，科目支离破碎，实现真正的统整与融合。

（二）实践取向小学教师教育课程结构的样态

根据小学教师的专业素质结构、小学教师专业性的要求，以及小学教师教育的课程目标，实践取向的小学教师教育课程，由“文化涵养领域”“教师素养领域”和“视野拓展领域”三大领域和“通识教育课程”“专业教育课程”“教师技能课程”“综合教育实践”和“拓展性课程”五个类别的课程有机结合而成，是具有小学教师教育特性的独立的课程体系（如表6－1）。

表6－1　课程结构及学分分配

<table>
<tr><th>课程领域</th><th colspan="3">课程类别</th><th colspan="2">学分</th><th colspan="2">学分比例（约）</th></tr>
<tr><td rowspan="2">文化涵养领域</td><td rowspan="2">通识教育课程</td><td>Ⅰ（国家规定课程）</td><td>必修</td><td colspan="2">35</td><td colspan="2" rowspan="2">30%</td></tr>
<tr><td>Ⅱ（科学、人文与艺术修养课程）</td><td>选修</td><td colspan="2">16</td></tr>
<tr><td rowspan="9">教师素养领域</td><td rowspan="7">专业教育课程</td><td rowspan="2">专业基础课程</td><td>必修</td><td>10</td><td rowspan="4">42</td><td rowspan="4">25%</td><td rowspan="7">50%</td></tr>
<tr><td>选修</td><td>4</td></tr>
<tr><td rowspan="2">专业核心课程（教育专业课程）</td><td>必修</td><td>22</td></tr>
<tr><td>选修</td><td>6</td></tr>
<tr><td rowspan="2">专业方向课程</td><td>必修</td><td>22</td><td rowspan="3">42</td><td rowspan="3">25%</td></tr>
<tr><td>选修</td><td>10</td></tr>
<tr><td>副修专业（兼教方向）课程</td><td>必修</td><td>10</td></tr>
<tr><td>教师技能训练</td><td colspan="4">6</td><td colspan="2">3%</td></tr>
<tr><td>综合教育实践</td><td colspan="4">25(8周见习4学分＋18周实习9学分＋毕业论文6学分＋研习2学分＋读书活动2学分＋社会实践2学分)</td><td colspan="2">15%</td></tr>
<tr><td>视野拓展领域</td><td>拓展性课程</td><td colspan="4">4(由若干专题讲座、研讨组成，如：典型教例研究、教育前沿、热点、难点问题的专题讲座，现代教学名师风格研讨等)</td><td colspan="2">2%</td></tr>
<tr><td colspan="2">总学分</td><td colspan="4">170</td><td colspan="2">100%</td></tr>
</table>

注：选修课程的学分数均为最低修习学分。

以下将对课程结构(板块)及其设置加以说明:

1. 通识教育(类)课程的调整:增强文化底蕴,涵养精神品质

"通识教育"又被称为"文化素质教育",这种教育源于古希腊的"博雅教育"(或称"自由教育")。通识的要义在于强调"通"与"识",即见识与智慧的通性,强调人的智慧及其对人类文化的"通晓"与"把握"。所以,通识教育课程又称"普通教育课程",涉及科学文化(自然科学)和人文文化,具体涉及社会科学、自然科学、人文科学与语言、艺术等领域。在教师教育课程中,通识教育课程的功能应当体现在以下几个方面①:

第一,基础性——有利于培养师范生科学的世界观和方法论,进而形成并塑造他们的境界和品格;第二,通识性——有利于优化师范生的知识背景,进而拓宽他们的学术视野;第三,发展性——有利于形成师范生终身学习的能力,进而促进他们的持续发展;第四,内在性——有利于积淀内化为师范生身上能起长效作用的核心素养②,进而有利于他们整体人格品质的发展和提升。

重构的小学教师教育课程结构中的通识教育课程加大比重到占学分的1/3(30%左右),除此之外,为突出通识教育课程对培养未来的小学教师的精神品质、开阔知识视野、增强学科教学的底蕴和教育的拓展力的重要作用,更要在其内部建构上呈现丰富生动、多姿多彩的课程形态:

(1) 优化通识教育课程的内部结构。在保证国家关于思想政治理论等课程基本要求的前提下,通过课程改革削减门类和课时,拓展课程设置的领域和知识范围。增加人文社会科学和自然科学课程的比重,并根据小学教师的专业特性增设艺术修养类的课程领域。为此,这里将通识课程设为两类:通识Ⅰ和通识Ⅱ。其中,通识Ⅰ为我国高等教育的公共必修课程,包括思想政治理论课程、健康与体育课程、国防教育课程、大学英语以及信息技术课程等(开设科目参见各高校通识教育课程目录,本文略)。通识Ⅱ主要体现为人文与社会、科学与技术和艺术修养类三个领域课程,将其设定为选修课程,其开设科目建议如表6-2。

---

① 王泽农,曹慧英. 中外教师教育课程设置比较研究[M]. 北京:高等教育出版社,2003:124.

② "核心素养"是指最关键、最必要、居于核心地位的素养。学生的核心素养特指学生应具备的适应终身发展和社会发展所需要的必备品格与关键能力,突出强调个人修养、社会关爱、家国情怀,更加注重自主发展、合作参与、创新实践,它反映了学生终身学习所必需的素养与国家、社会所公认的价值观。它是支撑"有文化教养的健全公民"形象的心智修炼或精神支柱。联合国教科文组织2003年提出,核心素养的培育需要终身学习,终身学习也需要核心素养,终身学习的五大支柱即:学会求知、学会做事、学会共处、学会发展、学会改变(创新)。而作为未来教师的师范生除应具备这五大素养之外,更应强调其具备专业、创新、领导、关怀和多元五大基本素养。

（2）提高通识教育课程的整合程度。通识教育课程应当整合人文社会科学与自然科学，人文科学尊重生命、崇尚文化，以精神的力量和情意的方式实现对师范生的影响；而自然科学则尊重事实、依从客观，以理性的力量和认知的方式实现对师范生的影响。二者应以整合的意义，融合为不同的文化素质课，以扩大课程的信息量和内在张力，增强未来小学教师学科教学的文化底蕴。

（3）采用灵活的课程实施方式。一是要必修与选修结合，扩大选修的比例，以利于发挥学生的自主性和选择性；二是显性课程和隐性课程结合，显性课程宜小型化、短程化、模块化，隐性课程宜丰富多彩，共同向未来的教师传达科学性和精神性的文化，以利于师范生养成人格、培育学养、拓宽视野、形成素养，特别是具有自然科学和社会科学的复合型思维，形成逻辑的、深刻的思维习惯和科学的思维方式。

表 6－2　通识Ⅱ（16 学分）课程的设置

课程领域	建议开设课程举要	课程功能指向	学分要求
人文与社会类	西方哲学、外国文学、实用写作、美学概论、演讲学、语言与交流、国学基础、文化与教育、中国古代史、中国现代史、中国思想史概要、中西方文化比较、多元文化教育、社会学概论、社会心理学、性别教育、沟通学、中外儿童文学选读、儿童哲学、儿童游戏	树立正确的世界观和方法论，学会用正确的方法认识和处理现代社会及现实生活中的各种问题，增强文化内涵，提升文化品位，彰显小学教师教育的人文意涵，增强未来教师的文化底蕴，增强对儿童及儿童文化的关注	至少选 4 学分
科学与技术类	科技发展简史、科学与技术概论、数学游戏、数学与诗歌、数学文化、生活中的科学、生物科学、人文地理、旅游地理、科技模型设计与制作、趣味化学、趣味物理	掌握一定的科学知识和原理，了解自然和宇宙的本质，掌握一定的科学实验方法，培养实事求是、勇于探索的科学精神；拓宽科学视野，培养逻辑的、科学的思维习惯和思维方法	至少选 4 学分
艺术修养类	音乐与教育、美术基础、钢琴基础、歌唱艺术、舞蹈基础、电影艺术与欣赏、朗诵艺术、合唱与指挥、手工艺术赏析与制作	学会鉴赏美、创造美和表现美，培养艺术素养与艺术气质，为形成教育的自信与优雅奠定基础	至少选 4 学分

2. 专业教育课程的统整:充分体现小学教师的专业性

专业教育课程是养成师范生的专业品质,保证师范生获得专业知能、形成专业素养的课程。它是小学教师教育区别于其他类别的教师教育的独有的课程类别。本研究秉承“教育专业”与“专业教育”的小学教师教育理念,根据小学教师教育的内在特征,为体现“教育本位”,在统整专业教育课程时,将传统的教师教育课程中“教育专业课程”与“学科专业课程”进行重置,将二者共同融合在专业教育课程中:一是体现“专业”即“教育”,两类课程要融合并共同服务于小学教育;二是淡化小学教师教育学科专业与教育专业并行推进的思想,将任教学科的专业知识作为专业方向课程设置的依据,使任教学科知识能够融于专业教育知识中,体现小学教师的专业性;三是明确以“专业方向课程”作为专业教育课程的内在结构,建构小学教师教育独特的专业类课程体系。

专业教育课程由专业基础课程、专业核心课程和专业方向课程、兼教方向课程四个板块组成。在课程的开设模式上,本研究采用“二二分段制”(即 2 + 2)模式,即将四年的学程分为两个阶段,前两年不分专业方向,以通识教育为主,主要修习专业基础课程和部分专业核心课程,后两年将师范生分为不同的专业方向,完成部分专业核心课程的修习和专业方向课程、专业兼教方向课程的修习,保证各个板块课程的有机融通。

按照小学教师的专业知识构成和专业素质要求,其占课程的总学分比例约为 50%。

(1) 专业基础课程。专业基础课程主要由小学教师教育的基础课程和跨学科相关基础课程组成,其设置坚持专业知识的基础性、综合性和相对学术性的原则,保证师范生获得专业基本知识,以获得并加深对专业的理解,提高师范生专业学习的适应能力和社会适应能力,是保证对未来的小学教师进行综合培养以形成复合的知识结构的、由多学科和跨学科架构的基础性课程。课程的构成状况见表 6 - 3。

表 6 - 3 专业基础课程的设置(要求必修 10 学分、选修 4 学分,共计 14 学分)

学习领域	建议开设课程举要	课程功能指向
教育学基础	教育基本原理、教育哲学、课程与教学论、初等教育发展、课程设计与评价、学校组织与发展	掌握小学教育教学基本理论,培养教育理论素养,形成科学的教育观,对专业发展具有宏观的指导意义
	中国教育史、外国教育史、中外教育家教育思想简介	
	教育政策法规	

续表

学习领域	建议开设课程举要	课程功能指向
儿童研究	儿童学研究专题、个别差异与教育	增强了解儿童、研究儿童的专业认知与专业理念
教师职业道德与心理健康	教师职业道德专题、教师积极心理学	培养良好的职业道德修养和精神品质、专业心性
任教学科基础	大学语文、文学概论、写作基础数学、数学思想方法	提升阅读、欣赏、理解和表达能力等语文素养； 加强数学思维、科学方法的训练，促进心智发展和数学思维品质的养成； 为从事小学各门课程的教学奠定基础
现代教育技术	教育技术	掌握现代教育技术
人文素养	中国文化专题、沟通的艺术、教师礼仪	提高人文素养以及个人修养
艺术修养	美学概论、舞蹈与儿童舞蹈创编、声乐与儿童歌曲、美术与儿童简笔画	提高艺术鉴赏与表现水平，以及儿童艺术教育能力

注：根据建议开设课程举要，可以依据实际情况开设必修或选修课程。以下同理。

专业基础课程的设置要能够体现基础性、综合性和学术性。必备的教育学基础课程、任教学科基础课程、现代教育技术基础等课程保持了学科知识的内在逻辑关系，保证师范生对教育知识和未来任教学科知识的系统认知。除此之外，增设儿童研究、教师职业道德与心理健康以及人文修养与艺术修养的课程，通过七个学习领域的课程设置，突出培养未来小学教师对儿童的认知与情感、高尚的职业道德与情操、积极阳光的教育心态，彰显小学教师教育的人文与艺术内涵，通过“内在世界的理解和塑造”①，培养未来教师对职业内在生命的感悟，提升其精神境界、审美情趣、人文素养，为形成综合的知能素质、优雅与自信的教育气质奠定基础。

（2）专业核心课程。专业核心课程是体现小学教师教育特点和人才培养目

① 石中英．知识转型与教育改革[M]．北京：教育科学出版社，2001：167.

标的课程，主要依据我国《教师教育课程标准（试行）》以及对小学教育的认识设置，由有关小学生、小学教育、小学教学、小学教师发展等方面的课程构成。在原理性课程学习的基础上，专业核心课程中专门设置针对小学教育教学中的实际问题进行研究和剖析的课程，注重体现基于情境、基于案例的课程设置要求，打造具有适切性的模块化、专题化、微型化的课程（见表6－4）。

表6－4　专业核心课程的设置（要求必修22学分，选修6学分，共计28学分）

学习领域	建议开设课程举要	课程功能指向
儿童发展与学习	小学儿童发展、小学生认知与学习	增强对小学生的认知，获得理解与教育小学生的基本知识
小学教育基础	小学教育心理学、班级社会学、生命教育、小学班级管理及优秀案例解析、课程改革、小学教育专题研究（小学教育实践与研究）	获得对小学教育教学的理解与认同，为形成正确的教育观、教学、学生观与相应的行为奠定基础
小学学科教学与活动指导	小学学科教学心理学、小学学科课程标准与教材研究、小学学科教学研究与设计（关于PCK的相关课程设置）、小学优秀教学案例解析 （本领域课程分专业方向修读）	掌握所教学科的知识体系、基本思想与方法以及课程标准和教学知识，在教育理论的指导下，能够从微观上科学把握小学学科教学，具有实践指导意义
心理健康与道德教育	小学儿童生理与卫生保健、小学生心理卫生与辅导、小学德育实践专题	培养良好的教师心理素质； 具有对小学生进行心理辅导与教育的能力
小学教师专业发展	小学教师专业发展的理论与实践、小学教师职业生涯规划	理解小学教育工作的意义和小学教师的专业使命，注重自身专业发展，培养研究的态度和能力
	小学教育研究方法	

专业核心课程通过五个学习领域的课程设置，从知识本位、学科本位走向儿童本位、小学教育实践的问题解决本位。注重基于情境和基于案例，开设诸如“小学优秀教学案例解析”“小学教育实践与研究”“小学班级管理及优秀案例解析”等与小学教育实践直接相关的课程；注重教育知识与学科教学知识的有机融合，寻找最佳契合的课程设置，切实有助于师范生形成学科教学知识和教学能力，在小学学科教学与活动指导这一学习领域，开设“学科教学心理学”“学科教学研究与设计”（关于PCK的相关课程设置）等相关课程，以学科（语文、数学）

教学实际为出发点和归宿，通过解剖学科教学情境下学生的内部认知过程，分析其中的心理机制，了解学生的心智变化和可能存在的心理困难，帮助师范生从教学的角度建构与呈现学科内容，设计符合学生学习特点和先前知识基础的，适合具体的学习情境和学习内容要求的有利于达成教学目标的具体教学策略；注重未来教师的终身的、可持续的发展，在小学教师专业发展这一学习领域，开设诸如“小学教师专业发展的理论与实践”“小学教师职业生涯规划”等课程，为未来教师提供专业的发展方案和优秀教师的发展个案、引导他们认识自身的发展状况，能够对专业发展进行自我规划，充分发挥自我潜能，培养专业自信和教师信念；通过“小学教育研究方法”等课程，培养持续发展的研究意识和研究能力。

（3）专业方向课程。专业方向课程主要是指传统教师教育中的“学科课程”，是关于未来小学教师任教学科知识类的课程，将其作为小学教师教育课程结构中专业教育课程的一个组成部分，体现了小学教师教育“学科知识”教育的特点，即任教学科知识要融于专业教育知识中。这并不是要弱化未来小学教师的任教学科知识，让未来的小学教师掌握较高水平的具有合理结构的学科知识，了解任教学科的知识体系、知识的进展与更新，掌握该学科获取知识的基本思想方法。是实践取向的小学教师教育课程设置的应有之义。但是，小学教师教育培养的未来教师对学科知识应当有着更为深刻的认识和理解，其任教学科知识应当从小学教育与教学的角度来内化、组织和建构，即学科知识应与教育知识相结合而更加有利于教师教学，这也是小学教师教育特性和小学教师专业不可替代性的重要表现。

专业方向课程主要与小学教育中开设的各门课程对应，如小学语文方向（中文方向）、小学数学方向（数学方向）等（见表6－5）。

表6－5　专业方向课程的设置（要求必修22学分，选修10学分，共计32学分）

专业方向	建议开设课程举要
中文方向	汉语通论、中外文学作品选、儿童文学、唐诗宋词选讲、汉语与中国文化、影视作品赏析、儿童文学名著（经典作品）赏析、儿童影视剧欣赏、现当代散文导读、中外神话解读
	汉字学与识字教学、小学古诗鉴赏与教学、小学语文教学案例解析、小学语文教材名篇解读
数学方向	初等数论、组合数学、问题解决与数学思考、数学认知与推理、初等数学研究、数学史专题、数学名题选讲
	小学数学教学案例研究、小学数学解题与研究、数学竞赛指导、

注：这里仅以中文、数学方向为例。

专业方向课程,根据小学教师的任教学科的需要设置,进行浓缩与建构是小学教师教育课程设置的难点和关键。小学教师的任教学科知识的结构怎样?广度与深度如何?应该从小学教育的角度,组织高等教育的学科专家、教育专家以及小学教育一线的专家以课题形式加以系统研究。限于本研究的局限,关于专业方向课程的设置,这里只列举与小学教育的核心课程——语文与数学学科相对应的中文方向和数学方向的课程设置,目的是要体现对该类课程设置的主导思想。该类课程要根据小学教师教育的培养目标和小学教育教学的实际进行模块式重组,本着少而精、博而通、强化基础、内容精干的原则,本着与专业基础课程板块中的"任教学科基础"课程领域中的中文和数学学科课程设置的关联性、整体性和延展性,强调专业基础课程中该领域课程的通识性和基础性,突出专业方向模块课程的延伸、拓宽与应用等学科和职业特点,侧重专业学科素质的培养。因此,表 6 - 5 中,中文方向本着厚重文学功底、开拓文学视野。密切与小学语文教学需要的联系的思想列举了建议开设的课程;数学方向本着掌握数学的内在联系和数学的思想方法,形成对数学的整体认知,并密切与小学数学教学需要的联系的思想列举了建议开设的课程。本研究仅止于指明该类课程开设的主旨,并明确提出要重新选择、确定有别于高师的中文教育专业和数学教育专业的课程体系,建构小学教师教育的独特的关于任教学科的课程结构体系。关于该课程的科学设置,还期待国家层面的研究成果和规范力量的介入。

(4) 副修专业(兼教方向)课程。副修专业课程也称兼教方向课程(必修 10 学分)。为让小学教师能够适应小学教育具有一门课程的教学专长,并能够兼教其他学科科目的要求,专业方向课程中还开设了专业副修课程,即除了主修一个专业方向课程之外,师范生必须再选择一个副修专业的课程作为必修课程。副修专业课程包括中文、数学、英语、科学、信息技术、美术、音乐、思想品德、少先队工作、小学心理咨询等与小学教育相对应的课程或活动。副修专业课程只需选择 4 ~5 门、修习 10 学分即可。

这里仅以中文方向和数学方向为例阐明专业方向课程设置的思想,其他各方向课程的开设不作为本研究的内容,有待进一步论证和说明。

3. 教师技能训练课程的完善:奠定有效的专业行为

技能是经过练习而获得的完成一定任务的动作方式或心智活动方式。教师(职业)技能是指教师在教育教学实践过程中,通过专业训练和练习而形成的准确、流畅、熟练地完成教育教学任务的一系列的动作方式及智力活动方式的总称。教师(职业)技能虽然是在教学实践中经过训练和反复的练习而形成的外显的专业素质,但需要以掌握知识、提高能力为基础,并受教师的学识水平、专业精神和个性特征等因素的影响和制约。所以,它是教师专业素质的综合表征。

教师技能是形成有效专业行为的基础，是未来教师专业化发展的重要起点。建构的职前培养课程，应当从教师专业化的视角拓展对教师技能内涵的认识，突破传统的只关注工具性技能培养的局限，既要开设工具性技能科目（又可称为基础技能），也要开设教育智力性技能科目（又可称为拓展与发展技能），培养师范生既具有一定的教育技术，又具有一定的教育智慧，二者相得益彰，将教师（职业）技能的训练转向注重教师职业内涵价值的挖掘（见表6-6）。

表6-6　教师（职业）技能训练课程（必修6学分）

<table>
<tr><th>学习领域</th><th colspan="2">开设课程与训练内容</th></tr>
<tr><td rowspan="6">工具性技能
（基础技能）</td><td colspan="2">小学教师口语技能</td></tr>
<tr><td colspan="2">小学教师书画技能（汉字、数字的规范书写及简笔画）</td></tr>
<tr><td colspan="2">朗读技能</td></tr>
<tr><td colspan="2">教学媒体与运用</td></tr>
<tr><td colspan="2">教具学具制作</td></tr>
<tr><td colspan="2">手工</td></tr>
<tr><td rowspan="15">教育智力性技能
（拓展与发展技能）</td><td rowspan="6">教学工作技能</td><td>教学设计技能</td></tr>
<tr><td>课堂教学实施技能</td></tr>
<tr><td>课堂观察与分析技能</td></tr>
<tr><td>说课与评课技能</td></tr>
<tr><td>课程与教学资源开发技能</td></tr>
<tr><td>教学评价技能</td></tr>
<tr><td rowspan="7">学生教育与
活动组织技能</td><td>主题班队会的设计与组织技能</td></tr>
<tr><td>班级管理技能</td></tr>
<tr><td>沟通与合作技能</td></tr>
<tr><td>学生综合素质评定技能</td></tr>
<tr><td>小学课外活动设计与组织技能</td></tr>
<tr><td>儿童行为观察与分析技术</td></tr>
<tr><td>综合实践活动设计与指导技能</td></tr>
<tr><td rowspan="2">研究与反思
的技能</td><td>教学反思技能</td></tr>
<tr><td>教育研究技能</td></tr>
</table>

实践证明，只有经过扎实的技能训练，形成较为熟练的教师技能的师范生才能在入职后尽快地适应教学要求，才能更好地运用专业知识、表达专业情意。教师技能训练是一项系统的工程，除了在课程设置中安排必要的规定学分的专门课程之外，应构建一个专业化的系统的教师技能训练与考核体系，通过课堂教学与课外指导相结合、集中训练与分散练习相结合、大学训练与小学实践相结合等形式，有机地将技能训练融合在四年的专业学习和活动中，通过单项训练和综合演练得到持续的训练和强化，提高技能训练的实效。特别是应当将教育智力性技能与专业核心课程相结合，体现可操作性与实效性；在课外活动、教育见习与实习中，与在真实的教育情境中的实地训练相结合，将技能训练融入教育生活情境中，达到为师范生形成追求充满生机与活力的教育风格而开展技能训练的最高境界，使未来的教师既具有能够按照一定的程序进行操作的技术，更能够将其落实在科学的教育教学行为中，具有在真实复杂的教育情境中“即席创作”的实践运作能力。

4. 综合教育实践课程的优化：凸显小学教师教育课程的实践品质

实践课程是与理论课程相区别的，是以专门训练学生实践技能，体验真实的实践情境为内容，以培养学生的综合实践能力为目标的课程类型。教育实践的价值追求是为师范生提供一个专业发展的平台，使他们将在理论课程中习得的理论性知识转化为个体的实践性知识，获得对教育实践情境的认知，形成教育实践能力和智慧，能够尽快地适应教育实践的要求，从“新手”走向“成熟”。教育实践课程是教师专业化教育的最为重要的载体。作为教师应当具有的专业精神、专业责任、专业心性和情感品质，以及专业能力和智慧也将通过教育实践课程获得和优化。

实践取向的小学教师教育课程是以关照专业学习中的教育体验，使师范生获得实践性知识和实践能力为旨归的。为此，应以“实践”为导向、突出实践、为了实践，以实践性课程的设置为核心，通过综合教育实践课程沟通理论与实践，实现理论与实践的融合。

综合教育实践课程的建构，除了延长课程时间，安排 26 周的教育实践时间之外，还可将实践课程全程化，贯穿四年的学程，采取连续分散、循序渐进的方式，形成与理论课程学习的有机融合，使师范生获得观摩—参与—研究小学教育实践的经历和体验。

综合教育实践课程体系主要包括专业感知、模拟教学、教育见习、教育实习四个模块，是理论与实践相联系的基本方式和关键环节，引导师范生对教育实践进行感知、理解与体验。

(1) 专业感知。主要通过小学校长与名师的讲座与报告、小学教师的优秀观摩课、小学校的主题活动观摩等活动，感受小学教师文化、小学教育文化，树立感性学习的榜样形象，真切关注作为未来小学教师的生命意义和价值追求，使师范生获得基本的专业认知与专业学习的动力。

（2）模拟教学。主要通过营造虚拟的小学课堂教学环境，模拟小学教师的角色，在同伴充当小学生的协作下，进行片断的或完整的课堂教学的试教，并根据教育知识和学科教学内容的要求相互评课，促进师范生熟悉教学的各个环节和教学规范，熟悉教材教法，为教育实习做好充分的准备。

（3）教育见习。“教育见习是指师范生在教师的指导下，运用所学的知识或者带着一定的问题，对学校的教育、教学过程进行观察、了解与分析的活动。”[①]教育见习是实习的前奏，是获得对小学教育、教学、班级管理以及与儿童交往的体验的感知阶段，是一种观察性的教育实践活动，是教育实习的基础。

见习规划来自两个方面：一是根据师范生观摩、感知小学教育实践的系列目标，系统规划师范生在实习前对小学生、小学教师和小学教育的认识与理解的任务，规划观察与研讨的主题；二是结合课程的学习内容，嵌入关于课程内容的主题研讨与反思。主题研讨也可以是师范生在小学校的感悟、困惑与体会。主要通过以下递进式的见习活动实现见习目标。

① 感知性见习，也叫综合性见习。安排在第一、第二学期，各一周的时间，可以集中，也可以分散在每个星期各半天的时间。主要是通过观察学习，集中听课、观摩活动，增强对小学教育教学的感性认识，了解小学教育教学与管理的实践，感受真实的小学教育实践情境中的事件与问题，开阔实践视野。一方面获得学习教育类课程时前置的教育经验，改变理论课程学习中被动和懵懂的学习状态；另一方面通过对小学教育教学工作内容、运作过程和方法艺术的基本认知，通过反思突破“前概念”的“有限视野”，建立合理的教育信念，培养专业情感，激发学习动力。

② 主题性见习，安排在第三、第四学期，各两周的时间，主要是结合专业教育课程的学习，安排主题性见习，观摩小学课堂教学，了解课堂教学的规范与过程、学科教学的方法与艺术；深入小学生群体和小学班级管理，了解小学儿童的认知与学习特征、小学儿童的个性与交往特征、小学班级管理的规范与技巧，获得与小学生直接交往的体验；观摩并参与小学各种教育活动、小学的教研活动，感受小学的校园文化、教师文化与课程文化，体会与认识小学教师工作的专业性等，更好地使理论与实践结合，加强对小学教育教学的深入理解。

③ 参与性见习，安排在第五学期，两周的时间，虽然仍然以主题观察学习为主，但可以开展观察性实践，在指导教师的安排下，适当参与、分担教育教学的辅

---

① 王泽农，曹慧英．中外教师教育课程设置比较研究［M］．北京：高等教育出版社，2003：154.

助工作，可以尝试上一节课、承担部分班主任工作、设计并开展班队活动等，为实习做好充分的准备。

多层次的循序渐进的见习，使课堂教学与小学实践密切结合，使师范生的专业学习与教育实践密切结合，为师范生能够从观摩过渡到参与，由见习师范生的观察性实践过渡到实习教师的操作性实践奠定基础。

（4）教育实习。“教育实习是指师范生在教师指导下，运用已获得的知识和技能，在相应的学校中，直接参与教育、教学的过程。”[①]教育实习是通过操作性的教育实践活动，即通过在教育实践场域中观察、探索、应用、理解、分析、综合与判断，进而了解、验证或修正理论，并将理论和实践结合，获得课堂教学、班级管理、儿童交往与教育的直接体验，获得反思性认识，促进教学方法与技术熟练的活动形式。

教育实习是教育实践的核心和关键，肩负着统整理论与实践的责任。教育实习是形成教育信念与责任，引发专业兴趣，获得教育知识与能力，增进专业成长的综合实践活动，是小学职前教师教育的重要环节。从小学教师专业性的角度审视，教育实践课程是塑造专业化的小学教师的主要途径，在实现实践取向的小学教师教育课程的目标中具有特殊的作用。

首先，增加实习时间，安排18周的实习时间；其次，遵循实践—认识—再实践—再认识的螺旋式提高的过程规律，将实习分两次安排，进行循序渐进的实习，完成教育实践与体验的目标。

① 体验性实习，也叫小实习。安排在第六学期，实习2～3周的时间，经历1门课程的教学活动，辅助指导教师管理班级和组织班队活动，获得对教育教学的直接体验和经验教训，实习结束后将实践中的体验和存在的问题与困惑加以梳理、反思和矫正。体验性实习既是学会教学的实践过程，更是发现问题、积累教育教学经验的实践过程，通过发现问题获得反思的问题资源，产生寻求自我完善的内在动力，为接下来的更为集中的反思性实习能够减少“现实挫折”，树立专业自信，形成反思的专业发展意识和能力奠定基础。

② 反思性实习，也叫集中实习，或大实习。安排在第七学期，实习15周的时间，是师范生在教育理论的指导下，以及在体验性实习的基础上，根据教育目标和小学生的特点设计与实施教育教学方案，经历1～2门课程的教学活动，全面体验与反思小学教育教学的全程、全面工作的过程。是克服“现实挫折”，树立专业自信，学以致用、反思建构的过程。在互相听课与评课、与指导教师平等对话、批判性分析的过程中，学会以开放的心态理解教育情境、理解儿童，并通过

---

① 王泽农，曹慧英．中外教师教育课程设置比较研究[M]．北京：高等教育出版社，2003：154.

分析、调整自己原有的教育观念,有效掌握教学,奠定专业成长的基础与树立信心,建构教育实践性知识,获得胜任小学教育教学工作的实践能力。与此同时,通过反思与研究,形成问题意识和解决问题的能力,获得研究小学教育实践和研究小学儿童的经验与体会,形成良好的职业认知与情感,并凝练研究的问题,为毕业论文的选题奠定基础,形成初步的教育研究的意识和能力。

本研究将以教育见习和教育实习为核心的教育实践性课程,与毕业论文、教育研习和读书活动一起共同归入教师素养领域中的"综合实践活动"板块,体现小学教师教育实践活动的综合性,以使师范生通过"实践"和"反思"获得知与行的统一。其中,教育研习和读书活动不占学时,但有学分要求;毕业论文安排在第七、第八学期,与教育实习融通,体现"理论"与"实践"的互动融合。

5. 拓展性课程:开拓教育视野,激发教育潜能

拓展性课程是开拓教育视野、激发教育潜能的专业教育课程的延展。该课程板块着重培养未来的小学教师具有一定的研究能力和自我拓展能力,主要由若干专题讲座和专题研讨组成。

通过开设拓展性课程,诸如:典型教例研究,教育前沿、热点、难点问题的专题讲座,现代教学名师风格研讨等,介绍小学教育教学动态、新的教学方法,开拓师范生的职业思维视野;通过观摩、集中研讨、个案分析、专题研究等,开发师范生的教学智慧,激发他们创新的欲望和潜能,提高他们研究、反思的能力和教育实践的行动力。

根据实践取向的小学教师教育课程建构的基本思想,以上各类课程的开设采用并列递进式,通识教育课程安排在第一、第二学年开设,作为师范生的主修课程,专业教育课程、教师技能训练课程、教育见习等早在第一学期就开设并递进地贯穿职前培养的始终,有利于师范生较早地进入角色,并在具有一定的文化修养和专业意识的基础上,获得对教育理论和教育实践的深刻理解,使学程后期递进的专业课程学习和专业教育实践,以及拓展性课程学习能够获得实效,有利于师范生获得对教育教学的个性化的实践性知识。课程结构模式示意如图 6 – 1。

(三) 实践取向小学教师教育课程结构模式的特征

1. 通过实践中的问题和情境汇聚主题架构模块课程

"模块"是可以组合和更换的部件。英国学者麦克 · 扬(D. Warwick)认为,模块就是指小的有自己的起点和终点的学习单元,这些单元可以用不同的方式结合在一起。模块的组合可以完成更大的任务,获取更为长期的目标。[①] 钟启

---

① 麦克 · 扬. 未来的课程[M]. 谢维和,王晓阳,等,译. 上海:华东师范大学出版社,2003:89.

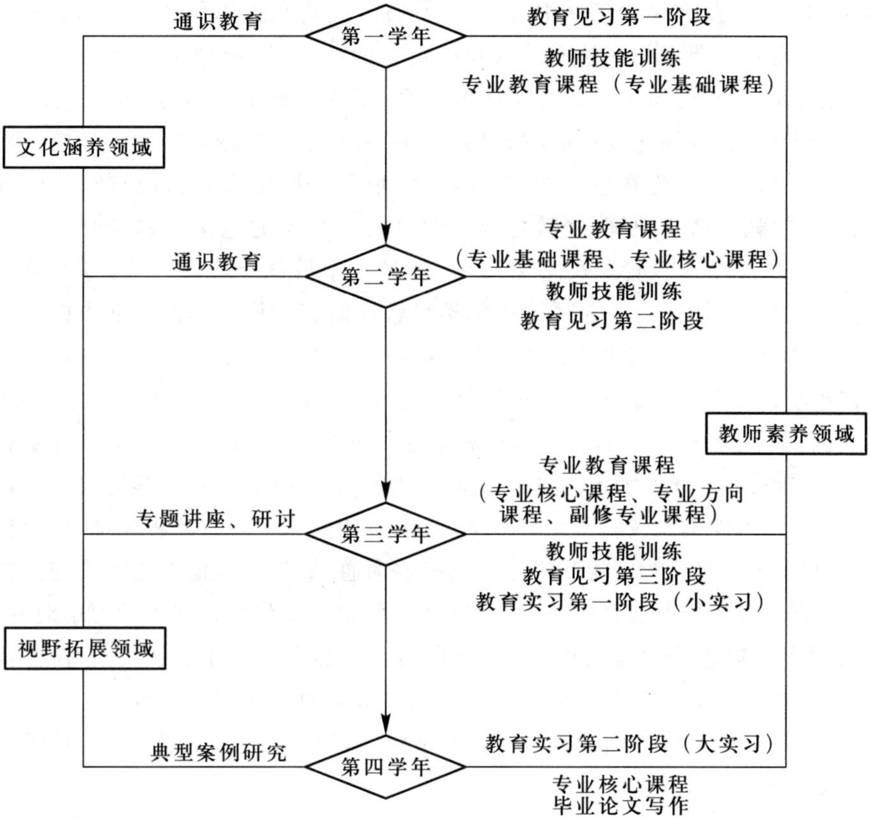

图 6－1　课程结构模式示意

泉教授认为“模块”是基于明确的教学目标，围绕某一特定内容，整合学生经验和相关内容，所构成的相对完整的学习单元。“模块课程”即“单元课程”，它比传统的学科课程具有更大的灵活性、开放性和实用性。

舒尔曼认为，原理是有价值的，案例是难忘的。基于案例的学习和基于情境的反思，是专业学习强有力的工具，有利于学习者理解高度概括和简化的原理，使职前教师找到具体运用到教育教学中的策略和手段。

基于实践中的问题和情境来架构的模块化的课程结构，突破了以学科知识体系为主的课程系统架构模式，凸显“问题取向”与基于情境，将专业培养目标具体化，以与小学学科课程发展相结合、与课程自身关照实践的探索相结合为主导思想，整合相近的彼此独立的教学内容，以理论与实践的问题为中心构成微型化的课程单元。模块与模块之间既相对独立，又相互关联照应。本研究中，在各个类别的课程结构中，特别是在专业核心课程、专业方向课程和教师（职业）技能训练课程，以及在学习领域中建议开设的课程，均在适当保持学科知识自身的内在逻辑关系和课程的完整系统以及稳定性的前提下，根据小学教师专业化发展的实践诉求，密切与小学教育实践的联系，汇聚主题架构模块课程，力求通过即时性、小型化、专题化、案例化的单元模块，为师范生呈现真实的小学教育教学问题与情境，使师范生在进入真实的教育情境和问题中，调动自身经验，理解并内化其中的教育教学原理，使教育教学理论获得真实的意义。如专业核心课程中建议开设“小学班级管理及优秀案例解析”“小学教育专题研究”“小学优秀教学案例解析”“小学德育实践专题”“小学学科教学研究与设计”等；专业方向课程中建议开设“小学数学教学案例研究”“小学数学解题与研究”“问题解决与数学思考”，“小学语文教学案例解析”“小学语文教材名篇解读”“儿童文学名著（经典作品）赏析”等；教师（职业）技能训练课程中建议开设“教学媒体与运用”“儿童行为观察与分析技术”“教学反思技能”等基于问题、基于情境和基于案例的专题化的课程，保证学术性的系统课程与基于案例、情境和操作的模块课程相结合，保证理论知识和学术信息作为资源与教育实践有效沟通，更为有效地促进理论与实践相结合，增强课程在教育实践中的实际应用价值，加强师范生在课程学习中对原理、情境的感悟、体验、理解与反思，引导未来的小学教师关注和研究小学教育实践问题。这种模块课程具有灵活性、前瞻性、灵活融通性和实践针对性。

根据模块与模块之间的关联，模块课程的呈现方式或线性递进，或横向并列，或交叉并进。

2. 实施“理论－实践”互动融合的课程模式

“实践取向”强调的是以实践构筑的知与行的互动与融通，所以，实施“理论－实践”互动融合的课程模式，是确保实践取向的小学教师教育课程具有生命力的一种课程组织模式。

“理论－实践”互动融合的课程模式主要是针对教师教育的“相继式”课程模式提出来的。“相继式”课程模式所设置课程的主要表现形态如下。

一是表现为教师专业知识基础是“学科知识＋教育知识”，两种知识处于分离的平行状态。[①] 其理论假设是只要具有足够的学科知识，再学习了普通的教育理论、原则和策略，就能够解决教育教学实践情境中的各种问题，并具有教育实效。实践证明，这种模式忽视了教师专业内在知识融合的特殊要求，导致教师

① 学科知识和教育知识的分离平行状态，表现在课程设置和教学内容上，两者是没有关联的。有关学科知识的课程按学科知识体系的内在逻辑展开，有关教育知识的课程按照教育学科的系统思维来组织，两者基本没有相互作用和相互通融，学科知识的学习和应用孤立于教学的适切性指导之外，教育知识的学习没能在学科知识的学习中彰显效用。

知识支离、实践能力不足。而“理论－实践”互动融合的课程模式专注于解决教师教育中学科知识和教育知识分离、理论学习和教育实践割裂的问题，是教师教育内在专业性的要求。这种课程模式，不仅强调在课程组织的时间序列上的交叉、嵌入，而且更强调课程内容的相互融合。

二是表现为“知”与“行”相互独立，“相继”进行。在学程的前三年半主要通过理论学习获取专业知识，到学程的后期完成实习任务，实习之前和之后完成毕业论文，在时间序列上人为地安排，依次分离展开，即采用“知而后行”或“行而后知”的历时相继模式。这种模式导致师范生在面对真实的教育情境中产生“现实挫折”，在挫折和震撼中将在理论学习中习得的事实性的方法或程序性的知识置之度外，并产生强烈的质疑和抵触，难以形成实践性知识和获得教育实践能力。而“理论－实践”互动融合的课程模式致力于促进理论与实践相互验证、彼此补充，满足在教师培养中理论与实践的相互需求和渴望。

“理论－实践”互动融合的课程模式主要通过以下策略实施：

(1) 以发展学科教学知识(pedagogical content knowledge，PCK)为重心。

PCK即“学科教学法知识”，由学科知识与教学法知识综合而成。相对于PK(pedagogical knowledge)(即“教学法知识”)的通用性教学原理，PCK除了因学科属性不同而在教学上需对学科知识作重新组织与设计外，还需根据学科教学情境的需要进行教学活动，对学生学习中的困难或错误进行诊断、分析与纠正，以及对教与学历程进行评价等。

根据舒尔曼的观点，PCK是教师区别于其他学科专家的根本特征，是教师所特有的、作为其专业知识的基础，是教师教学专长的一个重要特征。所以，舒尔曼的“学科教学知识”(PCK)理论是我国研究者用来架构教师知识结构的重要理论基础，是解决学科课程与教育课程松散分离的状态，使二者有机融合的课程学习的指向。由于专注于具体学科教学，如何建构与呈现学科内容，如何根据学生的学习状况、具体的学习情境和学习内容，依据学生的先前知识基础，分析可能误解和有困难的知识，选择能够满足学生需求、有利于达成教学目标的具体教学策略，因而，PCK有利于彰显教师的教学能力。[①] 对于师范生而言，无论是专业基础课程、专业核心课程还是专业方向课程的学习，如果仍然是理论多于实践、理性多于感性，师范生就很难将教育知识与任教的学科知识结合起来，而类似学科教学研究与设计类的课程，是将二者有机整合的最佳的课程，便于教师运用教育教学专业知识为传授学科专业知识提供范例和指导，帮助师范生“对所

① 梁永平．职前教师学科教学知识发展的理论与实践路径[J]．课程·教材·教法，2013，33(1)：106－112.

教的学科内容和教育学原理有机融合而成的对具体主题、问题或论点如何组织、表达和调整以适应学生不同兴趣和能力以及进行教学的理解”①。

由于PCK具有整合性、建构性和转化性,所以发展师范生的PCK,除了要获得任教学科的知识和观念、获得基本的课程和教学知识之外,更重要的是将教学实践作为PCK发展的基本路径,通过对优秀教学案例的结构性的教学剖析,通过对任教学科的核心教学内容的教学设计以及模拟教学,通过教育见习对小学教师运用PCK实施教学策略的观察和深度剖析,通过教育实习在真实的教育情境中进一步获得对学科的理解、课程的理解、学生的理解、教学表征的理解等结构性的认知,通过与情境的互动建构并累积PCK。

“理论-实践”互动融合的课程模式关注“学科课程”与“教育课程”的相互融合,力图改变教育学科与小学教育任教学科之间相互隔离的状态,也突破仅仅通过教学法课程简单将二者相加的方式。而关注和发展师范生的PCK,设置理论和实践一以贯之的以PCK的获得为重心的学科教学设计与研究类的理论和实践课程,是实施“理论-实践”互动融合的课程模式的最佳切入点,可以在更深层次和更广的范围上实现学科课程与教育课程的有机融合。

(2)“理论课程学习”与“教育实践”嵌入交织。帮助师范生在实践中学习教学是教师教育课程解决理论与实践脱节的关键,所以,在课程建构中,着重考虑将理论课程学习与全程的教育见习、实习持续交织,将理论问题与小学的实践情境结合起来,即实施相互“嵌入式”的专业学习模式,将理论学习与教学实践相互嵌入。首先体现为时间上的相互嵌入,教育见习、实习是全程化的多阶段的,与课程学习交互融合;其次体现为内容上的相互嵌入,根据不同学期的课程设置以及教育实践的阶段目标,递进式地安排相关的主题实践,使课程学习中习得的理论得以有效运用、检验和丰富、充实,并将在实践中获得的观察与体验小学教育的独特视角和感受,融入理论学习中,获得对教育理性的深刻理解和有效内化,使实践中的问题在理论课程的学习中获得科学的指导。以此,形成“经验—理论—实践—理论”交替循环的课程结构模式和师范生的认知提升模式,以实现建构个人化的、情境化的实践性知识的目标。

(3)毕业论文与教育实习融通结合。在实践取向的小学职前教师教育中,毕业论文应在教育实践中选题,要能够在教育专业知识和观念的系统指导下,遵循实践的逻辑解决教育实践中的问题,对毕业论文的评价以实践性和应用性价值为标准。所以,“理论-实践”互动融合的课程模式亦应体现在毕业论文与教育实习的融通结合中,促进“知行合一”。在教育见习和实习中产生的情境问

---

① 谢赛,胡惠闵.PCK及其对教师教育课程的影响[J].教育科学,2010,26(5):55-58.

题，在专业学习和研习中的学习和反思的主题，都可以作为毕业论文的选题，让师范生在教育实践中开展调查、观察、访谈，运用理论审视和分析，并提出理性的教育思路和解决策略。所以，应强调在学程的第七学期完成教育实习任务，毕业论文的定题与写作也应起始于教育实习，在实习现场收集现实依据并积累经验文本，在第八学期实习结束后，根据教育理论和个人对教育实践的认知与理解，完成毕业论文的文本撰写。这样，"从现场体验到现场经验文本再到研究文本，使未来教师从一个中立的观察者到一个积极的参与者，再成长为对现场经验的复杂问题、经验进行解释和重组的研究者"①。由此实现理论与实践在毕业论文中的有机融通，为师范生成为"反思性实践者"与专业发展奠定基础。

3. 建构"全程式立体化的教育实践"模式

教育实践经验是获得实践性知识的重要来源。实践取向的小学职前教师教育课程设置，其核心之一就是建构并有效实施"全程式立体化的教育实践"的模式。这一模式意指将教育实践贯穿职前培养的全过程，并通过"演习—见习—研习—实习"与理论课程学习沟通，通过模拟情境与真实情境共同增强实践感，使"理论—实践—反思"形成立体化的交互的组织模式，真正发挥教育实践在小学教师职前培养中的重要作用。

（1）"学习中的模拟"模式。"学习中的模拟"模式主要针对改变理论灌输和说教的做法，强调学习的情境性和体验性。主要是在平时的学习中，通过模拟课堂教学（也可叫试讲或演习）、微格教学研讨、说课竞赛与评论等形式，使师范生能够即时理解和运用所学习的理论，增强其实用性和实效性，为师范生创设更多的模拟情境，并在模拟情境的体验中反思和提升，为其提高从教能力提供更多的机会。学习中的模拟可以贯穿整个学程，根据理论学习和教育实践的需要，融入并交叉其中。

（2）"见习、实习中的体验"模式。"见习、实习中的体验"是未来小学教师专业发展的决定性因素，是未来小学教师专业发展的生长点。实践取向的课程设置，注重全程教育实践经历与体验，旨在将实践体验作为师范生的一种重要的专业学习和生活方式整合到课程实施中，使师范生置身于真实的教育实践情境中，感受教育情境的"复杂性""丰富性"和"不确定性"，在理论学习与实践体验的交融互动中，获得实践感，累积实践经验。从第一学期到第七学期递进式地安排分散见习和集中实习，在观摩—参与—研究小学教育实践的经历与体验中，师范生能够逐步获得对小学课堂、小学教育教学的组织与管理、小学儿童、小学教研、小学研究实践等直接的感性认知，进而获得专业上的自我认知，以及对小学

---

① 倪小敏．实践取向：职前教师教育模式的重构［J］．教师教育研究，2010，22（1）：22－27.

教育教学、小学儿童的丰富的情感体验，在这种经历与体验的推动下，师范生与教育实践情境不断形成深层的互动，并伴随着实践活动的深入而获得更为深化的内心体验，在不断地经验累积中，真正理解和认识儿童、切实思考教育教学实际问题，在兴奋、惊喜、困惑和失落的“现实震撼”中扭转“前概念”，学会理性地面对和开展教育教学活动，并充分认识自身的主体性，努力塑造专业自我，形成职业认同、职业感悟、职业情感以及坚定理性的教育信念，感受小学教师专业的不可替代性和无形的精神价值，产生专业成长的压力和动力。

（3）“研习中的反思”模式。“实践取向”将焦点和核心指向未来教师对教育实践的关注、体验与问题解决，实践取向的课程目标是将未来的小学教师培养成为“反思性实践者”，强调实践理性，这种实践理性是学术理性与实践中的感悟、反思的高度融合。波斯纳曾提出过一个教师成长的简要公式：经验 + 反思 = 成长，并指出，没有反思的经验是狭隘的经验，至多只能形成肤浅的知识，如果教师仅仅满足于获得经验而不对经验进行深入的反思，那么他的发展将大受限制。① 所以，反思应当是师范生重要的学习方式，师范生的实践应当是反思性实践。“反思性实践的基本成分是反思和行动”，通过“研习”旨在学会反思，培养师范生的专业思维意识和专业思维方式，指导师范生基于教育理性对实践中的问题情境进行反省和深思，使师范生形成由理性指导向经验反思、由经验反思再向理性升华转换，具有多视角、多方位、多层次地思考和探究教育问题的意识与能力，能够突破停留在实践感性认识的经验层面，概括与升华经验。只有对实践中的问题，对原有观念进行剖析和调整，对“默会知识”进行重组与建构，才能贯通学术知识与实践经验，使经验与反思循环相生，形成实践性知识。“反思”既反思情境中的问题，亦反思“实践者自身”，培养师范生的研究态度、研究意识和研究能力，进而获得专业自主。

反思依靠对教育实践的了解、体验和感悟，也必须依靠理论的引领和矫正，所以，师范生的反思亦应与课程学习、研讨座谈、撰写实践体会与总结、开展叙事研究、撰写课程论文与学年论文紧密结合，发展对教育实践情境的意义理解和有效把握，形成对教育实践情境的体悟和总结。贯穿并交叉融合在课程学习、教学模拟、教育见习和实习中的全过程的“反思”，应当使每一次的教育实践都以新的认识和提升而获得新的开始。

---

① 皮连生．学与教的心理学[M]．上海：华东师范大学出版社，2009：20.

四、实践取向小学教师教育课程的实施路径

实践取向小学教师教育的课程设置不仅体现在课程结构的建构上，更蕴含在课程实施的路径中。课程实施的水平与质量对于课程目标的达成与否以及人才培养质量的高低具有决定性影响。突出课程实施过程的对话、体验与合作，以及保障课程实施的有效性，是实现“实践取向”课程设置目标的关键。

（一）推进理论课程教学“实践化”的变革

“实践取向”课程设置的有效实施，要改变学术理性取向的课程实施逻辑，即遵照学科本位，以传统的课堂教授为主要的授课方式和学习方式。

首先，要注重理论课程中融入实践的内容。通过模块课程，呈现与教育情境和教育体验密切相关的理论课程内容，基于尊重学习者的经验，以实现知识学习、专题研究和问题解决有机整合的模式设计教学内容，通过情境和案例分析，使师范生较好地把握概念、原理与规则，变抽象晦涩的理论为生动亲切的，能够指导师范生内化与反思的上位学识。

其次，要推动以师范生为中心的教学方法的变革。虽然实践取向的课程实施不反对传统的教授方式，它依然会以其独特的价值而存在，但是，实践取向的课程实施旗帜鲜明地反对将其作为课程实施的唯一或最主要的方式。为此，课堂教学要变革教学方法，改变教师的主要工作就是向师范生批量传授知识的教学观念，变以教师为中心的教学为以师范生为中心、主张使学习者成为知识的创造者而非消费者。所以，教师教育者要改变“技术理性主义”课程思想的教学模式，突出“实践性”“情境性”和“参与性”，关注用实践焕发课堂活力，即要以情境和师范生的体验为基础进行教学，充分利用现代教育技术，探索模拟课堂、现场教学、情境创设、案例分析等多样化的教学模式，采用以师范生为中心的对话参与式研讨、经验分享和专题讨论等多种教学方式，在实际的情境、案例和问题解析中，将抽象的、概念化的原理、规则等理论性知识还原为具体的操作规则，增强师范生运用理论对教育实践中的问题和情境的理解、感悟、分析与判断，使师范生感受学术理性和实践理性的魅力。与此同时，突显师范生的探究学习和自主学习，在对话与交流中引导师范生独立思考，鼓励他们批判质疑、提问探询，主动建构专业知识，培养师范生在理论知识学习的过程中养成关注与研究实践问题的专业学习习惯，并发展其共同分享的意识。如此，由于教学成为建构性的，

师生共创意义的过程而使教学展现新机。

最后,要改变教学评价的方式。变单一的"纸笔"测验、仅仅注重死记硬背的理论知识与论述能力的考核为关注师范生实践能力的评价,强化师范生运用理论知识解决实践问题、形成并创新策略的能力的评价,以此促进理论课程的实践转向。

课堂教学的变革对教师教育者提出了一系列的相关要求,需要教师教育者基于教师教育领域的相关研究,提升对"实践取向"的课程设置的专业理解,从教学设计到课堂教学的实施,都应当成为师范生学习教学的"示范",让师范生获得一种"替代性经验",切实感受教育理论与原则方法的实践魅力,方能保障教师教育者作为最重要的教师教育的课程建设主体带动课程设置、课程建设以及人才培养的优化发展。

(二) 建立"合作伙伴关系"多元化课程的实施模式

大学与中小学合作伙伴关系的建立是西方教师教育改革具有标志性意义的举措,也是改善理论与实践脱节问题的有力手段。美国的"专业发展学校"(professional development school)的教师教育模式和英国的"以学校为基地"的教师培养模式都是通过大学与中小学的紧密合作,达到资源整合、改善理论与实践脱节问题的有效途径。所以,建立"大学 - 小学"合作伙伴关系,改变小学教师的职前培养以大学为本的模式,促进大学与小学的充分合作,是教师教育发展的态势,更是实践取向小学教师教育课程实施模式变革的必然选择和重要的策略保障。

《教育部关于大力推进教师教育课程改革的意见》提出:"聘任中小学和幼儿园名师为兼职教师,占教育类课程教学教师人数不少于 20%。形成高校与中小学教师共同指导师范生的机制,实行双导师制。"这是对变革教师教育培养方式,实现大学与小学教师合作指导师范生的大学课程学习,完善"双导师"培养制度的具体要求。这种合作关系不仅仅体现在教育见习、实习中由大学与小学共同负责,由大学教师和小学教师共同指导师范生的专业实践和专业反思,也体现在理论课程的实施过程中,要有机地将以大学为基地的学习研究和以小学为基地的教学实践融合,特别是将充分体现实践性的专业核心课程和专业方向课程中的某些课程,作为"共建课程",由大学教师或小学教师共同教授和共同建设。小学特级教师、名师可以和大学教师共同为本科生讲授诸如小学学科教材分析、学科教学设计、班主任工作实践、典型教学案例分析等课程,将大学教师专业的科学理性的剖析与小学教师的榜样示范、实践认识和体会直接引入职前培养课程中去,增强师范生对小学教育实践的感悟和认知。这种由"合作伙伴"共同承担课程教学的"共建"模式，有利于理论与实践互动，有利于促进经验与反思循环相生，是基于大学和小学合作实现教师专业发展诉求的核心理念，是基于实践取向的小学教师职前课程实施模式的多元化变革要求。

这种合作伙伴关系的建立，不仅使课程的实施方式多元化了，大学为本的小学教师教育的职前培养模式转型了，由原来大学独立完成的人才培养过程向大学、小学共同完成转变，同时能够变革大学教师的研究取向，促进在职小学教师的专业发展，它融小学教师的职前培养、职后发展和学校改革为一体，教学研合一，共同推进小学的改善和大学的教学改革，为师范生培养以及大学教师和小学教师提高自身素质、改善自身专业发展都提供了有效可行的载体。这样的相互依存、相互促进的协调、共生的协同的教育教学系统，是实现大学和小学教育教学资源互补和优化，提高教师专业成长的有效性和教师培养质量的平台。

（三）重视课程资源的开发与利用

引入和扩展课程资源的观念与视野，是教师教育课程改革的生长点和突破口，为教师教育的课程改革提供了新的视角。实践取向小学职前教师教育课程设置理念与架构样态，对课程资源的开发和利用提出了新的要求、指向和思路。

"广义的课程资源指有利于实现课程目标的各种因素，狭义的课程资源仅指教学内容的直接来源。"[①]本研究关于课程资源的开发和利用，是指狭义的作为教学内容的素材性资源，它是师范生获得专业发展的经历与体验、知识和能力、理念和情意的基本素材和来源，影响师范生的专业学习方式和方法，是师范生的专业发展能力和水平的有效保障。单一形式的、仅仅局限于教材和讲义的课程资源，不仅窄化了课程资源的概念和意义，也势必造成教学过程中理论与实践的隔离。新的课程资源观念，认为学习的内容和基本素材不仅仅来源于教材，也来源于学习过程中师生的交往，来源于各种媒体、网络以及教育实践中鲜活的案例，"即凡是能让学习者获得促进教师专业发展的知识、信息、经验、感受等及其多样化的载体与渠道都可以是学习的资源"。[②] 所以，教师教育者要开阔课程资源的视野，从培养专业化的小学教师的目标出发，根据自身的课程在人才培养目标中的地位和作用，科学分析师范生在学习中的实际需要，开发、积累和建设任教学科的课程资源，为师范生开阔专业视野、建构专业知识、获得充分的专业

---

① 教育部教师工作司.《教师教育课程标准（试行）》解读[M]. 北京：北京师范大学出版社，2013：123.

② 教育部教师工作司.《教师教育课程标准（试行）》解读[M]. 北京：北京师范大学出版社，2013：123.

发展提供优质多元的课程资源,使课程改革的实践富有生机和活力,使课程建设的实践取向获得实践的生命力。

(四)加强潜在课程文化的建设

由于文化及课程的概念不统一,对课程文化,不同的学者对其有不同的理解。从课程的角度对课程文化的解释,有学者认为:“课程文化不是体现在学校中的某个社会群体,即不是以学校中的某个群体为载体,而是以群体间的关系和活动为载体,教师和学生中任何一个方面的活动及所体现出的文化特征,无不在课程文化上有所体现。课程文化是他们双方互动的产物。”①也有学者认为:“课程文化,就其本质上讲是一种精神财富,这种精神财富不只表现为课程意识、课程思想、课程价值等内隐的意识形态,而且表现为人类在漫长的进程中所创造的课程制度、课程政策等外显的制度化形态。这样才能构成课程文化的整体内容和结构。”②由此,课程文化可以由课程精神文化和课程规范文化最重要的两个方面构成。本研究认为,课程文化作为学校教育文化的重要组成部分,是课程的精神文化和课程的规范文化与课程主体在运行过程中所蕴含并呈现出来的文化特质,是课程得以实施的重要保障,其终极价值与教育文化一样都是为了人的发展。成熟的优秀的课程文化是推进教师教育课程有效实施的精神条件和价值指引,能够为师范生的专业发展提供良好的心理氛围和潜在的精神动力。课程文化的建设应当成为实践取向的课程实施与课程建设的深层因素和重要内容。

本研究重在建设课程文化的核心和灵魂——课程的精神文化,特别是潜在课程的精神文化氛围,它能够为未来的小学教师的专业成长提供持久的支撑,在培养职前教师树立教师专业理想、专业信念,使其具有良好的教育专业情意、人格和道德品质,健康的教育心态,积极的学术追求和完善的人文素养等方面具有重要的精神主导价值,具有显性课程不可替代的作用。可通过以下主要措施实现潜在课程文化在职前教师培养中的重要功能。

1. 植根于未来小学教师专业成长的大学学术文化

随着教师专业化的发展,我国教师教育的发展面临着新的机遇与挑战。特别是小学职前教师教育,其层次逐渐上移并多样化,小学教师由大学来培养,实现了小学教师职前培养的高层次化和高学历化,提高和改善了小学教师职前培养的专业教育水平,提高了小学教师职前的培养规格和培养质量。实践取向的职前教师教育是在大学中实施的教师教育形态,将小学教师教育大学化。因而,

---

① 郑金洲. 教育文化学[M]. 北京:人民教育出版社,2005:288.

② 黄忠敬. 课程文化释义:一种分析框架[J]. 学术探讨,2002(1):102－104.

应将小学教师的职前培养植根于大学的文化土壤。大学的学术性和精神文化应该成为培养具有专业水准的小学教师的底色。

大学的根本属性是学术性，大学的崇高使命是追求真理，是以理性为主导的学术事业。大学"开放、自主、协作、创新的学术氛围，不断地开展科学有序、丰富多彩的学术训练，这就使大学在为高级人才的成长提供价值引导、奠定学术文化底蕴、打牢专业知识基础、养成创新精神与实践能力、打开研究视野等诸多方面，具备了有力的教育环境和条件"[①]。与此同时，大学的精神文化在精神和心理上具有对超越狭隘功利的美好价值的追求，涵养和教化着人的精神世界和价值系统。所以大学在承载求真、批判，培养理性思维和崇高的人生价值追求等基本责任方面发挥着重要的效能。小学教师教育在大学先进的理念、批判的精神、学术的追求、超越的价值的文化氛围中，对培养未来的教师在"人生价值追求""专业伦理""专业责任""学术精神""知行合一""研究意识""内省意识""文化视野""崇尚创新"等方面具有不可替代的专业支持作用。所以，未来的小学教师的成长更需要有灵魂、有智识、有信念的教育，这比之有技术的教育更为根本和重要，小学教师教育植根于大学文化，用大学学术文化提升未来小学教师的专业素质，这是未来小学教师持续发展的最重要的支持。

2. 浸润未来小学教师专业成长的精神文化

小学教师应具有的精神品质，诸如认同小学教师的独特地位和价值，热爱、理解和接纳小学教育工作和儿童，具有爱的品质、内心的灵动、交流的意愿以及童心、耐心、细心、宽容愉悦、善良平和、阳光友善的内在的职业品质等专业精神素质，需要在课程学习中通过理性的接纳教育理念而形成，更需要开展以具有鲜明专业教育导向的活动为载体，通过潜移默化地浸润与影响，伴随富有感染力的具有人文价值导向的教育活动，如入学教育、教育专家讲座、小学名优教师报告、优秀毕业生事迹介绍、"畅想我的教育理想"等营造具有专业教育特色的文化氛围，提高师范生的职业认同感，使其形成稳定的教育价值体系和行为方式。同时要构建系统的养成教育方案，克服传统的教师职前培养中知识本位、学科本位的思想，注重培养学生的专业精神，使其形成专业情意，养成尊重儿童和善于自制的人格品质，具有自主成长的意识和成就动机，使未来的小学教师成为既有知识又有文化、既有专业又有思想的人。

3. 培植提升未来小学教师教育境界的阅读文化

一个能够广泛阅读的教师，一定具有成为一个卓越教师的基础。因为教育的本质就是培养什么样的人和如何培养人的问题，通过阅读能够开拓视野，深刻

① 关文信．实践取向小学教师职前培养研究［M］．北京：首都师范大学出版社，2009：68.

思考和理解人本身的价值、人性的需求,从根本上解决教育的困惑,使未来的教师具有美好的教育憧憬和希冀。教育信念、教育理想、教育修养和教育境界不仅是从教育理论和理念中获取的,更蕴含在广泛而深刻的阅读中。

“小学教育是人精神成长的起点,一个学生在一所好的小学里所获得的滋养,足以在精神上支撑一生。开拓学生心灵的好学校,从教育本质上说是要靠有相对完整人格和深刻精神层次的好教师。读书可以提升教师的思想境界,提高认识真善美的能力,从而更用心地品味生活,从更广阔的生活世界中捕获到益人心智的知识与信息。另外,观察世界、独立思考、感应世界的能力也会在读书中日益增进。”“读书是个人学习的最佳途径,因为有了读书的渴望,养成读书的习惯,也就必然对自己的职业生涯有了新的理解和设计。伴随着个人愿景的清晰,教师实现自我超越和改善心智的模式也就悄然发生了。”“读书加深了教师对教育的理解,内心深处增添了许多温暖与包容。”——赵翠娟①

“因为我相信,每一个生命都是一粒神奇的种子,蕴藏着不为人知的神秘,而阅读则能够唤醒这种蕴藏的美好与神奇。同时我也相信,教育是一种给予,……需要我们按符合生命成长的规律,慢慢地通过阅读、通过故事传授给孩子。”——顾舟群②

以上引用哈尔滨市南马路小学校长赵翠娟和江苏工业园区科塘小学顾舟群老师对于小学教师读书的观点和认识,来印证阅读对小学教师成长的重要价值。小学教师的职前培养,全程应以读书指导为内容贯穿,根据师范生的成长特点与规律,以及在专业学习中的课程设置和实践体验,拟定不同学段的必读书目,使师范生通过阅读著名教育家的教育思想与教育事迹,阅读经典文学作品和儿童文学作品等,将课程学习、教育实践和读书感悟融合,通过规定阶段的读书交流与汇报呈现对人生、对教育、对教学、对儿童等的不同的认识和信念,形成在专业学习和专业生活中以书为友、以书为伴的良好的学习习惯和精神品质,进而提升教育人生的品位和境界,奠定未来小学教师深远发展的基础。

4. 营造未来小学教师专业发展的活动文化

未来小学教师的专业发展,需要勇于实践的“实践”文化和善于合作与交流的“合作”文化,除了在课堂教学和教育实践中有目的地培养之外,通过创建“专业社团”营造具有鲜明专业导向的活动文化,更有利于培养未来教师的专业品质。所以,在小学教师教育课程文化的建设中,重视开发、开展与专业知能、专业情感等专业品质培养交融一致的社团活动,精心设计活动方案,并将其体系化,

① 赵翠娟. 改变学校,从引领教师读书开始[N]. 中国教育报,2013-01-08(05).

② 顾舟群. 用阅读唤醒生命的美好[N]. 中国教育报,2013-03-11(09).

作为专业课程学习的有意补充，形成课内课外的有机融通，也是实践取向的课程设置倡导的发展学生的实践能力的基本路径之一。

第一，开展教师文化主题活动，培养师范生的专业情意

以活动为载体，旨在挖掘小学教师教育的文化内涵，为师范生的艺术素养、创新能力的培养营造氛围，也为师范生提供发展自我、展现自我的舞台，更重要的是发挥活动对于直接铸造影响师范生终身的人格品质、文化品位和精神境界的无与伦比的潜在的教育作用，有利于增强师范生自我成长及完善教师专业品质的自觉能动性。通过入学教育、教育专家讲座、小学名优教师论坛、优秀毕业生事迹介绍、“畅想我的教育理想”等活动，通过教育见习、实习引导师范生进行教育叙事研究等等，使师范生受熏陶、受感染，培养并塑造师心、童心、母爱等专业情意和专业精神。通过声乐、舞蹈、体操、书画、合唱与指挥、诗文创作与朗诵、儿童歌曲创作与表演、儿童舞蹈创编与表演等社团活动，培养师范生的艺术素养和创新能力，使其专业学习富有生机和活力，并浸润在专业文化中，受到全面的心灵滋养。

第二，开展教学实践主题活动，培养师范生的专业能力

通过开展教学实践主题活动，可以克服传统的教师职前培养中知识本位、学科本位的思想，培养未来小学教师的专业实践能力。可以通过教学实践观察、校长论坛、专题讲座、名师对话、教学竞赛（教学设计、说课、课堂教学、课件制作等）、模拟教学、参与教研项目等形式，将师范生引向基础教育前沿，培养师范生从师任教的专业能力，使职前培养主动适应基础教育改革的需要。

五、有效实施实践取向小学教师教育课程的保障策略

实践取向小学教师教育课程的有效实施，需要一系列的保障策略，彰显课程在教师教育变革中更大的育人功能，促进课程张力最大化。

（一）加强小学教师教育者的队伍建设

实现对未来小学教师有效培养的美好愿望的重要保障是课程实施的效能。要保证实践取向课程设置思想的实现，保证课程的有效实施，对教师教育者有新的期待和要求。正如基础教育课程改革促使小学教师的专业形象发生了重要转型一样，基于“实践”的小学教师教育的课程变革，也要求教师教育者的专业形象从教育理论的研究者和传授者，转向为教师教育课程的研究者和开发者，转向

为小学教育实践的研究者、指导者和引领者。

小学教师教育者的实践素质直接关系到实践取向小学教师教育课程的开设质量,关系到课程实施能否真正关照实践。小学教师教育者的素质是实践取向小学教师教育课程建设能否成功的重要保障。

1. 明确小学教师教育者的定位

教师教育者作为大学教师,自身的“学术性”往往导致缺乏深入研究基础教育现象,对于怎样培养符合基础教育师资需求的教师更缺少研究的兴趣,这是影响小学教师培养质量的重要因素。所以,小学教师教育者要具有“教师培养”意识,不仅意识到自己是教师,而且更是小学教师的教师,要有明确的对“自己所教授的学生是未来的小学教师”的意识,熟悉小学教学需要,能够从教师培养的立场讲授学科知识,思考本学科在培养合格的小学教师中应具有什么作用,学科教学内容应给予未来的小学教师怎样的知识结构,进而整合学科教学内容,改变单纯的理论灌输。与此同时,小学教师教育者应成为师范生学习教学的“示范”,在教学实施中充分展现教学设计的艺术,展示课堂教学的逻辑美、内容美和方法美,这种“实践示范”能够使师范生获得学习教学的“替代性经验”,并切实感受到教育理论与原则方法的实践魅力。

2. 小学教师教育者应有小学实践的经历

教师教育遭到批评和质疑的焦点是教育理论空洞无用。高质量的教师教育需要高质量的教师教育者。为了保证实践取向小学教师教育课程的实施,小学教师教育者应有小学教育实践经历,具备与所教内容相关的小学教学经验,有相应的实践能力和基础教育一线经历,体会小学教育对小学教师的要求,反馈并服务于小学教师教育,进而深入研究课程和教学的理念,更好地实施小学教师的职前培养。为此,需要探索并建立教师深入小学实践研究和体验的激励机制,让教师教育者利用短期脱产、教育见习与实习、小学一线跟岗实践、“挂职实践”等形式到小学一线开展实践与研究,加强大学与实习学校之间的沟通和联系,全面构建基于实践的小学教师教育课程体系建设保障队伍,促进小学教师教育者致力于研究和服务于基础教育改革、了解小学教育需求,提高小学师资培养质量,促进教师专业化发展。

3. 小学教师教育者要加强教学研究与实验

教师教育者的重要任务之一是研究,但这种研究往往偏于学术研究,而忽略了教学研究。前者是学者依其不同的学术领域发展知识,后者是在创生与教师或教学有关的知识。小学教师教育者要加强小学教学研究与实验,亲临小学一线,与小学教师或师范生组成互信互尊的伙伴关系,在平等民主的氛围中拟定研究计划、观察教学、共享心得;一起分析资料,进行对话与反思,提出研究报告。这样,不仅有利于培养师范生成为一个研究者，发展他们的观察、思考、参与等实践特质，而且使教育研究走出大学的象牙塔之外，使教师教育者的研究不被窄化，能够在学术的高站位背景下为小学教育教学提供洞见与展望，引领小学教育发展，进而使这种教育研究充实高等教育的学术生命，成为高等教育中有价值的研究领域。

4. 促进学科课程教师和教育课程教师的融合

实践取向的小学教师教育，应当促进小学教师教育的学科课程教师和教育课程教师在课程内容、知识结构和科学研究上的融合。目前，小学教师教育者中从事两种课程教学与研究的教师是两类具有不同学科学习与研究背景、具有不同学科与课程文化的教师，他们在知识结构上具有绝对明显的界限，学科课程的教师只专心于学科领域知识体系的教学与研究，教育课程的教师只注重探究普通的教育规律，两类教师都只具有单科式的知识结构。基于实践取向的小学教师教育课程，期待用小学职前教师教育课程的融合模式来践行理念；期待小学教师教育者中这两类教师在课程内容、知识结构和科学研究上的交叉融合；期待融合的教师教育者，即教育课程教师能够研究小学的某一学科知识、学科课程教师能够研究教育理论；期待小学教师教育者在具体学科、知识点和情境教学研究中的突破，以满足师范生对知识融合的诉求，共同为培养高素质的专业化的小学教师服务。当然，这需要建立新的合作机制来引导、整合和调动两类教师共同在融合的课程教学中形成合作的学术力量，并与基础教育密切联系，发挥对小学教师职前培养的效力。

5. 构建有实践经历的兼职小学教师教育师资队伍

还要聘请教育研究专家、小学一线优秀教师为兼职教授，举办讲座、指导学生开展教学训练、教学研习等，完善大学教师与小学教师的"双导师"培养制度，小学教师可以作为师范生的实践指导教师，对师范生的模拟教学、见习、实习、毕业论文等进行富有实践针对性的指导，并与师范生、与小学教师教育的教师团队和专家团队形成研究共同体，不断反思、概括和提升教育实践经验，累积实践性知识。

（二）增强大学领导的课程领导力

霍姆斯小组在《明日之教师》的报告中，指出"传统教师教育课程的改革，需要大学领导的努力推进"，"需要大学院系、学科间前所未有的跨系、跨学科的合作"①，当然，霍姆斯小组坦言这项工作将很艰难。实践取向小学教师教育课程

① 戴伟芬．由技术理性主义到整合主义：美国专业取向教师教育课程的演进[M]//马敏，王坤庆．变革中的教师教育：华中师范大学免费师范生培养的理论与实践探索．武汉：华中师范大学出版社，2012：148.

的设置，基于实践，基于小学教师的专业性和小学教师教育的内在特征，实现课程的多学科有机融合的综合知识架构是课程设置的目标之一，这样的课程设置，需要人文、社会、科学、艺术、教育等学科教师等小学教师教育者的沟通与合作，尤其需要学科课程教师和教育课程教师的鼎力合作，这需要大学内部打破封闭与遮蔽，打破教学与科研之间、院系之间、学科专业之间、课程之间的壁垒，建立沟通与合作的机制，努力做到开放办专业、开放建课程。只有这样，才能真正改变课程的结构，满足人才培养的需要。而这需要增强大学领导的课程领导力。

（三）建立“三位一体”的协同培养机制

大学与中小学合作已经成为促进教师专业发展最重要的方式和途径之一。但从总体上看，由于思想、组织机构、制度建设和文化冲突等多方面的原因，大学与中小学的合作缺少深度，合作也没有给中小学教育实践和师范生的有效培养带来实质性的变革，两者之间的合作仍处于疏离状态，“合”而未“融”。

所以，教师教育者在意识到 U－S（university－school）合作中的诸多问题之后，大学与中小学合作开始走向 UGS（university－government－school）三位一体的合作，希望由于政府的介入，对大学和中小学的发展起到价值引导和压力传导的作用，为大学与中小学之间的合作奠定必要的政策基础和价值基础，促使大学与中小学的合作能够真正深化教师教育培养模式的改革，在真正的协同中实现教育理论与教育实践的交互创生、大学与中小学的共同发展。

“‘三位一体’的教师教育模式是以提高教师教育质量、促进教师供需协调、实现教师教育一体化为目的，通过整合教师教育资源、共建教师教育体系、协商教师教育方案、分担教师教育责任、参与教师教育过程以及同享教师教育成果等方式进行的教师教育研究与实践。”[①]UGS 模式以省级政府（G）为主导，整体统筹，以高校（U）与市、县两级政府及其所属中小学（S）联合为主线，分工合作，协同创新，共同完成教师教育任务。UGS 模式是在国内外大学与中小学合作伙伴关系研究和实践的基础上的延续和发展。教育行政部门的加入，对大小双方的合作形成了保障和制约的机制，由原来双方的友情合作、松散合作，到三方的制约与推动，会解决许多以往合作中存在的问题，显示出其独特的价值与作用，起到促进“融合”的良好成效。这种合作，应在政府的推动与介入下，通过实施“双向互聘”“相互置换”，通过协同深化教育教学研究、学校改进策略研究，通过协同开发与建设教育资源，通过协同创新教师培养模式，进而实现转型教师的职前培养模式，重建新型教师教育体系和目标，同时，更加有利于变革大学教师的研

① 李中国．两种“三位一体”教师教育模式比较研究［J］．教育研究，2014（8）：113－117．

究取向和专业生活方式，促进大学教师教育者的专业化，促进在职小学教师的专业发展以及学校的整体改进。

当然，“三位一体”协同培养机制的有效建立和深入推进，还有待学界对合作本体研究的深化，有待政府的深层介入，以更有效地促进大－小合作双方的价值融合、文化重建、双向对接和多方的有效变革。

结语　小学教师教育：在实践中走向卓越

如果真理是名贵的珍珠，那么实践就是产生珍珠的大海。

——谚语

小学教师教育作为我国高等教育体系中的新兴专业，已成为我国教师教育中最亮丽的风景之一。而纳入大学体系的小学教师教育的课程设置问题，也成为我国教师教育研究领域的一个重要课题，是发展小学教师教育的关键。

面对基础教育课程改革、教师专业化发展以及教师教育变革的"实践"转向的呼唤与要求，特别是面对"卓越教师"培养的要求，针对小学职前教师教育课程理论与实践疏离、效果不彰的现实问题，为契合小学教师教育发展的内在诉求，小学职前教师教育需要做出理性的应答。"实践取向"是小学教师教育及其课程设置价值导向的必然选择。

本书所阐述和倡导的，是小学教师教育的一个常识和基本理念：小学职前教师教育应当是用"实践"构筑的知与行统一的教师教育的表达，小学职前教师教育的课程设置要实现理论与实践的有机融合，要帮助未来的小学教师获得教育实践品质，具有成为"反思性实践者"的基本潜质。所以，本文立足小学教师的专业性以及小学教师教育的内在特性，基于"实践取向"，对"实践取向"小学教师教育的课程设置进行了理论诠释、现实分析与合目的性建构，并得出了相应的结论。

一、"实践取向"有着深刻的学理基础和现实要求

"实践取向"是一种价值取向,是在小学教师培养中所表现出来的一种价值倾向性,是指将"实践"放在小学教师培养的核心价值地位,以"实践"为导向,通过"实践"的途径和方法,培养未来小学教师的以"教育实践能力"为核心的实践品格,充分发挥实践在教师专业发展中的作用,把实践作为未来教师专业发展的生长点。是相对于学术(理论)取向而言的。实践取向小学教师教育课程设置是针对"学术理性"的课程设置的弊端、立足小学教师专业性和小学教师教育的内在特性而对课程设置的基本价值导向,有其深刻的学理基础和现实要求。

从实践取向的学理基础来看,教育是培养人的社会实践活动,教育植根于人的"生活世界",时刻发生在教育的实践现场,是通过一定的教育情境,教师与学生主体间的精神互动来实现的,教育在本质上就具有实践性,离开了实践的教育是没有生命的教育。而教师作为"反思性实践者",在实践中实现教育的意义,这为教师教育的实践性和反思性,寻找到了更为内在的规定和诉求。再者,建构主义的情境学习理论关于"学习是在情境中建构经验"的观点,更为支持教师应在实践中、在真实的教育情境中累积并建构教育经验,获得活化的深层的对教育理论知识的理解的观点。

从现实要求来看,首先,小学教师教育具有明显的职业指向性,其作为"教师专业",需要秉持"教育本位"研究科学适切的小学教师培养思路,需要关照儿童发展,培养未来的小学教师具有成为"儿童发展的促进者"的专业素质。这要求对小学教师的培养应当回归小学教育实践,在真实的教育实践情境中培养教师的教育实践品格;其次,小学儿童身心发展的特征、小学教育的性质和使命,对小学教师的角色定位、素质结构和专业特质都有着不同于其他学段教师的特定要求,这种要求需要实践的关照,需要在实践中发展教师的专业品质;最后,面对基础教育、教师专业化发展和教师教育的实践转向,面对"卓越教师"培养的要求,小学教师教育应当予以回应,改变职前培养特别是课程设置理论与实践疏离、效果不彰的弊端,在"实践取向"的价值引导下,基于实践,体现对实践的关怀,寻找小学职前教师教育及其课程设置的新的生长点。

二、合理融理论与实践于一体是实践取向的实质

实践取向不是简单的技术操作,不轻视或者排斥理论的作用,实践本身就是知与行的有机统一。真正的教育实践问题的解决和研究,不能仅止于一种体验式的感悟,还需要深厚的教育理论的滋养。以实践取向为价值选择的小学教师教育,并不排斥理论对于小学教师培养的重要作用,而是将理论作为未来小学教师专业发展的必备给养,更加看重教育理论给予未来的小学教育实践者的更为理性的教育认知和更为清晰的教育意识,以及由此而形成的教育判断力和反思的教育自觉意识。所以,实践取向的小学职前教师教育绝不能忽视理论学习,不弱化课程的学术性和研究性。"实践"是"反思性实践",是在学术理性的指导下的理性实践,是在与学术理性的融合中获得实践理性,朝向培养"反思性实践者"的目标,而不是非理性地增加和置身于实践情境。但是,实践取向的小学职前教师教育对理论的期待是"关照实践的理论",是"实践中的理论"。总之,单纯的"实践",必然带来与单纯的"学术理性"不同的可能的困境。所以,通过"实践"构筑知与行统一的小学教师教育,融合学术理性与实践理性,实现二者在小学教育实践中的本然统一,是本研究的基本思想与目标。

三、实践取向小学教师教育课程设置具有特性和独特价值

(一)理论与实践交融互动

传统的小学教师教育遵循着先理论学习、再教育实践的单向线性培养路线,课程理论与实战训练隔离且对立,这种"历时性"或"相继性"的课程设置模式,必然造成师范生理论知识学习枯燥乏味,抽象的概念和原理、规则的学习只是"坐而论道",而教育实践又由于缺乏理论的指导而遭遇"盲从"和"迷惘"。实践取向小学教师教育课程设置的关键,就是要改变这种课程设置状况,革除理论与实践脱节的弊端,建立理论与实践之间交融互动的整合的课程结构模式。一方面,通过基于实践中的问题和情境汇聚主题来架构模块化的课程体系,突破以

学科知识体系为主的课程建构模式，基于小学教师的专业性，创建以满足小学教师专业发展、小学教育实践需要的，以理论与实践问题为中心的可以融通与组合的课程结构。在适当保持学科知识自身的内在逻辑关系和课程的完整系统以及稳定性的前提下，根据小学教师专业发展的实践诉求，密切与小学教育实践的联系，汇聚主题架构模块课程，力求通过即时性、小型化、专题化、案例化的模块课程，为师范生呈现真实的小学教育教学情境，使师范生在进入真实的教育情境和问题中，理解并内化其中的教育教学原理，促使理论联系实践，使教育教学理论获得真实的意义。另一方面，遵循实践品质的特性及其形成逻辑，实施“理论—实践—理论”循环往复的教育模式，即通过“全程专业实践”的理念和视野对课程设置与实施进行系统定位、统筹安排，把理论与行动相融合的实践能力的培养整合到课程的各个部分之中，建构理论认知与实践体验交融互动的课程结构模式，用理论指导实践，以实践促进“转识成智”，即将作为系统知识的教育理论转化成具体的教育实践智慧，在“先行后知、知而再行”的反思性实践中达到“知行合一”，使在课程学习中习得的理论认知在实践中得以有效运用、检验和丰富、充实，并将在实践中获得的观察与体验小学教育的独特视角和感受，融入理论学习中，获得对教育理性的深刻理解和有效内化，使实践中的问题在理论课程的学习和反思中获得科学的指导。以此，形成“经验—理论—实践—理论”的交替循环的认知提升模式，在学术理性与实践理性的融合中走出理论与实践脱节的困境，以实现建构个性化的、情境化的实践性知识的目标。

（二）实施全程实践模式

实践取向小学教师教育的课程设置，实施全程实践模式，将教育实践贯穿师范生培养的全程。一方面通过教育实践与体验，改变课程的学术理性，将课程的焦点转向生动鲜活的实践，形成理论课程与实践课程的交叉融合，展现富有生机的课程设置的理想状态，有效地促进未来教师在实践中反思，培养教师“反思性实践者”的品质，使其获得不断成长与发展的潜在力量。另一方面突出师范生的实践经历与体验，改变师范生的专业学习和生活方式，让师范生作为实践性知识的主动建构者，通过模拟情境与真实情境，获得观摩—参与—研究教育实践的经历与体验，将重点着眼于增强师范生的实践感、丰富师范生在真实的教育情境中的实践经验，帮助师范生累积并建构实践性知识，而不是掌握抽象的理论和单纯地进行技术训练，真正发挥教育实践在小学教师职前培养中的重要作用，使师范生在实践中学习怎样做教师并获得专业发展。

（三）以“儿童发展”作为课程设置的逻辑起点

小学教育的对象是儿童，小学儿童身心发展的特征和小学教育的性质，对小学教师的专业性有特殊的要求。小学教师的专业定位是“儿童发展的促进者”，小学教师教育应当满足小学教育对培养小学教育者的诉求，满足小学教师教育作为“教师专业”，对“教育本位”的重心的要求，贯彻“儿童为本”的基本理念，将儿童发展和促进儿童发展的专业教育作为课程设置的逻辑起点，设置培养促进儿童发展的小学教师的课程，培养未来小学教师具有正确的儿童观、教育观和能够“走向儿童的成长视界”的教育智识与教育情感，具有基于儿童发展的专业精神和专业心性。这是小学教师教育课程设置的立场和理念，也是其重要的价值体现。为此，对课程目标、课程结构、课程内容和课程实施方式都提出了相应的指向与要求，引导未来的小学教师关注教育实践中的儿童，达成培养热爱和研究儿童的“反思性实践者”的目标。

（四）课程结构具有统整性

小学教育的基础性和启蒙性决定了小学教师专业知识的综合性特征，小学教育专业是由多学科架构的综合专业。“综合性”是小学教师专业性的内在诉求，小学教师教育的综合性是其内在逻辑，所以，要基于“教育本位”，培养未来的小学教师综合性的知识结构。而“综合性”不是课程的拼盘，要以小学教育性质和小学儿童的成长发展作为课程设置的理论基点，以适应小学儿童成长发展和小学教育的需要，架构“综”而“合”的多学科课程结构。因而，应将重点转向课程组织结构的调整，整合人文课程和科学课程、理论课程和实践课程、教育专业课程与学科方向课程、显性课程和隐性课程，加强课程类别（板块）之间以及课程内部的融会贯通。即：宏观上统整不同类别的课程、统整不同学科之间的组织关系，微观上统整课程内容之间的组织关系，体现强化综合素质教育、加强文理渗透、注重科学素养、体现人文精神、增强文化底蕴、加强教育专业知识学习、培养教学实践能力的小学教师教育特色。

（五）具有小学教师教育的特性

小学教师教育应以教育为本位的，着力体现小学教师专业性的内在诉求，建构具有小学教师教育特性和价值的课程体系。本研究基于“教育本位”和“专业教育”的理念，但不以简单意义上的传统的“教育学”为架构设置课程，也有别于中学教师教育以单一的学科课程为主体设置课程，而是以小学教师教育的内涵把握课程设置，突破以单一学科课程为主体的课程设置思路，将小学教师教育作为一个独立的具有自身内在逻辑的专业，建构独立的课程体系。特别是对专业教育课程板块的统整，充分体现了小学教师教育区别于其他类别的教师教育的独有特征，将传统的教师教育课程中“教育专业课程”与“学科专业课程”进行了重置，将二者共同融合在专业教育课程中，一是体现“专业”即“教育”，两类课程融合并共同服务于小学教育；二是淡化小学教师教育学科专业与教育专业并行推进的思想，将任教学科的专业知识作为专业方向课程内容，使任教学科知识能够融于专业教育知识中，体现小学教师的专业性；三是明确以“专业方向课程”作为专业教育课程的内在组成部分，以建构小学教师教育独特的专业类课程体系。

四、理性认识小学教师教育的课程设置

（一）理性认识小学教师教育课程在教师专业发展中的地位和作用

小学职前教师教育培养的是具有一定的教师素养和卓越发展潜质的准教师，而不是成熟教师，无论制订怎样完备的职前课程，也无法完成培养一个成熟、素质完善的教师的任务。因为成熟的、专业化水平高的教师是在教育实践中经过历练、体验、领悟和不断积累的过程中培养的，需要在长期实践中成长。在尊重教师成长的规律的前提下，小学教师教育的课程设置应成为职后教育的基础，为师范生将来能够成为一名卓越教师而给予准备性的学习和体验，目标是养成师范生多方面的教育素养，帮助师范生建立教育信念与培养责任感，培养其自主发展的意识和专业心性、专业思维习惯，具有宽厚的知识面和扎实的教育教学能力，丰富师范生的教育实践体验。因而小学职前教师教育的课程设置要秉持以未来教师的终身专业发展为本的理念，培养具有卓越发展潜质的合格教师，为未来的小学教师具有持续发展的潜力奠定基础。

（二）理性认识小学教师教育课程的科学设置

由于教育作为一种培养人的社会实践活动，本身就具有超越的特性[①]；又由于人的理性认识有限，所以在小学教师教育课程设置中，不可能穷尽影响课程设置的所有的变量，只能尽力追求小学教师教育课程应有的价值目标，以满足小学

---

① 鲁洁．论教育的适应与超越[J]．教育研究，1996（2）：3.

教育事业发展的需要,促进未来小学教师的专业发展。为此,要审慎确定其培养目标、人才规格、素质要求和课程框架结构、呈现方式,着力解决课程之间的沟通和衔接问题,以及确立以教育实践课程为核心的理论与实践融通的理想的课程样态。没有放之四海皆准的课程设置,只有更加符合规律与需求的课程设置。所以,本研究还需要在不断地进行关于小学教师教育和课程理论的深入研究中推进,在实践中进行批判性的调整和改造,使小学职前教师教育的课程设置能够建立在坚实的理论基础上,秉承实践理性,越来越完善。

五、需要继续研究的问题

(一)教育见习、实习有效组织与管理模式的问题

教育实践模式研究与变革的目标是改善见习和实习质量以提高师范生的从教能力和促进未来小学教师专业化的发展。但是再好的理念与模式,如果没有载体,也难以落实,并最终还是会偏离质量目标。发达国家和地区的经验启示我们:教育实习必须科学管理和严格要求,要有坚实的领导和来自不同方面力量(教育行政部门、大学、小学)的有效合作,以及对教育实习进行可操作的督导,并有评估标准。所以,研究见习和实习的组织与管理模式的改革,研究如何根据具体的课程方案、根据师范生成长与发展的特点设置递进式的阶段目标,并辅之以具体的要求和评价标准,是教育实践变革的重要内容。据悉,国内已有一些出版机构或大学开发了教育实习管理支持平台,力主通过信息技术手段规范教育实践,并解决教育实践的指导与管理问题,值得期待并运用。

(二)小学教师教育文化的凝练与建设问题

小学教师教育应当挖掘两个生长点,一个是小学教师实践能力的生长点,另一个就是小学教师专业文化的生长点,它们是小学教师培养体系的两种特殊推动力和重心。小学教师教育文化的凝练与建设,是本研究需要继续进一步深化和拓展的课题。小学教师的专业性以及小学教师教育的内在特征,决定了小学教师教育需要独特的专业文化对小学教师培养的潜在的无与伦比的作用。小学教师教育的专业文化特征就是“走进儿童的教育视界”。一是要营造一个具有专业特色的文化氛围,从自然环境到人文环境,都要让师范生无时无刻不浸染于小学教师教育的文化氛围之中,使师范生潜移默化地凝结“童心”“母爱”“师

爱”“阳光”“激情”等小学教师的专业品质，浸润小学教师教育有灵魂、有智识、有信念的教育影响；二是要培育专业学生社团，使学生社团活动具有鲜明的专业特性，结合小学教师教育特点开展各项学生活动，将发展学生特长与提升专业素养结合起来；三是要将学生工作与教学工作进行整合，使之形成合力，让从事学生工作的人员也成为小学教师教育领域的内行，以一种理念、一种价值取向来统整本专业各项工作的开展，而不是各行其是。所以，根据小学教师教育的内在特征和要求，需要从其作用原理、运行机制、内涵实质、构建模型、执行策略等多个维度，进行系统的理论和实践创新研究，凝练并表征小学教师教育文化、教师文化，并着力在实践中推行。

（三）有效解决师范生生源质量的问题

由于小学教师的社会地位和经济地位等众多因素的影响，目前职前教师教育的生源质量参差不齐，不容乐观。古语云：“善学者，师逸而功倍，又从而庸之；不善学者，师勤而功半，又从而怨之。”（《礼记·学记》）师范生的学习基础、学习能力、学习兴趣和从教意愿，无不影响着职前的专业学习质量，影响他们的专业素质的养成。所以，期待我国不断提高小学教师的社会形象，通过各种教育机制增强高校小学教师教育的社会影响力和吸引力，吸收优秀生源接受小学教师教育，是提高职前教师教育质量，为小学输送合格乃至优秀师资的重要保障。本研究将继续探讨基于区域、基于校情的吸引优秀生源、提高生源质量的策略和机制。

全部参考文献，
请扫二维码

主要参考文献

[中文译著]

[1] 大卫·杰弗里·史密斯. 全球化与后现代教育学[M]. 郭洋生,译. 北京:教育科学出版社,2000.

[2] 马克斯·范梅南. 教学机智:教育智慧的意蕴[M]. 李树英,译. 北京:教育科学出版社,2001.

[3] 马克斯·范梅南. 生活体验研究:人文科学视野中的教育学[M]. 宋文广,等,译. 北京,教育科学出版社,2003.

[4] 麦克.扬.未来的课程[M]. 谢维和,王晓阳,等,译. 上海:华东师范大学出版社,2003.

[5] 皮亚杰. 儿童的心理发展[M]. 傅统先,译. 济南:山东教育出版社,1982.

[6] 唐纳德· A. 舍恩. 反映的实践者:专业工作者如何在行动中思考[M]. 夏林清,译. 北京:教育科学出版社,2007.

[7] 威廉·F. 派纳. 理解课程[M]. 钟启泉,张华,译. 北京:教育科学出版社,2002.

[8] 卡尔·雅斯贝尔斯. 什么是教育[M]. 邹进,译. 北京:三联书店,1991.

[9] 小威廉姆斯·E. 多尔. 后现代课程观[M]. 王宏宇,译. 北京:教育科学出版社,2000.

[10] 佐藤学. 课程与教师[M]. 钟启泉,译. 北京:教育科学出版社,2003.

[中文著作]

[1] 陈永明. 国际教师教育改革比较研究[M]. 北京:人民教育出版社,1999.

[2] 戴伟芬. 由技术理性主义到整合主义:美国专业取向教师教育课程的演进[M]//马敏,王坤庆. 变革中的教师教育:华中师范大学免费师范生个培养的理论与实践探索. 武汉:华中师范大学出版社,2012.

[3] 范良火. 教师教学知识发展研究[M]. 上海:华东师范大学出版社,2003.

[4] 关文信. 实践取向的小学教师职前培养研究[M]. 北京:首都师范大学出版社,2009.

[5] 洪明. 教师教育的理论与实践[M]. 福州:福建教育出版社,2002.

[6] 黄光雄,蔡清田. 课程设计:理论与实际[M]. 南京:南京师范大学出版社,2005.

[7] 侯莉敏. 儿童的生活与教育[M]. 北京:教育科学出版社,2009.

[8] 鞠玉翠．论争与建构:西方教师教育变革关键词及启示[M]．济南:山东教育出版社,2011.
[9] 李其龙,陈永明．教师教育课程的国际比较[M]．北京:教育科学出版社,2002.
[10] 林智中,陈建生．课程组织[M]．北京:教育科学出版社,2006.
[11] 马云鹏．课程实施探索[M]．长春:东北师范大学出版社,2001.
[12] 施良方．课程理论:课程的基础、原理与问题[M]．北京:教育科学出版社,2003.
[13] 史宁中,马云鹏．中学教师培养质量:标准、现状与对策[M]．长春:东北师范大学出版社,2008.
[14] 王泽农,曹慧英．中外教师教育课程设置比较研究[M]．北京:高等教育出版社,2003.
[15] 杨深坑,欧用生,王秋绒,等．各国实习教师制度比较[M]．台北:师大书苑,1994.
[16] 叶澜．教师角色与教师发展新探[M]．北京:教育科学出版社,2001.
[17] 张能为．理解的实践[M]．北京:人民出版社,2002.
[18] 赵祥麟,王承绪．杜威教育名篇[M]．北京:教育科学出版社,2006.
[19] 朱小蔓．中国教师新百科:小学教育卷[M]．北京:中国大百科全书出版社,2003.
[20] 朱旭东．教师专业发展理论研究[M]．北京:北京师范大学出版社,2011.

[中文期刊]

[1] 陈向明,赵康．从杜威的实用主义知识论看教师的实践性知识[J]．教育研究,2012,387(4):108－114.
[2] 陈向明．实践性知识:教师专业发展的知识基础[J]．北京大学教育评论,2003,1(1):104－112.
[3] 陈向明．理论在教师专业发展中的作用[J]．北京大学教育评论,2003,3(1):39－50.
[4] 陈彩燕．教师教育改革:实践取向还是理论取向[J]．学术瞭望,2015(8):12－16.
[5] 丁永为．杜威的大学课程观及其启示[J]．现代大学教育,2008,387(4):108－114.
[6] 冯建军．从教师的知识结构看教师教育的课程改革[J]．中小学教师培训,2004(8):3－6.
[7] 郭黎岩．高师本科小学教师教育课程体系的构建[J]．教师教育研究,2006,18(6):29－32.
[8] 郭维平．小学教师教育发展的矛盾、向度与空间[J]．教育发展研究,2006(10A):36－39.
[9] 耿文侠,冯春明．教师职业的专业特性分析[J]．教育研究,2007(2):83－88.
[10] 官群．具身认知观对语言理解的新诠释:心理模拟:语言理解的一种手段[J]．心理科学,2007,30(5):1252－1256.
[11] 胡惠闵,崔允漷．《教师教育课程标准》研制历程与问题回应[J]．全球教育展望,2012(6):10－21.
[12] 黄威．教师教育专业化与教师教育课程改革[J]．课程·教材·教法,2002(1):21－14.

[13] 惠中．高等教育体系中小学教育专业建设的思考[J]．高等师范教育研究,2003(2):35－41.
[14] 洪明．反思实践取向的教学理念:舍恩教学思想探析[J]．外国教育研究,2003(8):14－17.
[15] 姜勇．从实体思维到实践思维:国外教师专业发展新取向[J]．外国教育研究,2005,32(3):1－4,41－43.
[16] 姜勇．实践取向的课程实施刍议[J]．比较教育研究,2002(6):40－43.
[17] 李广,马云鹏．课程价值取向:含义、特征及其文化解析[J]．东北师范大学学报(哲学社会科学版),2010(5):167－171.
[18] 梁永平．职前教师学科教学知识发展的理论与实践路径[J]．课程·教材·教法,2013,33(1):106－112.
[19] 林崇德,申继亮,辛涛．教师素质的构成及其培养途径[J]．中国教育学刊,1996(6):16－22.
[20] 林一刚．实践取向的教师教育课程与教学改革探索[J]．浙江师范大学学报(社会科学版),2011,36(4):115－118.
[21] 刘小强．教师知识基础与教师教育改革:来自PCK的启示[J]．外国中小学教育,2005,(11):5－8.
[22] 刘丽红,卢红,等．实践取向教师教育课程的具身认知价值及其实现[J]．教育科学,2014,30(2):53－57.
[23] 鲁洁．教育:人之自我建构的实践活动[J]．教育研究,1998(9):13－18.
[24] 鲁洁．论教育的适应与超越[J]．教育研究,1996 (2):3.
[25] 卢乃桂,钟亚妮．教师专业发展理论基础的探讨[J]．教育研究,2007(3):17－22.
[26] 卢乃桂,钟亚妮．国际视野中的教师专业发展[J]．比较教育研究,2006,189(2):71－76.
[27] 李润洲．实践逻辑:省视教育理论与教育实践的新视角[J]．教育研究,2006(5):15－18.
[28] 吕立杰．教师实践知识研究的反思与启示[J]．教育发展研究,2007(11B):20－23.
[29] 吕立杰．小学教育专业实践课程规划与实施探讨[J]．东北师范大学学报(哲学社会科学版),2012(4):190－193.
[30] 龙宝新．当代美国教师教育课程的概念重构及其实践[J]．教育科学研究,2015(9):61－68.
[31] 马云鹏,解书,赵冬臣,等．小学教育本科专业培养模式探究[J]．高等教育研究,2008,29(4):73－78.
[32] 马云鹏．国外关于课程取向的研究及对我们的启示[J]．外国教育研究,1998(6):38－43.
[33] 倪小敏．实践取向:职前教师教育模式的重构[J]．教师教育研究,2010,22(1):22－27.

[34] 宁虹．教育的实践哲学:现象学教育学理论建构的一个探索[J]. 教育研究,2007,330(7):8－15.
[35] 彭寿清,蔡其勇,苏贵民,等．实践取向的职前教师教育课程建构[J]. 课程·教材·教法,2012,32(7):107－111.
[36] 石中英．论教育实践的逻辑[J]. 教育研究,2006(1):3－9.
[37] 索磊．实践取向的美国教师教育课程[J]. 教育评论,2015,(1):52－54.
[38] 田慧生．时代呼唤教育智慧及智慧型教师[J]. 教育研究,2005(2):50－57.
[39] 王智秋．基于教师专业标准的小学教师职前培养[J]. 中国教育学刊,2012(12):72－76.
[40] 王智秋．小学教师教育实践取向的构想与举措[J]. 中国教育学刊,2010(5):68－71.
[41] 王坤庆,胡中波．实践导向的专业化教师教育课程体系改革与探索[J]. 课程·教材·教法,2012,32(12):83－88.
[42] 王少非．教师教育课程的实践取向:何为与为何[J]. 教师教育研究,2013,25(9):72－75.
[43] 万文涛．专业化教师的知识结构[J]. 教育研究,2004(9):17－19.
[44] 谢赛,胡惠闵．PCK及其对教师教育课程的影响[J]. 教育科学,2010,26(5):55－58.
[45] 杨燕燕．论教师职前实践教学的取向转换[J]. 教育研究,2012(5):84－89.
[46] 杨启亮．教师培养的国际视野与本土实践[J]. 教育发展研究, 2010(24):1－6.
[47] 叶澜．新世纪教师专业素养初探[J]. 教育研究与实验,1998(1):41－46.
[48] 张宝臣．高师小学教育本科专业培养目标浅论[J]. 中国高教研究,2003(1):90－91.
[49] 张鲁宁．教育理论与教育实践关系的再辨析[J]. 教育学月刊,2009(5):19－22.
[50] 赵冬臣,马云鹏,解书．本科小学教育专业培养方案分析[J]. 当代教师教育,2010(2):57－62.
[51] 钟启泉．教师"专业化":理念、制度、课题[J]. 教育研究,2001(12):12－16.
[52] 钟启泉．我国教师教育制度创新的课题[J]. 北京大学教育评论,2008,6(3):46－59.

[外文部分]

[1] David F L. The trouble with ed schools [M]. New Haven and London: Yale University Press, 2004:39.
[2] Geddis A N. Transform content knowledge: learning to teach about Isotopes[J]. Science Education, 1993, 59(9):41－46.
[3] Goodson I F. Studing curriculum: towards a social constuctionist perspective[J]. Joumal of Curriculum Studies, 1990, 22(4):300－301.
[4] Lauritzen C &Jaeger M. Integrating learning through story[M]. Albany, NY: Delmar Publishers, 1997.
[5] Paul H H. The theory－practice relationship in teacher training [M] //Booth M B. Furlong V J. Wilkin M. Partnership in initial teacher training. London: Cassell, 1990.

[6] Shulman L S. Knowledge and teaching: foundations of the new reform[J]. Harvard Educational Review, 1987(57): 1 - 22 .
[7] Shulman L S. Those who understand: knowledge in teaching[J]. Educational Researcher, 1986, 15(1): 4 - 14.

[学位论文]
[1] 姜美玲．教师实践性知识研究[D]．上海:华东师范大学,2006.
[2] 苗学杰．融合的教师教育:教师职前教育中理论与实践关系研究[D]．长春:东北师范大学,2012.
[3] 王艳玲．培养“反思性实践者”的教师教育课程[D]．上海:华东师范大学,2008.
[4] 王春光．反思型教师教育研究[D]．长春:东北师范大学,2007.
[5] 朱桂琴．教师的实践性格[D]．武汉:华中师范大学,2009.

后记

本书是教育部"卓越教师"培养计划改革项目成果，也是基于我的博士论文的基础上修改而成的。

课程设置是提高小学教师教育质量的关键。长期以来，对于小学职前教师教育课程设置问题的研究与争论，分歧与纠葛，一直是小学教师教育纳入高等教育体系中专业建设的核心问题。"小学教师教育的特性是什么？""小学教师教育课程的价值及价值取向是什么？""怎样根据小学教师教育的内在诉求科学设置课程？""如何改变教师教育中理论与实践疏离、效果不彰的现状？""如何提高小学教师的培养质量？"这些问题一直是我从事小学教师教育、特别是从事课程研究以来着重思考的问题。

本书从"实践"出发，对实践取向小学教师教育及其课程设置进行学理性探讨，回答了"什么是实践取向""小学教师教育的特质是什么"以及"小学教师教育的课程价值是什么"等问题，澄清了实践取向小学教师教育的本质，同时呈现了实践取向小学教师教育课程的结构样态和模式特征，以求厘清具有小学教师教育特性和独特价值的课程设置的思路和架构原理，回应教师教育的实践转向。这是一幅为实现小学教师教育理念与方法的超越，促进小学教师教育在走向卓越中彰显特性与特色的课程设置蓝图。

本研究自始至终是在敬爱的导师马云鹏的指导下进行的，对导师深深的敬意和谢意一直深藏心底，非言语可以表达。本书的写作完成，还要诚挚地感谢香港中文大学的林智中教授，台湾嘉义大学的黄月纯教授、王瑞壎教授，东北师范大学的杨兆山教授、曲铁华教授、陈旭远教授、吕立杰教授、孔凡哲教授、董玉琦教授，在我研究的不同阶段给我提出了宝贵的建议，与他们的切磋拓展了本书的视野，他们高屋建瓴的指导使本书更为规范、严谨和更加具有学术的理性，这对于完成本书的写作弥足珍贵。还要衷心感谢好友张海波博士、田立君博士，以及诸多给予我力量的同道中人，让我不断地感应着学术的情怀、勇气和信念。

感谢我的工作单位哈尔滨学院的领导和教育科学学院同仁们的诸多支持、

关怀和帮助,使得书稿能够顺利付梓!

感谢伙伴学校的同行们提供课程方案,关注我的研究进展;感谢我调查、访谈的各个小学和各位校长、老师,感谢你们的合作和对教师教育研究与发展的期待;感谢我的学生对我的信任,与我真诚交流学习中的感受,给予我宝贵的研究灵感。

感谢高等教育出版社肖冬民编辑对书稿满怀期待、字斟句酌,使本书得以顺利出版并增色不少。

感谢家人的无私关爱与大力支持,让我感到大爱无疆。

感谢所有为本书提供帮助的前辈、同仁和朋友们,是你们让我在学术探索的道路上领略教育研究的崇高境界,感受教育生命的价值和可能,感谢你们让我的生命缤纷、绚烂!

此时此刻,在著作即将付梓之际,内心充满欣喜与感念。不知这些文字,能否承载各方的期待,能否承载我自己作为小学教师教育研究者和实践者的愿望?"课程设置研究"是教师教育的永久话题,也是教师教育变革的核心和难题,从学理上探讨教师教育的课程设置问题已经引起了课程理论界的关注,本书的研究只是初步,愿更多的同仁参与并加深这一研究,也祝愿中国的小学教师教育事业健康发展,走向卓越!

陈威

2015 年 11 月 15 日